# Verbos Portugueses

## GUÍA PRÁCTICA

# LAROUSSE

# Verbos Portugueses

## GUÍA PRÁCTICA

FORMAS Y EMPLEO
82 MODELOS DE CONJUGACIÓN

XII-08

# LAROUSSE

**Mallorca 45**
**08029 Barcelona**

**Londres 247**
**México 06600, D. F.**

**21 Rue du Montparnasse**
**75298 París Cedex 06**

**Valentín Gómez 3530**
**1191 Buenos Aires**

## Equipo Editorial Larousse Latinoamérica

*Dirección editorial:*
Aarón Alboukrek

*Con la colaboración de:*
Manuel Barbosa da Silveira
Mirela Ramos de Oliveira Grimbert
Fernanda Felisberto da Silva

*Editor asociado:*
Luis Ignacio de la Peña

*Jefa de revisión de pruebas:*
Ma. de Jesús Hilario

*Formación y composición tipográfica:*
Ricardo Viesca

*Apoyo logístico:*
Arcadio Gutiérrez

NI UNA FOTOCOPIA MÁS

© Larousse, París

D. R. © MM, por Ediciones Larousse, S. A. de C. V.
        Londres núm. 247, México 06600, D. F.

ISBN 2-03-406103-9 (Larousse, París)
ISBN 970-22-0183-7 (Larousse, México)
     978-970-22-0183-0

PRIMERA EDICIÓN — 9ª reimpresión

Impreso en México — Printed in Mexico

# PRÓLOGO

El objetivo inicial de esta obra de **referencia** consiste en facilitar la asimilación de la lengua a quien hable y escriba el portugués de Brasil.

La información introductoria es sólo la indispensable para que el libro alcance el objetivo que se propone. Se brinda énfasis especial a los aspectos del verbo que son diferentes entre los usos de Brasil y Portugal.

El editor

# ÍNDICE GENERAL

# INTRODUCCIÓN A LA GRAMÁTICA DEL VERBO

## EL VERBO

El verbo es la palabra variable por excelencia. Es la única que, sintácticamente, desempeña de manera obligatoria la función de predicado: indica una acción, un acontecimiento o un estado de las cosas.

En portugués, el verbo varía en número, persona, modo, tiempo y voz.

## LA FLEXIÓN VERBAL

### Número

El número varía: el verbo posee forma de singular (cuando se refiere a una sola persona, ser o cosa), y en forma de plural (cuando se refiere a más de una persona, ser o cosas).

Ejemplo:

**Singular:**

| | |
|---|---|
| *pinta* | pinta |
| *correu* | corrió |
| *venderei* | venderé |

**Plural:**

| | |
|---|---|
| *pedimos* | pedimos |
| *chegaram* | llegaron |
| *comerão* | comerán |

### Personas

Las personas son tres:

- La primera, que es la que habla (corresponde a *eu* y *nós*) / (yo y nosotros): Canto, recebemos.
- La segunda es aquella a quien se habla (corresponde a *tu* y *vós*) / (tú y ustedes / vosotros): pensas, achareis.
- La tercera, de quien se habla (corresponde a *ele, ela, você, eles, elas* y *vocês*) / (él, ella, ellos, ellas).

**Nota:** En el portugués de Brasil, en la lengua hablada y escrita, las formas de la segunda persona cayeron en desuso y fueron sustituidas por las formas verbales de la tercera persona, correspondiente a **você** y **vocês**, cuando se desea referirse a la segunda persona.

Sin embargo, se registra el uso del **tu** (segunda persona del singular) en el sur y en algunos puntos del nordeste de Brasil.

### Modos

Los modos son la forma de expresar actitudes, puntos de vista, opinión, la relación comunicativa con el oyente o lector (certeza, duda, suposición, deseo, orden, etc.).

- Son tres en portugués: indicativo, subjuntivo e imperativo.
- Existen, además de los citados, las formas de infinitivo, gerundio y participio. Estas formas, además de función verbal, también ejercen función en formas de tipo nominal, adjetivo y de adverbio.

### Tiempo

El tiempo indica la relación entre el momento en que se habla o se escribe y el momento de lo que se habla o escribe, con lo que se expresa anterioridad o la posterioridad de un momento en relación con otro, o la contemporaneidad de ambos. Los tres tiempos naturales son: *presente*, *pretérito* (pasado) y *futuro*.

El *pretérito* (pasado) se subdivide en: *perfecto*, *imperfecto* y *pluscuamperfecto* (llamado "mas-que-perfeito" en portugués).

El *futuro* se subdivide en: *futuro del presente* y *futuro del pretérito*.

En el modo indicativo encontramos en total seis formas. Sin embargo, en el modo subjuntivo no existe el futuro del pretérito: el uso del subjuntivo se reduce a tres formas. Finalmente, en el modo imperativo solamente existe un tiempo, el presente.

## Voz

Expresa la relación entre el proceso verbal y el comportamiento del sujeto. Podemos hablar de voz activa, voz pasiva, voz reflexiva y voz dinámica.

- *Voz activa:* El sujeto lleva a cabo la acción; en este caso, la acción se contempla desde el punto de vista del agente.

  *Paulo come a maçã.*
  Pablo come la manzana.

- *Voz pasiva:* El sujeto sufre la acción; la acción se contempla desde el punto de vista del paciente.

  *A maçã foi comida por Paulo.*
  La manzana fue comida por Pablo.

Tanto la voz activa como la voz pasiva se forman con **verbos transitivos**, es decir, verbos que permiten un complemento de objeto directo, sin preposición. Tal es el caso de los verbos *apanhar* (agarrar), *vencer* (vencer), *ler* (leer), *comer* (comer), *cortar* (cortar), *chamar* (llamar), *sentir* (sentir).

- La *voz activa* se expresa a través de las formas verbales habituales de los verbos transitivos. El objeto directo de la frase en la voz activa corresponde al sujeto de la voz pasiva.

  *Paulo comeu a maçã.*
  Pablo comió la manzana.

  *Sara comprou este queijo.*
  Sara compró este queso.

  La *voz pasiva* se construye de dos formas:

- Con el verbo auxiliar propio y el participio del verbo principal. El verbo auxiliar más fre-cuente es el verbo *ser*.

  *A maçã foi comida por Paulo.*
  La manzana fue comida por Pablo.

Sin embargo, hay otros verbos auxiliares en la voz pasiva que son menos usuales. Se trata de los verbos que expresan estado, como *estar* (estar), *andar* (andar), *viver* (vivir); cambio de estado, como *ficar* (quedar); o movimiento, como *ir* (ir) y *vir* (venir).

  *Jorge estava assustado pela notícia.*
  Jorge estaba asustado por la noticia.

  *Marta andava distraída pela rua.*
  Martha andaba distraída por la calle.

  *O pescador sempre viveu amargurado pelas recordações.*
  El pescador siempre vivió amargado por los recuerdos.

  *Eles vieram acompanhado pelas esposas.*
  Ellos vinieron acompañados por sus esposas.

- Con el pronombre *se,* tanto en la tercera persona del singular como del plural.

  *A tarde, sem nevoeiro, a ilha via-se ao longe.*
  En la tarde, sin neblina, la isla se veía a lo lejos.

**Nota importante:** El participio concuerda siempre en género y número con el sujeto.

La *voz reflexiva:*

- Expresa reciprocidad. Los pronombres átonos usados en este caso son: *nos, vos* y *se* (plural).

  *Entre irmãos ajudamo-nos muito (uns aos outros, mutuamente).*
  Entre los hermanos nos ayudamos mucho (unos a otros, mutuamente).

  *Alberto e Pedro detestam-se (um ao outro).*
  Alberto y Pedro se detestan (uno al otro).

- La acción parte voluntariamente del sujeto y, al mismo tiempo, recae sobre él, jugando a la vez el papel de agente y paciente del proceso verbal.

  *Envergonhado, o ladrão matou-se.*
  Avergonzado, el ladrón se mató.

- La *voz dinámica,* expresa el cambio de la situación del sujeto, aunque sin la intervención de su voluntad.

  *As crianças machucaram-se na escola.*
  Los niños se lastimaron en la escuela.

- Expresa una actividad interna que le ocurre al sujeto, sin que, igualmente, él haya contribuido.

  *A epidemia alastrou-se.*
  La epidemia se expandió.

  *O gelo derreteu-se.*
  El hielo se derritió.

**Nota:** La construcción de la *voz dinámica* se da no sólo con sujetos animados, sino también con sujetos inanimados.

## LA CONJUGACIÓN DE LOS VERBOS

### Generalidades

En el portugués hay tres conjugaciones regulares. La terminación de cada una de ellas se forma con la vocal correspondiente del grupo, más la consonante *r* (que en este caso indica que el verbo está en modo infinitivo).

- La primera conjugación comprende los verbos cuyo infinitivo termina en **ar**, o los verbos que poseen la vocal temática **a** (*andar* / andar).
- La segunda conjugación incluye los verbos con el infinitivo terminado en **er**, cuya vocal temática es **e** (*comer* / comer).
- La tercera conjugación engloba los verbos en los cuales el infinitivo termina en **ir**; éstos son los verbos con vocal temática **i** (*partir* / partir).

El verbo *pôr* (poner) y los verbos derivados: *compor* (componer), *propor* (proponer), *opor* (oponer), *contrapor* (contraponer), *supor* (suponer), *pospor* (posponer), *depor* (deponer), *repor* (reponer), no se apegan de ninguna manera a las tres conjugaciones referidas, debido a que su forma es muy irregular, aunque tradicionalmente se consideraban como de la segunda conjugación, en virtud de su etimología latina (*ponere*).

### Verbos auxiliares

En portugués existen formas verbales simples y compuestas. Éstas últimas se construyen con un verbo auxiliar —que se conjuga— y un verbo principal (que permanece invariable, ya que mantiene las formas nominales del infinitivo, participio o gerundio). Esto también sucede con las locuciones verbales.

- **Ter (tener)** (cuadro de conjugación 1) para tiempo compuesto.

  *Já o tinha visto.*
  Ya lo tenía visto.

- **Querer (querer)** para tiempo compuesto.

  *Eu quero dormir cedo.*
  Quiero dormir temprano.

- **Estar (estar)** para tiempo compuesto.

  *Estou escutando música.*
  Estoy escuchando música.

- **Ficar (quedar)** para tiempo compuesto.

  *Fiquei conversando com ela por muito tempo.*
  Quedé conversando con ella durante mucho tiempo.

- **Ir (ir)** para tiempo compuesto.

  *O casamento ia começar quando chegamos.*
  La boda iba a comenzar cuando llegamos.

- El verbo **haver (haber)** (cuadro de conjugación 2) es menos utilizado, pero igualmente puede encontrarse, sobre todo en el lenguaje literario y jurídico-administrativo:

  *Havia pensado que assim seria melhor, mas...*
  Había pensado que así sería mejor, pero...

- El verbo **ser (ser)** (cuadro de conjugación 3) para las formas de la voz pasiva. Como se vio cuando se trató la voz pasiva.

  *A maçã foi comida por Paulo.*
  La manzana fue comida por Pablo.

- Otros auxiliares son posibles, pero no resultan tan comunes. Los verbos auxiliares: *estar* (estar), *ir* (ir), *vir* (venir), *andar* (andar), *ficar* (quedar), *acabar* (acabar), *haver* (haber) constituyen verbos frecuentes en las locuciones verbales. De las variaciones de sentido que introducen se hablará en la página 23 dedicada a las locuciones verbales.

## Regla general

En lugar de hacer aquí una exposición detallada de las particularidades y usos de la flexión, que constituyen la regla general de la formación de los tiempos y modos, se sugiere la consulta de los cuadros que contienen los modelos de las tres conjugaciones regulares (cuadro de conjugación 4, 5, 6), donde se exponen las terminaciones que, junto con el radical, conforman la flexión del verbo. El radical del verbo se obtiene al suprimir las terminaciones **-ar**, **-er**, **-ir**.

### Diferencia ortográfica

La diferencia ortográfica no debe confundirse con las irregularidades, porque su objetivo busca proteger la uniformidad de la pronunciación, y para eso recurre a las convenciones del sistema de escritura. Se trata de una simple adaptación gráfica.

En este caso, en la primera conjugación, las posibilidades de diferencia ortográfica son las siguientes:

- Verbos en los cuales el radical termina en **–c**, y la cambian por **qu** antes de **e**, como en *ficar* (quedar), que cambia a *fique* (quede).

- Verbos cuyo radical termina en **–ç**, que cambian la **ç** por **c** antes de **e**, como en *começar* (comenzar), que pasa a *comecei* (comencé).

- Verbos en los que el radical termina en **–g**, que cambian la **g** por **gu** antes de **e**, como *apagar* (apagar), que pasa a *apaguemos* (apaguemos).

En la segunda y tercera conjugaciones, ocurre algo semejante antes de **a** u **o**. Observe el ejemplo:

- En los verbos en los que el radical termina en **-c**, esta consonante cambia por **-ç**, como ocurre en *conhecer* (conocer), *conheço* (conozco), *conheçamos* (conozcamos).

- En los verbos en los que el radical termina en **-g**, esta consonante cambia por **-j**, como ocurre en *abranger* (abarcar), *abranjo* (abarco), *abranjas* (abarcas); *fingir* (fingir), *finjo* (finjo), *finja* (finjas).

- Verbos en los cuales el radical termina en **-gu**, cambia por **-g**, como en *erguer* (erguir), *ergo* (yergo), *erga* (yerga), *distinguir* (distinguir), *distingo* (distingo), *distingam* (distingan).

### Verbos con cambios vocálicos

En portugués, muchos de los verbos presentan variaciones en el tono de la vocal del radical, según si en él cae el acento tónico o no. Cabe aclarar que el tono de las vocales es diferente entre el portugués de Brasil y el portugués de Portugal; los ejemplos que siguen son referentes al portugués de Brasil: *levo* (llevo), *levamos* (llevamos); *como* (como), *comemos* (comemos); *subo* (subo), *sobe* (sube); *firo* (hiero), *fere* (hiere).

Por presentar esas variaciones en la vocal de la última sílaba del radical, los verbos que forman parte de la tercera conjugacion (**-ir**) son, en general, considerados irregulares e incluidos en las respectivas listas (de la tercera conjugación y de los verbos irregulares). Los cambios vocálicos ocurren en el presente del indicativo, en el presente del subjuntivo, en el imperativo afirmativo y en el imperativo negativo. Por ejemplo: en la segunda conjugación tenemos *dever* (deber), *mover* (mover); en la tercera tenemos *servir* (servir), *dormir* (dormir), *acudir* (acudir).

### Irregularidades reales

En la primera conjugación, el verbo *dar* (dar); los verbos terminados en **-ear**, que agregan una **i** en las formas en que el acento tónico figura en el radical, como por ejemplo *passear* (pasear) que cambia en *passeia* (pasea); los verbos *ansiar* (ansiar), *incendiar* (incendiar), *mediar* (mediar), *odiar* (odiar) y *remediar* (remediar) que se conjugan como *passear* (pasear) por analogía; y los verbos *agenciar* (agenciar), *comerciar* (comerciar), *negociar* (negociar), *obsequiar* (obsequiar), *premiar* (premiar) y *sentenciar* (sentenciar), entre otros, que no siguen una norma fija, quedan entre los modelos de *anunciar* (anunciar) —totalmente regular— y el de *passear* (pasear).

En la segunda conjugación, además de los auxiliares *ter* (tener), *ser* (ser) y *haver* (haber), tenemos: *caber* (caber), *crer* (creer) y sus derivados, *ler* (leer) y sus derivados, *fazer* (hacer) y sus derivados, *perder* (perder), *poder* (poder), *prazer* (placer) y sus derivados, con excepción de *comprazer* [-se] (complacer[se]), que es regular; *querer* (querer), aunque *requerer* (requerir) es regular en el pretérito perfecto simple del indicativo y en los tiempos conformados por su radical, como por ejemplo en el caso del participio de *bem-querer* ("bien-querer") y de *mal-querer* ("mal-querer"), que es *bem-quisto* y *mal-quisto*, respectivamente; *saber* (saber), *trazer* (traer), *valer* (valer) y derivados; *ver* (ver) y compuestos, con excepción de *prover* (proveer) y *desprover* (desproveer), que son regulares en el pretérito perfecto del indicativo y en sus formas derivadas, como en el participio.

En la tercera conjugación, son irregulares: *ir* (ir), *medir* (medir), *pedir* (pedir) y sus derivados, *ouvir* (oír), *rir* (reír) y *sorrir* (sonreír), *vir* (venir) y derivados y los verbos terminados en **-uzir**.

También es irregular el verbo *pôr* (poner), así como todos los verbos derivados.

### Verbos anómalos

Los verbos muy irregulares se llaman anómalos, pues muestran radicales distintos en el momento de la conjugación. Como ejemplos tenemos *ser* (ser), *ir* (ir), *vir* (venir), *ter* (tener), *pôr* (poner), *dar* (dar), *estar* (estar), *haver* (haber).

### Verbos impersonales, unipersonales y defectivos

Estos son verbos que en algunos modos, tiempos o personas no tienen formas, por lo cual no siguen de manera rigurosa la conjugación normal.

## Verbos impersonales

Los verbos impersonales únicamente se usan en la 3ª persona del singular.

- Los verbos que expresan fenómenos de la naturaleza, como *amanhecer* (amanecer), *anoitecer* (anochecer), *chover* (llover), *nevar* (nevar), *trovejar* (tronar), *relampejar* (relampaguear), *ventar* (hacer viento), etc.

  *Hoje choveu.*
  Hoy llovió.

  *O dia amanhece muito cedo no verão.*
  El día amanece muy temprano en verano.

**Nota:** Cuando estos verbos se utilizan en sentido figurado, se conjugan normalmente.

- Los verbos:
- *Haver* (haber) o *ter* (tener) en el portugués de Brasil se usan con el sentido de *existir.*
- *Fazer* (hacer) se emplea con adverbios de tiempo o en frases de contenido metereológico.
- *Estar* (estar) se usa impersonalmente o para expresar condiciones climáticas.
- *Parecer* (parecer) y *cumprir* (cumplir) se usan de manera impersonal:

  *Aqui há pessoas que não conheço.*
  Aquí hay personas que no conozco.

  *Tem coisas na vida que é melhor esquecer.*
  Hay cosas en la vida que es mejor olvidar.

  *Faz dez anos que saí do Rio de Janeiro.*
  Hace diez años que salí de Río de Janeiro.

  *Parece-me difícil que tudo recomece.*
  Me parece difícil que todo recomience.

**Nota:** En el portugués de Brasil, el verbo más utilizado para indicar existencia o cantidad es el verbo *ter* (tener):

  *Tem cinco alunos na aula.*
  Hay cinco alumnos en el aula.

  *Tem muitos edifícios comerciais nesta rua.*
  Hay muchos edificios comerciales en esta calle.

- Algunos verbos que expresan necesidad, conveniencia, sensaciones, cuando van acompañados de preposición, como en los siguientes ejemplos:

  *Cheira-me a flores.*
  Me huele a flores.

  *Basta de tanto trabalho.*
  Basta de tanto trabajo.

  *Chega de hesitações.*
  Basta de dudas.

  *Dói-me do lado direito.*
  Me duele del lado derecho.

- Algunos verbos usados en frases hechas, como *diz-se* (dice); *consta* (consta); *corre por aí* (se dice por ahí), etc.:

  *Diz-se que vai baixar o preço da cerveja.*
  Se dice que va a bajar el precio de la cerveza.

  *Corre por aí que João ganhou na loteria.*
  Se dice por ahí que Juan se ganó la lotería.

*Consta que não vai haver reunião amanhã.*
Parece que no va a haber reunión mañana.

## Verbos unipersonales

Se utilizan solamente en la tercera persona del singular y el plural:

* Los verbos que expresan manifestación propia de los animales —con excepción de los que se emplean en sentido figurado—, como en: *esvoaçar* (aletear); *ladrar* (ladrar); *trotar* (trotar); *rosnar* (gruñir); *zumbir* (zumbar); *zurrar* (rebuznar).

  *Zumbiam as abelhas.*
  Zumbaban las abejas.

  *As borboletas esvoaçavam alegremente.*
  Las mariposas aleteaban alegremente.

  *Os cães ladraram.*
  Los perros ladraron.

* Los verbos que expresan una acción en abstracto con omisión del agente, como en *acontecer* (acontecer), *suceder* (suceder), *ocorrer* (ocurrir), etc.:

  *O que aconteceu depois foi incrível.*
  Lo que aconteció después fue increíble.

  *Não sei o que ocorreu.*
  No sé lo que ocurrió.

* Algunos verbos que indican necesidad, urgencia, conveniencia y sensaciones, cuando el sujeto es un sustantivo o en una oración sustantiva (infinitiva o completiva iniciada por **que**):

  *Urgem medidas mais concretas.*
  Urgen medidas más concretas.

  *Convém sair cedo.*
  Conviene salir temprano.

  *Dói saber que tudo correu mal.*
  Duele saber que todo salió mal.

## Verbos defectivos

Son verbos que solamente se usan en algunas formas, porque son posibles los equívocos con otras formas verbales; o bien, resultan difíciles de pronunciar o desagradables de oír. En realidad, la mayor parte de las veces la defectibilidad verbal es resultado del simple desuso de algunos tiempos, modos o personas. Podemos clasificarlos de la siguiente forma:

* Verbos que necesitan de la primera persona del singular del presente del subjuntivo y de las formas del imperativo y derivadas de éstas. Por ejemplo, en este caso se hallan: *aturdir* (aturdir), *banir* (expulsar), *colorir* (colorear), *emerger* (emergir), *submergir* (sumergir).

**Nota:** El verbo **pesar** (pesar), en el sentido de disgusto o sufrimiento, solamente se usa en la tercera persona del singular; **reaver** (rever), derivado de *haver,* solamente se conjuga en las formas en que el verbo original mantiene la letra *v* en el radical; **precaver-se** (prevenirse) solamente se usa en la 1ª y 2ª personas del plural; **abolir** (abolir) no se conjuga en la primera persona del singular; **redimir** (redimir) sólo se conjuga la 1ª y la 2ª persona del plural, en el imperativo afirmativo. En la 2ª persona del plural, se forman de la misma manera que **remir** (indemnizar) los verbos, **aguerrir** (aguerrir), **combalir** (flaquear, enflaquecer), **comedir-se** (comedirse), **embair** (engañar), **falir** (arruinarse), **florir** (florear), **foragir-se** (estar prófugo) y **renhir** (disputar); **antiquar** (volver anticuado) se usa de manera casi exclusiva en el infinitivo flexionado o personal y en el participio.

## Verbos abundantes

Son los que poseen dos o más formas equivalentes. En casi todos los casos, esto ocurre en el participio, que además de poseer la forma regular tiene también una forma reducida, irregular. Estas formas se identifican con *ado* para las formas regulares e *ido* para las formas reducidas, irregulares. (Ver cuadro en las páginas 20 y 21.)

**Nota:** Las formas irregulares de los verbos marcados con * se usan exclusivamente como adjetivos y no tanto como participio. **Impresso**, del verbo imprimir, marcado con **, se usa exclusivamente cuando el verbo posee un significado relacionado a las artes gráficas.

Por regla general, las formas irregulares se usan con los auxiliares *ser* (ser), *estar* (estar), *andar* (andar), *ir* (ir) o *vir* (venir) y la forma regular con el auxiliar *ter* (tener).

Sin embargo, los participios regulares de los verbos: *aceitar* (aceptar), *frigir* (freír), *eleger* (elegir), *matar* (matar), *salvar* (salvar), etc., se usan con el verbo *ter* (tener); el participio irregular puede encontrarse con *ter* (tener) tanto como con *ser* (ser).

*Ela não foi aceita porque sua idade ultrapassa o limite permitido.*
Ella no fue aceptada porque su edad sobrepasa el límite permitido.

*Tenho aceitado muitas propostas de trabalho este ano.*
He aceptado muchas propuestas de trabajo este año.

En la lengua contemporánea, sea con el auxiliar *ter* (tener), o con *ser* (ser), solamente se usan los participios irregulares de los verbos *ganhar* (ganar), *gastar* (gastar) y *pagar* (pagar): *ganho, gasto* y *pago*.

## Conjugación pronominal

Además de los verbos reflexivos, hay muchos verbos que se conjugan con pronombres átonos. Éstos son los **verbos pronominales**, que adoptan dos formas: los que solamente se usan en las formas pronominales y los que se usan también en la forma simple, que se diferencian de la forma pronominal por el sentido o por las construcciones en que estos verbos participan.

Se utilizan solamente en la forma pronominal los verbos como *queixar-se* (quejarse), *suicidar-se* (suicidarse), *apoderar-se* (apoderarse).

Se usan también en la forma simple los verbos como *debater/debater-se* (debatir), *convencer/convencer-se* (convencer), *esquecer/esquecer-se* (olvidar), *lembrar/lembrar-se* (recordar), *enganar/enganar-se* (engañar).

Los verbos transitivos pueden conjugarse con los pronombres personales de objeto directo -3ª persona átona, **o**, **a**, **os**, **as** y las variantes impuestas; si el verbo termina en **-r**, **-s** o **-z** la sustitución del pronombre se hace por **-lo**, **-la**, **-los**, **-las** y si el verbo termina en vocal nasal o diptongo nasal, se cambia por **-na**, **-no**, **-nas** y **-nos**. Los casos de conjugación pronominal están ejemplificados en el cuadro de conjugación núm. 8.

*Gostei desta casa e quero alugá-la.*
Me gustó esta casa y quiero alquilarla.

*Comprei o jornal, mas não o li.*
Compré el periódico / diario, pero no lo leí.

*Os ladrões roubaram as jóias e esconderam-nas.*
Los ladrones robaron las joyas y las escondieron.

## Negación

La negación, en general, se expresa con los adverbios **não** (no), **nunca** (nunca), **nem** (ni) y **jamais** (jamás).

Habitualmente estos adverbios se ponen antes del verbo o del auxiliar. La negación en este caso afecta la totalidad de la frase.

*O Simão não/nunca/nem/jamais leu a carta que lhe escrevi.*
Simón no/nunca/ni/jamás leyó la carta que le escribí.

**Não** (no) puede afectar solamente una parte de la frase en contraste con una afirmación.

*Comi agora, não uma maçã, mas duas.*
Comí ahora, no una manzana, sino dos.

**Nunca** (nunca) y **jamais** (jamás) pueden anteceder al sujeto, aunque este uso es menos frecuente. La negación afecta la totalidad de la oración.

*Nunca/jamais vi coisa semelhante.*
Nunca/jamás vi cosa semejante.

**Nunca** (nunca) también puede usarse después del verbo o de cualquiera de los auxiliares, independientemente de que haya uno o más, manteniendo el significado de la negación en la totalidad de la frase y exigiendo la colocación de **não** (no) antes de la forma verbal:

*A minha irmã não leu nunca "Dona Flor".*
Mi hermana no leyó nunca "Doña Flor".

*O meu avô não deve nunca ter ido ao cinema.*
*O meu avô não deve ter nunca ido ao cinema.*
*O meu avô não deve ter ido nunca ao cinema.*

(En portugués las tres formas son correctas y significan: "mi abuelo no debe haber ido nunca al cine".)

**Nem** (ni) se puede usar como un separador en combinación con **não** (no) o **nem** (ni).

*Carlos não foi a casa do João nem a casa do Mário.*
Carlos no fue a la casa de Juan ni a la casa de Mario.

*Carlos nem foi a casa do João nem a casa do Mário.*
Carlos ni fue a la casa de Juan ni a la casa de Mario.

**Nem... Nem (ni... ni):** puede hacer que la negación caiga sobre el sujeto o cualquier complemento de la frase.

*Não choveu nem ontem nem hoje.*
No llovió ni ayer ni hoy.

*Não vi o Pedro nem na escola nem no trabalho.*
No vi a Pedro ni en la escuela ni en el trabajo.

La negación con el adverbio **não** (no) puede ser reforzada con **nada** (nada), que puede, igualmente, tener un efecto intensificador de un adjetivo:

*Não conseguimos ver nada do desfile.*
No conseguimos ver nada del desfile.

*Ele não foi nada simpático conosco.*
Él no fue nada simpático con nosotros.

La doble negación también ocurre con **ninguém** (nadie) y **nenhum** (ninguno).

*Não chegou ainda nenhum jornal.*
No ha llegado ningún periódico.

*Não veio ninguém à reunião.*
Nadie vino a la reunión.

Sin embargo **nada** (nada), **nenhum** (ninguno), **ninguém** (nadie) pueden anteponerse al verbo y expresar por sí mismos, solos, la negación.

*Ninguém viu o acidente.*
Nadie vio el accidente.

*Nenhum funcionário foi informado das novas regras.*
Ningún funcionario fue informado de las nuevas reglas.

*Nada se fez para ajudar os desamparados da inundação.*
Nada se hizo para ayudar a los desamparados de la inundación.

| Verbo en portugués | Verbo en español | Participio irregular | Participio regular |
|---|---|---|---|
| Absorver | Absorver | absorto | absorvido |
| Abstrair | Abstraer | abstrato | Abstraído* |
| Aceitar | Aceptar | Aceito | Aceitado |
| Acender | Encender | Aceso | Acendido |
| Afligir | Afligir | Aflito | Afligido* |
| Agradecer | Agradecer | Grato | Agradecido* |
| Assentar | Asentar | Assente | Assentado* |
| Atender | Atender | Atento | Atendido |
| Benzer | Bendecir | Bento | Benzido* |
| Cativar | Cautivar | Cativo | Cativado |
| Cegar | Cegar | Cego | Cegado* |
| Completar | Completar | Completo | Completado* |
| Concluir | Concluir | Concluso | Concluído* |
| Convencer | Convencer | Convicto | Convencido* |
| Corrigir | Corregir | Correto | Corrigido* |
| Corromper | Corromper | Corrupto | Corrompido* |
| Cultivar | Cultivar | Culto | Cultivado* |
| Descalçar | Descalzar | Descalço | Descalçado* |
| Difundir | Difundir | Difuso | Difundido* |
| Dirigir | Dirigir | Direito | Dirigido* |
| Dispersar | Dispersar | Disperso | Dispersado |
| Dissolver | Disolver | Dissoluto | Dissolvido* |
| Distinguir | Distinguir | Distinto | Distinguido* |
| Eleger | Elegir | Eleito | Elegido |
| Emergir | Emerger | Emerso | Emergido |
| Empregar | Emplear | Empregue | Empregado |
| Entregar | Entregar | Entregue | Entregado |
| Envolver | Envolver | Envolto | Envolvido |
| Enxugar | Secar | Enxuto | Enxugado |
| Escurecer | Oscurecer | Escuro | Escurecido |
| Exprimir | Exprimir | Expresso | Exprimido |
| Expulsar | Expulsar | Expulso | Expulsado |
| Extinguir | Extinguir | Extinto | Extinguido |
| Fixar | Fijar | Fixo | Fixado* |
| Frigir | Freír | Frito | Frigido |
| Ganhar | Ganar | Ganho | Ganhado |
| Gastar | Gastar | Gasto | Gastado |
| Imergir | Sumergir | Imerso | Imergido |
| Imprimir | Imprimir | Impresso | Imprimido** |
| Incorrer | Incurrir | Incurso | Incorrido* |
| Infectar | Infectar | Infecto | Infectado* |
| Inquietar | Inquietar | Inquieto | Inquietado* |
| Inserir | Insertar | Inserto | Inserido |
| Inverter | Invertir | Inverso | Invertido* |
| Isentar | Exentar | Isento | Isentado |
| Juntar | Juntar | Junto | Juntado |
| Libertar | Libertar | Liberto | Libertado |
| Limpar | Limpiar | Limpo | Limpado |
| Manifestar | Manifestar | Manifesto | Manifestado |
| Matar | Matar | Morto | Matado |
| Morrer | Morir | Morto | Morrido |

| Verbo en portugués | Verbo en español | Participio irregular | Participio regular |
|---|---|---|---|
| Nascer | Nacer | Nato | Nascido |
| Ocultar | Ocultar | Oculto | Ocultado* |
| Omitir | Omitir | Omisso | Omitido* |
| Pagar | Pagar | Pago | Pagado |
| Peverter | Pervertir | Perverso | Pervertido* |
| Prender | Prender | Preso | Prendido |
| Propender | Propender | Propenso | Propendido* |
| Romper | Romper | Roto | Rompido* |
| Salvar | Salvar | Salvo | Salvado |
| Secar | Secar | Seco | Secado |
| Soltar | Soltar | Solto | Soltado |
| Submergir | Sumergir | Submerso | Submergido |
| Suspender | Suspender | Suspenso | Suspendido |
| Tingir | Teñir | Tinto | Tingido* |
| Torcer | Torcer | Torto | Torcido* |
| Vagar | Vagar | Vago | Vagado* |

**Nota:** Existen algunos verbos, con sus respectivos derivados, que no forman el participio con *ido*; poseen solamente un participio irregular.

| Verbo en portugués | Verbo en español | Participio irregular |
|---|---|---|
| Abrir | Abrir | Aberto |
| Cobrir | Cubrir | Coberto |
| Dizer | Decir | Dito |
| Escrever | Escribir | Escrito |
| Fazer | Hacer | Feito |
| Pôr | Poner | Posto |
| Ver | Ver | Visto |
| Vir | Venir | Vindo |

La doble negación puede obtenerse también con el uso de expresiones como **coisa nenhuma** (ninguna cosa, nada), **coisa alguma** (cosa alguna), y otras, conjugadas con anteposición del **não** (no) al verbo.

*Não se escuta coisa nenhuma do que ele diz.*
No se oye nada de lo que dice.

*Prometeu, mas até hoje não trouxe livro nenhum.*
Prometió, pero hasta hoy no trajo ningún libro.

Existe también la negación implícita: cuando se usan los adverbios **só** (sólo), **somente** (solamente), **apenas** (apenas, únicamente), por el hecho de establecer una restricción y acaban negando todo lo demás.

*Até agora só vi um filme dirigido por Spielberg (= no vi mas ninguno).*
Hasta ahora solamente vi una película dirigida por Spielberg (= no vi ninguna otra).

## Interrogación

La interrogación puede ser expresada por la presencia de un signo de interrogación **(?)** al final de la frase, manteniendo la estructura de la oración semejante a la frase correspondiente. Ésta es la forma más usual. En el portugués no es necesaria la presencia del signo de interrogación de apertura de la frase (¿).

*Vai passear?*
¿Va a pasear?

Pero las frases interrogativas pueden ser orientadas en función de la respuesta esperada, afirmativa o negativa. Si la respuesta esperada es negativa, se utiliza una de las siguientes formas:

*O Paulo vai chegar no domingo, não é verdade?*
Pablo va a llegar el domingo, ¿no es verdad?

La forma negativa puede usar una forma disyuntiva:

*A Mercedes vem ou não vem?*
Mercedes, ¿viene o no viene?

En este caso, puede significar también la impaciencia o la repetición de la pregunta anterior.
Para expresar la duda en la interrogación se recurre a **será que** (será que), en el inicio de la oración.

*Será que a Patricia já chegou em casa?*
¿Será que Patricia ya llegó a casa?

En caso de que la oración comience con la frase **é que** (es que), la duda deja de afectar la totalidad para incidir sobre el elemento que está a la izquierda de la expresión:

*A Sônia é que comprou o livro ou foi você?*
¿Fue Sonia la que compró el libro o fuiste tú?

Cuando la oración inicia con cualquier pronombre o adverbio interrogativo, como **quem?** (¿quién?), **que?** (¿qué?), **onde?** (¿dónde?), **quando?** (¿cuándo?), la presencia de **é que** (es que) solamente representa la realización usual de la pregunta:

*Onde é que estão os meus óculos?*
¿Dónde están mis lentes?

*A que cinema é que vamos hoje?*
¿A qué cine vamos hoy?

Cuando no se incluye **é que** (es que) en la pregunta, eso exige que el sujeto se use después del verbo:

*Quando chegou a mãe da Ana?*
¿Cuándo llegó la madre de Ana?

*O que comeram vocês no almoço?*
¿Qué comieron ustedes en el almuerzo?

Otra manera consiste en mantener el orden normal de la frase (sujeto, predicado, complementos), colocando los pronombres y los adverbios interrogativos en los lugares de la oración correspondiente a la función sintáctica:

*A mãe da Ana chegou quando?*
La mamá de Ana, ¿cuándo llegó?

*Vocês comeram o quê no almoço?*
Ustedes, en el almuerzo, ¿qué comieron?

Existen frases interrogativas que podemos llamar retóricas, porque no pretenden obtener respuesta; contienen en sí mismas la afirmación de una evidencia:

*Então eu não deveria saber?*
¿Entonces yo no debería saber?

*Quem é que não gosta de chocolate?*
¿A quién no le gusta el chocolate?

La interrogación también puede poseer valor imperativo, significar una orden, un pedido, etc.

*Vocês comem ou não?*
¿Ustedes comen o no?

*Pode emprestar-me a seu livro?*
¿Puedes prestarme tu libro?

## Locuciones verbales

Las locuciones verbales son conjuntos de verbo(s) auxiliar(es) con un verbo principal, en los que solamente se conjuga el auxiliar, mientras que el verbo principal permanece invariable en participio, en gerundio o en infinitivo, sin flexión o impersonal.

Son locuciones verbales los tiempos compuestos y las formas de la voz pasiva, de las que ya se habló más atrás. Ahora trataremos de otras locuciones verbales, sobre todo de aquellas que habitualmente se llaman conjugación perifrástica:

- **Ter que** (Tener que) + **infinitivo** expresa la necesidad, la obligatoriedad:

  *Tenho que vender o meu carro.*
  Tengo que vender mi coche.

  *Temos que pagar os impostos.*
  Tenemos que pagar los impuestos.

- **Haver de** (haber de) + **infinitivo** manifiesta una resolución, un propósito:

  *Hei de ir a Paris.*
  He de ir a París.

- **Estar** (estar) + **gerundio** señala la duración, la realización prolongada.

  *Edson está enfrentando um sério problema.*
  Edson está enfrentando un serio problema.

- **Estar para** (estar por) + **infinitivo** expresa la intención o la brevedad del acontecimiento.

  *Estou para sair neste momento.*
  Estoy por salir en este momento.

  *O jogo de futebol está para terminar.*
  El juego de fútbol está por terminar.

- **Estar por** (estar por) + **infinitivo** manifiesta la idea de que algo debería haberse hecho y aún no se realiza.

  *O seu quarto ainda está por arrumar.*
  Su habitación todavía está por arreglarse.

- **Andar** (andar) + **gerundio** indica la duración, la realización prolongada.

  *Andava recolhendo informação sobre el tema, quando soube que era inútil.*
  Andaba recopilando información sobre el tema, cuando supe que era inútil.

- **Ir** (ir) + **infinitivo** significa el firme propósito, la certeza en un futuro próximo:

  *Luisa vai comprar um carro novo.*
  Luisa va a comprar un coche nuevo.

- **Ir** (ir) + **gerundio** expresa el avance progresivo, la realización gradual o la brevedad del acontecimiento:

  *O navio ia encostando no cais.*
  El navío iba acercándose al muelle.

  *Quando íamos chegando em casa começou a chover.*
  Cuando íbamos llegando a casa comenzó a llover.

- **Ficar** (*quedar*) + **gerundio** indica una realización habitual y relativamente larga:

  *Quando fico estudando até tarde como mais.*
  Cuando me quedo estudiando hasta tarde como más.

- **Acabar de** (acabar de) + **infinitivo** expresa la conclusión de una acción reciente:

  *Acabamos de almoçar faz dez minutos.*
  Acabamos de almorzar hace diez minutos.

**Nota:** Los casos arriba ejemplificados no representan la totalidad de situaciones: pueden surgir nuevas posibilidades entre la combinación de un verbo auxiliar con un verbo principal.

## EMPLEO DE LOS MODOS Y TIEMPOS VERBALES

### Indicativo

En general expresa la realidad o la certeza.

#### Presente

- Se refiere al momento en que se habla o se escribe:

  *Eu bebo muita cerveja.*
  Yo bebo mucha cerveza.

- Expresa hábito:

  *Leio o jornal e vejo televisão todos os dias.*
  Leo el periódico y veo televisión todos los días.

- Indica la duración o la repetición de una acción.

  *O Álvaro está brincando.*
  Álvaro está jugando.

  *A Paula tem feito muito exercício ultimamente.*
  Paula ha hecho mucho ejercicio últimamente.

- Expresa conceptos atemporales:

  *Exposto à humidade o ferro oxida.*
  Expuesto a la humedad el hierro se oxida.

- Se refiere al futuro, en especial cuando está asociado a la expresión de tiempo o en formas perifrásticas con los auxiliares *ir* (ir) y *haver* (haber):

  *Em maio vou à Italia.*
  En mayo voy a Italia.

- En oraciones que son declarativas, pero a la vez expresan una orden atenuada o un pedido.

  *Jorge, vai à sala e traz-me o livro que está em cima da mesa.*
  Jorge, ve a la sala y tráeme el libro que está arriba de la mesa.

#### Pretérito imperfecto

- Expresa el pasado no terminado, con una noción de duración o de repetición:

  *Aquela noite estava escrevendo...*
  Aquella noche estaba escribiendo...

- Indica también idea de deseo, voluntad y cortesía:

  *Queria pedir-lhe um favor.*
  Quería pedirle un favor.

- Se usa este tiempo verbal también para hacer pedidos:

  *Queria que você me trouxesse mais açúcar do supermercado.*
  Quería que me trajeras más azúcar del supermercado.

- En las oraciones subordinadas condicionales con el verbo en imperfecto del subjuntivo:

  *Se a minha irmã viesse hoje, ajudava-me a preparar a festa.*
  Si mi hermana viniera hoy, me ayudaría a preparar la fiesta.

- Sustituye el presente del indicativo en el discurso indirecto:

*Meu pai disse que ia a casa da minha avó.*
Mi padre dijo que iba a la casa de mi abuela.

**Nota:** Una marca significativa entre la distinción de la formación de este tiempo verbal en español y en portugués es que los verbos de la primera conjugación **–ar**, que en portugués forman el imperfecto en **–ava,** en español aparecen con la misma terminación para la primera conjugación **–ar**, aunque se forman en **–aba**. Por ejemplo: Cantar (en portugués, *cantava*; en español, cantaba).

### Pretérito perfecto

- Simple: expresa el tiempo pasado acabado.

*Dormi como um anjo.*
Dormí como un ángel.

- Compuesto: expresa la repetición o la continuidad hasta el momento en que se habla o escribe.

*Alexandre tem feito tudo para arranjar um novo emprego, mas não tem conseguido.*
Alexandre ha hecho todo para conseguir un nuevo empleo, pero no lo ha conseguido.

### Pretérito pluscuamperfecto ("mais-que-perfeito")

- Simple: Expresa la referencia a un pasado anterior al momento del pasado de que se habla o escribe.

*Encontrei ontem a Joana; estava mais alta do que quando a vira no ano passado.*
Encontré ayer a Joana; estaba más alta que cuando la vi el año pasado.

**Nota:** Actualmente se usa casi exclusivamente en la lengua literaria.

- Compuesto: Significa igualmente una referencia a un pasado anterior a aquel del que se habla o escribe:

*Ontem chegou meu vestido que eu tinha comprado na semana passada.*
Ayer me llegó el vestido que había comprado la semana pasada.

**Nota:** Esta construcción verbal se usa tanto en la lengua hablada como en la escrita.

### Condicional o futuro del pretérito

- Es una forma educada en tiempo presente para demostrar un deseo.

*Gostaria de provar um pouco daquele pudim.*
Me gustaría probar un poco de aquel budín.

- En oraciones exclamativas e interrogativas, que demuestran sorpresa o indignación:

*Quem diria que ela tiraria o primeiro lugar no concurso, não foi merecido.*
Quién diría que ella sacaría el primer lugar en el concurso, no lo merecía.

- En relación a hechos hipotéticos, que nunca se realizaron ni tampoco se van a realizar.

*Se tivesse encontrado o Luiz, teria tido notícias da minha cidade.*
Si hubiese encontrado a Luis, habría tenido noticias de mi ciudad.

## Subjuntivo

En general expresa la incertidumbre, la duda, la eventualidad, la irrealidad.

### Presente

Se utiliza en oraciones subordinadas completivas, en las cuales las oraciones subordinadas llevan el verbo en presente del indicativo, expresando posibilidad, probabilidad, deseo, voluntad, pedido, sentimiento, necesidad, orden, exigencia, sugestión, negación con opinión y refiriéndose a un tiempo del presente o del futuro:

*Não creio que ele vá ao futebol.*
No creo que él vaya al fútbol.

*Prefiro que a Maria venha amanhã.*
Prefiero que María venga mañana.

*Tenho medo que não tenha o dinheiro para lhe pagar.*
Tengo miedo de que no tenga el dinero para pagarle.

- Con el adverbio **talvez**, expresa una duda sobre el momento presente o un futuro muy cercano (próximo).

*Talvez consiga comprar o jornal.*
Tal vez consiga comprar el periódico.

- Como sustitución del modo imperativo en la negativa.

*Não fumes.*
No fumes.

- En oraciones subordinadas que comienzan con **embora**, **ainda que**, **por mais que**, **menos que** y otras concesivas.

*Por mais que tente, não o convence de que não tem razão.*
Por más que intentes, no lo convences de que no tiene razón.

- En frases subordinadas temporales que empiezan con **logo que, mal**:

*Logo que saiba noticias, telefono.*
En cuanto tenga noticias, te telefoneo.

- En frases subordinadas finales cuyo comienzo es **para que, a fim de que**:

*Obtive estes dados para que possamos redigir um bom relatório.*
Obtuve estos datos para que podamos redactar un buen informe.

### Pretérito imperfecto

Se utiliza en frases subordinadas completivas que dependen de frases subordinantes en las que el verbo se halla en pretérito perfecto, en imperativo o en pluscuamperfecto del indicativo, y expresa deseo, voluntad, sentimiento, posibilidad, probabilidad, necesidad, orden, sugerencia, pedido, exigencia, negación con opinión.

*O meu pai queria que a minha irmã estudasse mais.*
Mi padre quería que mi hermana estudiase más.

- Con el adverbio **talvez** en posición anterior al verbo.

*Talvez ele estivesse falando a verdade.*
Tal vez él estuviese diciendo la verdad.

- En frases subordinadas concesivas que empiezan con **embora, por mais que, mesmo que** y **ainda que,** y que expresan una intencionalidad futura:

*Por mais que quisesse, não poderia recusar a sua oferta.*
Por más que quisiese, no podría rechazar tu oferta.

- En frases subordinadas finales que empiezan con **para que** y **a fim de que** y que expresan posibles efectos posteriores:

*Contei ao Mario o que aconteceu, para que ele tomasse cuidado.*
Conté a Mario lo que pasó, para que él tuviera cuidado.

- Para expresar hipótesis en frases subordinadas condicionales en la que la subordinante tiene el verbo en pretérito imperfecto del indicativo o en el futuro del pretérito:

*Se viesse cedo, iríamos almoçar fora.*
*Se viesse cedo, íamos almoçar fora.*
Si viniera temprano iríamos a almorzar afuera.

- Se usa en el discurso indirecto en lugar del imperativo afirmativo o negativo:

*Paulo disse-me que não saísse daqui até ele chegar.*
Paulo me dijo que no saliera de aquí hasta que él llegara.

### Pretérito perfecto

Se usa en frases completivas dependientes de subordinantes con verbos o locuciones verbales en el presente del indicativo y que expresan posibilidad, probabilidad, deseo, voluntad, pedido, sentimiento, necesidad, orden, exigencia, sugestión, negación con opinión:

*Sinto muito que tenha passado o que passou.*
Siento mucho que haya pasado lo que pasó.

- Con el adverbio **talvez** precediendo al verbo, para expresar una hipótesis en relación con el pasado.

*Talvez a Marta já tenha chegado em casa.*
Tal vez Martha ya haya llegado a casa.

- En frases subordinadas concesivas que comienzan con **embora, por mais que, mesmo que ainda que**, con idea de posibilidad pasada:

*Mesmo que a carta tenha chegado, é tarde para ir ao banco.*
Aunque la carta haya llegado, es tarde para ir al banco.

**Nota:** Esta construcción verbal se hace a partir del verbo auxiliar *ter* (tener), en el presente del subjuntivo, más el participio pasado del verbo principal.

### Preterito pluscuamperfecto ("mais-que-perfeito")

Se usa en frases subordinadas completivas dependientes de subordinantes con verbos que expresan posibilidad, probabilidad, deseo, voluntad, pedido, sentimiento, necesidad, orden, exigencia, sugestión, negación con opinión, en el pretérito perfecto, o en el pretérito imperfecto del indicativo (idea de pasado):

*Queria que tivesse vindo a nossa casa.*
Quería que hubieses venido a nuestra casa.

- Con el adverbio **talvez** antes del verbo para expresar una hipótesis en relación al pasado:

*Talvez tivesse ido passear.*
Tal vez hubiese ido a pasear.

- Para expresar hipótesis en el pasado, en frases subordinadas condicionales en las cuales la subordinante lleva el verbo en pretérito pluscuamperfecto compuesto del indicativo o en el futuro del pretérito compuesto:

*Se tivesse telefonado à Dora, ja tinha sabido das novidades.*
*Se tivesse telefonado à Dora, já teria sabido das novidades.*
Si hubiese telefoneado a Dora, ya habría sabido de las novedades.

- Para sustituir el pretérito perfecto del subjuntivo en el discurso indirecto:

*Luis me respondeu que não comentaria o que o Álvaro tivesse dito a respeito dele.*
Luis me respondió que no comentaría lo que Álvaro hubiese dicho respecto de él.

### Futuro

Se usa en frases subordinadas temporales iniciadas por **quando** o **assim que**, refiriéndose al tiempo futuro:

*Quando formos de férias levaremos a Monica conosco.*
Cuando vayamos de vacaciones llevaremos a Mónica con nosotros.

- En frases subordinadas condicionales comenzadas por **se**, en construcciones que expresan una hipótesis de ocurrencia con el verbo de la subordinada en el presente del indicativo o en el imperativo:

*Se quisermos, podemos vencer todos os obstáculos.*
Si quisiéramos, podríamos vencer todos los obstáculos.

*Se telefonarem, não diga que já cheguei.*
Si telefonea, no diga que ya llegué.

**Nota:** En el español, el futuro del subjuntivo se sustituye por el presente del subjuntivo cuando se hace referencia a alguna hipótesis en el futuro.

## Imperativo

Se usa solamente en frases absolutas, subordinantes o coordenadas. Expresa una orden, pero en la mayor parte de los casos, también indica una invitación, un consejo.

También puede utilizarse en relaciones entre los interlocutores. Se dan en un plan de igualdad, por ejemplo entre amigos o compañeros.

*Francisco, me dê esses documentos que estão em cima da mesa.*
Francisco, dame esos documentos que están sobre la mesa.

*Não posso agora, vai lá você buscá-los.*
No puedo ahora, ve a buscarlos tú.

- Se emplea en las relaciones jerárquicas en el plan profesional:

*Roberta, por favor informe aos funcionários que tem uma reunião às 11:00.*
Roberta, por favor informe a los funcionarios que hay una junta a las 11:00.

- Se usa también en la publicidad y en las instrucciones orales y escritas.

*Não pise na grama.*
No pise el césped.

*Vá agora mesmo até as lojas Silva!*
¡Vaya ahora mismo a las tiendas Silva!

**Nota:** El imperativo con frecuencia se sustituye, debido a razones de cortesía, por otras formas verbales, como los pretéritos imperfectos del indicativo y del subjuntivo, el presente del indicativo y locuciones verbales con auxiliares como *poder* (poder), *importar-se* (importar-se) o *querer* (querer).

## Infinitivo

Es una de las formas nominales del verbo, junto con el gerundio y el participio.
Posee una forma simple y una forma compuesta.

*Está na hora de comer.*
Es la hora de comer.

*Foi bom termos almoçado antes, porque a reunião vai prolongar-se.*
Fue bueno haber almorzado antes, porque la reunión va a prolongarse.

Puede no haber sujeto —infinitivo no flexionado o impersonal— o de poseer —infinitivo flexionado o personal.

### Infinitivo no flexionado o impersonal

- Cuando no se refiere a ningún sujeto.

*Querer é poder.*
Querer es poder.

- Con valor de imperativo.

*Seguir pela direita.*
Seguir por la derecha.

*Não tocar nos quadros.*
No tocar los cuadros.

- Cuando sirve de complemento a los adjetivos como **fácil, possível, raro, bom, triste** y otros semejantes.

*É possível ver o jogo daqui.*
Es posible ver el juego desde aquí.

*É raro encontrar gente tão simpática como Martín.*
Es raro encontrar gente tan simpática como Martín.

- En las formas complejas con verbos auxiliares de tiempo, aspecto o modo:

*Vou lavar o carro.*
Voy a lavar el coche.

- En frases subordinadas circunstanciales, cuando el sujeto sólo está expresado en la frase subordinante:

*Nós estamos aqui para colaborar.*
Nosotros estamos aquí para colaborar.

*Para terminar, comemos pudim de chocolate.*
Para terminar, comimos budín de chocolate.

**Nota:** En estas frases también puede haber uso del infinitivo flexionado o personal.

### Infinitivo flexionado o personal

El uso del infinitivo flexionado o personal es más frecuente en el portugués de Portugal que en el de Brasil, pues el tratamiento personal **tu**, en el portugués europeo, hace más común la flexión del infinitivo. Sin embargo, se pueden encontrar los siguientes casos en el portugués de Brasil.

- Cuando tiene sujeto claramente expresado:

*O mais simples é todos nós trazermos alguma coisa para o piquenique.*
Lo más simple es que todos traigamos alguna cosa para el picnic.

- En frases subordinadas completivas:

*O chefe disse aos agentes para interrogarem o suspeito.*
El jefe le dijo al agente que interrogara al sospechoso.

## Gerundio

Es otra de las formas nominales. Presenta dos formas: una simple, el **gerundio presente**, y otra compuesta, el **gerundio pretérito**.

El gerundio presente expresa duración; el gerundio pretérito expresa la conclusión de algo antes de que la exprese el verbo principal.

Se usa en el inicio de la frase para expresar una acción realizada inmediatamente antes de la indicada en la frase principal.

*Despidindo-se, saiu.*
Despidiéndose, salió.

- Ubicado después de las frases subordinantes, señala una acción o un estado posterior.

*O grupo retomou a marcha, avançando a passo regular.*
El grupo retomó la marcha, avanzando a paso regular.

- Combinado con *estar, andar, ir, vir* para expresar duración.

*Vão-se acendendo as luzes da cidade.*
Se van encendiendo las luces de la ciudad.

- Para expresar modo, tiempo, condición, concesión, etc., de forma más sintética:

*Ajudando todos, acabaremos mais cedo.*
Ayudando todos, acabaremos más temprano.

### Participio presente

Perdió su carácter verbal. Los remanentes son hoy simple sustantivo o adjetivo. Como: **ouvinte**, **pedinte**, **estudante**, **constante**, **temente**, etc. Sin embargo, hay un caso en que la naturaleza verbal se mantiene: en la expresión **temente a Deus**.

## Participio

Es una estructura verbal muy importante para la formación de los tiempos compuestos y de la voz pasiva, el participio puede aparecer sin estar acompañado del verbo auxiliar.

Se usa en construcciones correspondientes a la del ablativo absoluto en latín, y constituye una forma verbal pasiva que aparece antes del sustantivo al que está asociado:

*Lido o relatório foi aprovado pela maioria.*
Leído el informe, fue aprobado por la mayoría.

*Achada a solução do problema, passou à ação.*
Hallada la solución del problema, pasó a la acción.

- Puede expresar solamente un estado, confundiéndose, en este caso, con el adjetivo.

*O vento enfurecido arrastava o que encontrava pela frente.*
El viento enfurecido arrastraba lo que encontraba enfrente.

## Concordancia

Existen dos tipos de concordancia: la de persona y número y la de tiempo y modo.

### Concordancia de persona y número

Las palabras variables concuerdan en género y número; y el verbo con su sujeto en número y persona.

La regla es: el verbo corresponde con el sujeto; así, si el sujeto está en singular, el verbo se usa en el singular; si el sujeto está en plural o constituido por más de un elemento, el verbo se conjuga en plural.

Además, la persona del verbo corresponde a la del sujeto.

Si entre los elementos de un sujeto plural uno de ellos está en primera persona, el verbo se conjuga en primera persona; si solamente hubiera elementos de segunda y tercera persona, el verbo se conjuga en segunda persona; cuando todos los elementos del sujeto están en tercera persona, el verbo se conjuga en tercera persona.

*Eu trabalho com tradução.*
Yo trabajo en traducciones.

*A Marta, o Pedro e a mãe foram ao cinema.*
Martha, Pedro y su madre fueron al cine.

- Hay que analizar al sujeto para determinar si debe emplearse el verbo en singular o plural.

*A maioria de nós não conhecia Londres.*
La mayoría de nosotros no conocía Londres.

(Sujeto: *La mayoría...* tercera persona del singular, *de nosotros* está determinando a "la mayoría".)

*A maioria de nós não conhecíamos Londres.*
La mayoría de nosotros no conocíamos Londres.

(Sujeto: *nosotros...* primera persona del plural; "la mayoría" está aclarando que no todos nosotros.)

- En las frases iniciadas con el pronombre relativo **que** el verbo concuerda, como regla, en número y persona con el acontecimiento de este pronombre.

*Sou eu que lhe digo.*
Soy yo que le digo.

*Foi você então que telefonou?*
¿Entonces fuiste tú quien telefoneó?

- El pronombre relativo **quem** requiere el uso del singular:

*Fui eu quem pedi a chamada.*
Fui yo quien pidió la llamada.

- Si el sujeto está indeterminado, el verbo se conjuga en plural, excepto cuando el sujeto está indicado por el reflexivo:

*Disseram-me que você ja tinha chegado.*
Me dijeron que tú ya habías llegado.

- Con el verbo **ser**, en las frases iniciadas con **por qué...?, quem...? Isso..., Isto..., aquilo..., tudo..., o (=aquilo)..., o resto..., o mais...**, el verbo concuerda, como regla, con el predicativo:

*Que são três meses?*
¿Qué son tres meses?

### Concordancia de tiempo y modo

El verbo de una frase subordinada que está en futuro del presente, o en futuro del pretérito, solamente depende de un verbo principal en el presente; pero si el verbo principal está en el pretérito del indicativo; el verbo de la frase subordinada debe estar en el futuro del pretérito.

*Carlos diz que vem amanhã visitar-lhe.*
Carlos dice que viene mañana a visitarle.

*Carlos diz que virá amanhã visitar-lhe.*
Carlos dice que vendrá mañana a visitarle.

*A Sonia disse que compraria o livro para nós.*
Sonia dijo que compraría el libro para nosotros.

*A Sonia disse que comprava o livro para nós.*
Sonia dijo que compraba el libro para nosotros.

En el subjuntivo la regla es semejante. Con el verbo principal en presente o en futuro del indicativo, el verbo de la subordinada, se conjuga en presente o, para el futuro del subjuntivo, se expresa en relación a la anterioridad:

*Recomendo-lhe que vá ao médico.*
Le recomiendo que vaya al médico.

*Jorge disse que escreverá quando você escrever.*
Jorge dijo que escribirá cuando tú escribas.

*Pode ser que Marta tenha esquecido da reunião.*
Puede ser que Martha haya olvidado la reunión.

*Sairei quando tiver acabado de chover.*
Saldré cuando hubiere terminado de llover.

A partir de estas observaciones, es posible observar mayores detalles acerca del subjuntivo en los cuadros de conjugación.

## ALGUNAS DIFERENCIAS ENTRE EL PORTUGUÉS DE BRASIL Y EL DE PORTUGAL

Las formas verbales (del singular de la primera persona en el presente del indicativo), terminados en **oo** llevan, en el portugués de Brasil, un acento circunflejo (^) en la primera **o**: **vôo / voar** (volar), **rôo / roer** (roer), **enjôo / enjoar** (marearse).

La **u** precedida de **g** o **q** seguida de **e** o **i**, lleva diéresis: *agüentar, averigüei.*

En las formas monosilábicas del verbo haber seguidos por **de**, no se utiliza guión: *hei de*.

En Portugal es más frecuente la construcción del gerundio con *a + infinitivo del verbo* como por ejemplo: *Estou a cantar*. En Brasil se utiliza la terminación del gerundio **ndo** como en: *Estou cantando*.

En el portugués de Brasil, la primera persona del plural del pretérito perfecto del indicativo, en los verbos de la primera conjugación (terminados en **ar**), no se acentúa ortográficamente como se hace en la primera persona plural del presente del indicativo. Para percibir la diferencia es preciso analizar el contexto.

*Nós andamos muito todos os dias.*
Nosotros hemos andado mucho todos los días.

*Ontem nós andamos muito pelo centro da cidade.*
Ayer, nosotros hemos andado mucho por el centro de la ciudad.

# CUADROS DE CONJUGACIÓN

**Nota:** En la primera columna de cada cuadro se señalan todas las posibilidades de los pronombres en los casos *ele, ela, você, eles, elas, vocês* (ver pág. 11). En las siguientes columnas, por razones de espacio, sólo se transcribe *ele...* o *eles...*

Verbo auxiliar (en tiempo compuesto). Muy irregular (anómalo). Los derivados del verbo *ter* (tener) llevan acento agudo en la *e* de la terminación de la 2ª y 3ª personas del singular del presente del indicativo y en la 2ª persona del singular del imperativo afirmativo (*conter*; *deter*; *obter*; *reter*).

# Ter – *Tener* 1

## Infinitivo impessoal

**Presente**

ter

**Pretérito**

ter tido

## Gerúndio

**Presente**

tendo

**Pretérito**

tendo tido

## Particípio

tido

## Indicativo

**Presente**

eu tenho
tu tens
ele/ela/você tem
nós temos
vós tendes
eles/elas/vocês têm

**Pretérito imperfeito**

eu tinha
tu tinhas
ele... tinha
nós tínhamos
vós tínheis
eles... tinham

**Pretérito perfeito**

eu tive
tu tiveste
ele... teve
nós tivemos
vós tivestes
eles... tiveram

**Pretérito perfeito composto**

eu tenho tido
tu tens tido
ele/ela/você tem tido
nós temos tido
vós tendes tido
eles/elas/vocês têm tido

**Pretérito mais-que-perfeito**

eu tivera
tu tiveras
ele... tivera
nós tivéramos
vós tivéreis
eles... tiveram

**Pretérito mais-que-perfeito composto**

eu tinha tido
tu tinhas tido
ele... tinha tido
nós tínhamos tido
vós tínheis tido
eles... tinham tido

**Futuro do presente**

eu terei
tu terás
ele/ela/você terá
nós teremos
vós tereis
eles/elas/vocês terão

**Futuro do presente composto**

eu terei tido
tu terás tido
ele... terá tido
nós teremos tido
vós tereis tido
eles... terão tido

**Futuro do pretérito**

eu teria
tu terias
ele... teria
nós teríamos
vós teríeis
eles... teriam

## Subjuntivo

**Presente**

que eu tenha
que tu tenhas
que ele/ela/você tenha
que nós tenhamos
que vós tenhais
que eles/elas/vocês tenham

**Pretérito do subjuntivo**

se eu tivesse
se tu tivesses
se ele... tivesse
se nós tivéssemos
se vós tivésseis
se eles... tivessem

**Futuro do subjuntivo**

quando eu tiver
quando tu tiveres
quando ele... tiver
quando nós tivermos
quando vós tiverdes
quando eles... tiverem

## Indicativo pessoal

**Presente**

eu ter
tu teres
ele/ela/você ter
nós termos
vós terdes
eles/elas/vocês terem

## Imperativo

**Imperativo afirmativo**

—
tem
tenha
tenhamos
tende
tenham

**Imperativo negativo**

não tenhas
não tenha
não tenhamos
não tenhais
não tenham

## 2 Haver – *Haber*

Verbo auxiliar. Muy irregular (anómalo). Cuando se utiliza el impersonal, esto es, con significado de *existir*, sólo se usa en la 3ª persona del singular.

## Infinitivo impessoal

*Presente*

haver

*Pretérito*

ter havido

## Gerúndio

*Presente*

havendo

*Pretérito*

tendo havido

## Particípio

havido

## Indicativo

| *Presente* | *Pretérito imperfeito* | *Pretérito perfeito* |
|---|---|---|
| eu hei | eu havia | eu houve |
| tu hás | tu havias | tu houveste |
| ele/ela/você há | ele... havia | ele... houve |
| nós havemos/hemos | nós havíamos | nós houvemos |
| vós haveis/heis | vós havíeis | vós houvestes |
| eles/elas/vocês hão | eles... haviam | eles... houveram |

| *Pretérito perfeito composto* | *Pretérito mais-que-perfeito* | *Pretérito mais-que-perfeito composto* |
|---|---|---|
| eu tenho havido | eu houvera | eu tinha havido |
| tu tens havido | tu houveras | tu tinhas havido |
| ele/ela/você tem havido | ele... houvera | ele... tinha havido |
| nós temos havido | nós houvéramos | nós tínhamos havido |
| vós tendes havido | vós houvéreis | vós tínheis havido |
| eles/elas/vocês têm havido | eles... houveram | eles... tinham havido |

| *Futuro do presente* | *Futuro do presente composto* | *Futuro do pretérito* |
|---|---|---|
| eu haverei | — | eu haveria |
| tu haverás | — | tu haverias |
| ele/ela/você haverá | ele... terá havido | ele... haveria |
| nós haveremos | — | nós haveríamos |
| vós havereis | — | vós haveríeis |
| eles/elas/vocês haverão | — | eles... haveriam |

## Subjuntivo

| *Presente* | *Pretérito do subjuntivo* | *Futuro do subjuntivo* |
|---|---|---|
| que eu haja | se eu houvesse | quando eu houver |
| que tu hajas | se tu houvesses | quando tu houveres |
| que ele/ela/você haja | se ele... houvesse | quando ele... houver |
| que nós hajamos | se nós houvéssemos | quando nós houvermos |
| que vós hajais | se vós houvésseis | quando vós houverdes |
| que eles/elas/vocês hajam | se eles... houvessem | quando eles... houverem |

## Infinitivo pessoal

*Presente*

eu haver
tu haveres
ele/ela/você haver
nós havermos
vós haverdes
eles/elas/vocês haverem

## Imperativo

| *Imperativo afirmativo* | *Imperativo negativo* |
|---|---|
| — | — |
| há | não hajas |
| haja | não haja |
| hajamos | não hajamos |
| havei | não hajais |
| hajam | não hajam |

Verbo auxiliar (voz pasiva). Muy irregular (anómalo). Tiene formas en común con el verbo *ir* (*fui, fosse, for*).

## Infinitivo impessoal

| *Presente* |
| --- |
| ser |

| *Pretérito* |
| --- |
| ter sido |

## Gerundio

| *Presente* |
| --- |
| sendo |

| *Pretérito* |
| --- |
| tendo sido |

## Particípio

| |
| --- |
| sido |

## Indicativo

| *Presente* | *Pretérito imperfeito* | *Pretérito perfeito* |
| --- | --- | --- |
| eu sou | eu era | eu fui |
| tu és | tu eras | tu foste |
| ele/ela/você é | ele… era | ele… foi |
| nós somos | nós éramos | nós fomos |
| vós sois | vós éreis | vós fostes |
| eles/elas/vocês são | eles… eram | eles… foram |

| *Pretérito perfeito composto* | *Pretérito mais-que-perfeito* | *Pretérito mais-que-perfeito composto* |
| --- | --- | --- |
| eu tenho sido | eu fora | eu tinha sido |
| tu tens sido | tu foras | tu tinhas sido |
| ele/ela/você tem sido | ele… fora | ele… tinha sido |
| nós temos sido | nós fôramos | nós tínhamos sido |
| vós tendes sido | vós fôreis | vós tínheis sido |
| eles/elas/vocês têm sido | eles… foram | eles… tinham sido |

| *Futuro do presente* | *Futuro do presente composto* | *Futuro do pretérito* |
| --- | --- | --- |
| eu serei | eu terei sido | eu seria |
| tu serás | tu terás sido | tu serias |
| ele/ela/você será | ele… terá sido | ele… seria |
| nós seremos | nós teremos sido | nós seríamos |
| vós sereis | vós tereis sido | vós seríeis |
| eles/elas/vocês serão | eles… terão sido | eles… seriam |

## Subjuntivo

| *Presente* | *Pretérito do subjuntivo* | *Futuro do subjuntivo* |
| --- | --- | --- |
| que eu seja | se eu fosse | quando eu for |
| que tu sejas | se tu fosses | quando tu fores |
| que ele/ela/você seja | se ele… fosse | quando ele… for |
| que nós sejamos | se nós fôssemos | quando nós formos |
| que vós sejais | se vós fôsseis | quando vós fordes |
| que eles/elas/vocês sejam | se eles… fossem | quando eles… forem |

## Infinitivo pessoal

| *Presente* | *Imperativo afirmativo* | *Imperativo negativo* |
| --- | --- | --- |
| eu ser | — | — |
| tu seres | sê | não sejas |
| ele/ela/você ser | seja | não seja |
| nós sermos | sejamos | não sejamos |
| vós serdes | sede | não sejais |
| eles/elas/vocês serem | sejam | não sejam |

## 4  Andar – A*ndar*

Verbo de la primera conjugación. La 1ª persona del plural del pretérito perfecto no lleva acento agudo. De acuerdo con el contexto, se diferencia de la misma persona del presente del indicativo que se escribe de la misma manera.

### Infinitivo impessoal

| *Presente* |
| --- |
| andar |
| *Pretérito* |
| ter andado |

### Gerúndio

| *Presente* |
| --- |
| andando |
| *Pretérito* |
| tendo andado |

### Particípio

andado

### Indicativo

| *Presente* | *Pretérito imperfeito* | *Pretérito perfeito* |
| --- | --- | --- |
| eu ando | eu andava | eu andei |
| tu andas | tu andavas | tu andaste |
| ele/ela/você anda | ele... andava | ele... andou |
| nós andamos | nós andávamos | nós andamos |
| vós andais | vós andáveis | vós andastes |
| eles/elas/vocês andam | eles... andavam | eles... andaram |

| *Pretérito perfeito composto* | *Pretérito mais-que-perfeito* | *Pretérito mais-que-perfeito composto* |
| --- | --- | --- |
| eu tenho andado | eu andara | eu tinha andado |
| tu tens andado | tu andaras | tu tinhas andado |
| ele/ela/você tem andado | ele... andara | ele... tinha andado |
| nós temos andado | nós andáramos | nós tínhamos andado |
| vós tendes andado | vós andáreis | vós tínheis andado |
| eles/elas/vocês têm andado | eles... andaram | eles... tinham andado |

| *Futuro do presente* | *Futuro do presente composto* | *Futuro do pretérito* |
| --- | --- | --- |
| eu andarei | eu terei andado | eu andaria |
| tu andarás | tu terás andado | tu andarias |
| ele/ela/você andará | ele... terá andado | ele... andaria |
| nós andaremos | nós teremos andado | nós andaríamos |
| vós andareis | vós tereis andado | vós andaríeis |
| eles/elas/vocês andarão | eles... terão andado | eles... andariam |

### Subjuntivo

| *Presente* | *Pretérito do subjuntivo* | *Futuro do subjuntivo* |
| --- | --- | --- |
| que eu ande | se eu andasse | quando eu andar |
| que tu andes | se tu andasses | quando tu andares |
| que ele/ela/você ande | se ele... andasse | quando ele... andar |
| que nós andemos | se nós andássemos | quando nós andarmos |
| que vós andeis | se vós andásseis | quando vós andardes |
| que eles/elas/vocês andem | se eles... andassem | quando eles... andarem |

### Infinitivo pessoal

| *Presente* |
| --- |
| eu andar |
| tu andares |
| ele/ela/você andar |
| nós andarmos |
| vós andardes |
| eles/elas/vocês andarem |

### Imperativo

| *Imperativo afirmativo* | *Imperativo negativo* |
| --- | --- |
| — | — |
| anda | não andes |
| ande | não ande |
| andemos | não andemos |
| andai | não andeis |
| andem | não andem |

Verbo de la segunda conjugación; aunque el verbo tenga una variación de tono en la vocal del radical no se considera irregular.

## Infinitivo impessoal

**Presente**
comer

**Pretérito**
ter comido

## Gerúndio

**Presente**
comendo

**Pretérito**
tendo comido

## Particípio

comido

## Indicativo

| **Presente** | **Pretérito imperfeito** | **Pretérito perfeito** |
|---|---|---|
| eu como | eu comia | eu comi |
| tu comes | tu comias | tu comeste |
| ele/ela/você come | ele... comia | ele... comeu |
| nós comemos | nós comíamos | nós comemos |
| vós comeis | vós comíeis | vós comestes |
| eles/elas/vocês comem | eles... comiam | eles... comeram |

| **Pretérito perfeito composto** | **Pretérito mais-que-perfeito** | **Pretérito mais-que-perfeito composto** |
|---|---|---|
| eu tenho comido | eu comera | eu tinha comido |
| tu tens comido | tu comeras | tu tinhas comido |
| ele/ela/você tem comido | ele... comera | ele... tinha comido |
| nós temos comido | nós comêramos | nós tínhamos comido |
| vós tendes comido | vós comêreis | vós tínheis comido |
| eles/elas/vocês têm comido | eles... comeram | eles... tinham comido |

| **Futuro do presente** | **Futuro do presente composto** | **Futuro do pretérito** |
|---|---|---|
| eu comerei | eu terei comido | eu comeria |
| tu comerás | tu terás comido | tu comerias |
| ele/ela/você comerá | ele... terá comido | ele... comeria |
| nós comeremos | nós teremos comido | nós comeríamos |
| vós comereis | vós tereis comido | vós comeríeis |
| eles/elas/vocês comerão | eles... terão comido | eles... comeriam |

## Subjuntivo

| **Presente** | **Pretérito do subjuntivo** | **Futuro do subjuntivo** |
|---|---|---|
| que eu coma | se eu comesse | quando eu comer |
| que tu comas | se tu comesses | quando tu comeres |
| que ele/ela/você coma | se ele... comesse | quando ele... comer |
| que nós comamos | se nós comêssemos | quando nós comermos |
| que vós comais | se vós comêsseis | quando vós comerdes |
| que eles/elas/vocês comam | se eles... comessem | quando eles... comerem |

## Infinitivo pessoal

**Presente**

eu comer
tu comeres
ele/ela/você comer
nós comermos
vós comerdes
eles/elas/vocês comerem

## Imperativo

| **Imperativo afirmativo** | **Imperativo negativo** |
|---|---|
| — | — |
| come | não comas |
| coma | não coma |
| comamos | não comamos |
| comei | não comais |
| comam | não comam |

# 6 Partir – *Partir*

Verbo de la tercera conjugación; aunque el verbo tenga una variación de tono en la vocal del radical no se considera irregular.

## Infinitivo impessoal

| *Presente* |
| --- |
| partir |
| *Pretérito* |
| ter partido |

## Gerúndio

| *Presente* |
| --- |
| partindo |
| *Pretérito* |
| tendo partido |

## Particípio

partido

## Indicativo

| *Presente* | *Pretérito imperfeito* | *Pretérito perfeito* |
| --- | --- | --- |
| eu parto | eu partia | eu parti |
| tu partes | tu partias | tu partiste |
| ele/ela/você parte | ele... partia | ele... partiu |
| nós partimos | nós partíamos | nós partimos |
| vós partis | vós partíeis | vós partistes |
| eles/elas/vocês partem | eles... partiam | eles... partiram |

| *Pretérito perfeito composto* | *Pretérito mais-que-perfeito* | *Pretérito mais-que-perfeito composto* |
| --- | --- | --- |
| eu tenho partido | eu partira | eu tinha partido |
| tu tens partido | tu partiras | tu tinhas partido |
| ele/ela/você tem partido | ele... partira | ele... tinha partido |
| nós temos partido | nós partíramos | nós tínhamos partido |
| vós tendes partido | vós partíreis | vós tínheis partido |
| eles/elas/vocês têm partido | eles... partiram | eles... tinham partido |

| *Futuro do presente* | *Futuro do presente composto* | *Futuro do pretérito* |
| --- | --- | --- |
| eu partirei | eu terei partido | eu partiria |
| tu partirás | tu terás partido | tu partirias |
| ele/ela/você partirá | ele... terá partido | ele... partiria |
| nós partiremos | nós teremos partido | nós partiríamos |
| vós partireis | vós tereis partido | vós partiríeis |
| eles/elas/vocês partirão | eles... terão partido | eles... partiriam |

## Subjuntivo

| *Presente* | *Pretérito do subjuntivo* | *Futuro do subjuntivo* |
| --- | --- | --- |
| que eu parta | se eu partisse | quando eu partir |
| que tu partas | se tu partisses | quando tu partires |
| que ele/ela/você parta | se ele... partisse | quando ele... partir |
| que nós partamos | se nós partíssemos | quando nós partirmos |
| que vós partais | se vós partísseis | quando vós partirdes |
| que eles/elas/vocês partam | se eles... partissem | quando eles... partirem |

## Infinitivo pessoal

| *Presente* |
| --- |
| eu partir |
| tu partires |
| ele/ela/você partir |
| nós partirmos |
| vós partirdes |
| eles/elas/vocês partirem |

## Imperativo

| *Imperativo afirmativo* | *Imperativo negativo* |
| --- | --- |
| — | — |
| parte | não partas |
| parta | não parta |
| partamos | não partamos |
| parti | não partais |
| partam | não partam |

El pronombre antecede la forma verbal, por lo que ésta no sufre alteración en su conjugación (ejemplo: *eu me deito*).

## Infinitivo impessoal

*Presente*

deitar-se

*Pretérito*

ter-se deitado

## Gerúndio

*Presente*

deitando-se

*Pretérito*

tendo–se deitado

## Particípio

deitado

## Indicativo

| *Presente* | *Pretérito imperfeito* | *Pretérito perfeito* |
|---|---|---|
| eu deito-me | eu deitava-me | eu deitei-me |
| tu deitas-te | tu deitavas-te | tu deitaste-te |
| ele/ela/você deita-se | ele... deitava-se | ele... deitou-se |
| nós deitamo-nos | nós deitávamo-nos | nós deitámo-nos |
| vós deitais-vos | vós deitáveis-vos | vós deitastes-vos |
| eles/elas/vocês deitam-se | eles... deitavam-se | eles... deitaram-se |

| *Pretérito perfeito composto* | *Pretérito mais-que-perfeito* | *Pretérito mais-que-perfeito composto* |
|---|---|---|
| eu tenho-me deitado | eu deitara-me | eu tinha-me deitado |
| tu tens-te deitado | tu deitaras-te | tu tinhas-te deitado |
| ele/ela/você tem-se deitado | ele... deitara-se | ele... tinha-se deitado |
| nós temo-nos deitado | nós deitáramo-nos | nós tínhamos-nos deitado |
| vós tendes-vos deitado | vós deitáreis-vos | vós tínheis-vos deitado |
| eles/elas/vocês têm-se deitado | eles... deitaram-se | eles... tinham-se deitado |

| *Futuro do presente* | *Futuro do presente composto* | *Futuro do pretérito* |
|---|---|---|
| eu deitar-me-ei | eu ter-me-ei deitado | eu deitar-me-ia |
| tu deitar-te-ás | tu ter-te-ás deitado | tu deitar-te-ias |
| ele/ela/você deitar-se-á | ele... ter-se-á deitado | ele... deitar-se-ia |
| nós deitar-nos-emos | nós ter-nos-emos deitado | nós deitar-nos-íamos |
| vós deitar-vos-eis | vós ter-vos-eis deitado | vós deitar-vos-íeis |
| eles/elas/vocês deitar-se-ão | eles... ter-se-ão deitado | eles... deitar-se-iam |

## Subjuntivo

| *Presente* | *Pretérito do subjuntivo* | *Futuro do subjuntivo* |
|---|---|---|
| que eu me deite | se eu me deitasse | quando eu me deitar |
| que tu te deites | se tu te deitasses | quando tu te deitares |
| que ele/ela/você se deite | se ele... se deitasse | quando ele... se deitar |
| que nós nos deitemos | se nós nos deitássemos | quando nós nos deitarmos |
| que vós vos deiteis | se vós vos deitásseis | quando vós vos deitardes |
| que eles/elas/vocês se deitem | se eles... se deitassem | quando eles... se deitarem |

## Infinitivo pessoal

*Presente*

eu deitar-me
tu deitares-te
ele/ela/você deitar-se
nós deitarmo-nos
vós deitardes-vos
eles/elas/vocês deitarem-se

## Imperativo

| *Imperativo afirmativo* | *Imperativo negativo* |
|---|---|
| — | — |
| deita-te | não te deites |
| deite-se | não se deite |
| deitemo-nos | não nos deitemos |
| deitai-vos | não vos deiteis |
| deitem-se | não se deitem |

## 8 Chamá-lo (la, los, las) – *Llamarlo*

Como en la conjugación de los verbos reflexivos, la forma pronominal antecede la forma verbal, por lo que la conjugación de ésta es normal (ejemplo: *eu o chamei, nós teríamos chamado, não o chamo; não o tinha chamado*).

### Infinitivo impessoal

*Presente*

chamá-lo

*Pretérito*

tê-lo-chamado

### Gerúndio

*Presente*

chamando-o

*Pretérito*

tendo-o chamado

### Particípio

chamado

### Indicativo

| *Presente* | *Pretérito imperfeito* | *Pretérito perfeito* |
|---|---|---|
| eu chamo-o (a, os, as) | eu chamava-o | eu chamei-o |
| tu chama-lo (la, los, las) | tu chamava-lo | tu chamaste-o |
| ele/ela/você chama-o (a, os, as) | ele... chamava-o | ele... chamou-o |
| nós chamamo-lo (la, los, las) | nós chamávamo-lo | nós chamámo-lo |
| vós chamai-lo (la, los las) | vós chamávei-lo | vós chamaste-lo |
| eles/elas/vocês chamam-no (na, nos, nas) | eles... chamavam-no | eles... chamaram-no |

| *Pretérito perfeito composto* | *Pretérito mais-que-perfeito* | *Pretérito mais-que-perfeito composto* |
|---|---|---|
| eu tenho-o chamado | eu chamara-o | eu tinha-o chamado |
| tu tens-lo chamado | tu chamara-lo | tu tinhas-lo chamado |
| ele/ela/você tem-no chamado | ele... chamara-o | ele... tinha-o chamado |
| nós temo-nos chamado | nós chamáramo-lo | nós tínhamo-lo chamado |
| vós tende-lo chamado | vós chamárei-lo | vós tínheis-lo chamado |
| eles/elas/vocês têm-se chamado | eles... chamaram-no | eles... tinham-no chamado |

| *Futuro do presente* | *Futuro do presente composto* | *Futuro do pretérito* |
|---|---|---|
| eu chamá-lo-ei | eu tê-lo-ei chamado | eu chamá-lo-ia |
| tu chamá-lo-ás | tu tê-lo-ás chamado | tu chamá-lo-ias |
| ele/ela/você chamá-lo-á | ele... tê-lo-á chamado | ele... chamá-lo-ia |
| nós chamá-lo-emos | nós tê-lo-emos chamado | nós chamá-lo-íamos |
| vós chamá-lo-eis | vós tê-lo-eis chamado | vós chamá-lo-íes |
| eles/elas/vocês chamá-lo-ão | eles... tê-lo-ão chamado | eles... chamá-lo-iam |

### Subjuntivo

| *Presente* | *Pretérito do subjuntivo* | *Futuro do subjuntivo* |
|---|---|---|
| que eu o chame | se eu o chamasse | quando eu o chamar |
| que tu o chames | se tu o chamasses | quando tu o chamares |
| que ele/ela/você o chame | se ele... o chamasse | quando ele... o chamar |
| que nós o chamemos | se nós o chamássemos | quando nós o chamarmos |
| que vós o chameis | se vós o chamásseis | quando vós o chamardes |
| que eles/elas/vocês o chamem | se eles... o chamassem | quando eles... o chamarem |

### Infinitivo pessoal

*Presente*

eu chamá-lo
tu chamare-lo
ele/ela/você chamá-lo
nós chamarmo-lo
vós chamarde-lo
eles/elas/vocês chamarem-no

### Imperativo

| *Imperativo afirmativo* | *Imperativo negativo* |
|---|---|
| — | — |
| chama-o | não o chames |
| chame-o | não o chame |
| chamemo-lo | não o chamemos |
| chamai-o | não o chameis |
| chamem-no | não o chamem |

En la voz pasiva el participio concuerda en género y en número con el sujeto. El imperativo afirmativo se utiliza poco.

## Ser elogiado – *Ser elogiado* 9

## Infinitivo impessoal

*Presente*

ser elogiado

*Pretérito*

ter sido elogiado

## Gerúndio

*Presente*

sendo elogiado

*Pretérito*

tendo sido elogiado

## Particípio

sido elogiado

## Indicativo

| *Presente* | *Pretérito imperfeito* | *Pretérito perfeito* |
|---|---|---|
| eu sou elogiado | eu era elogiado | eu fui elogiado |
| tu és elogiado | tu eras elogiado | tu foste elogiado |
| ele/ela/você é elogiado | ele… era elogiado | ele… foi elogiado |
| nós somos elogiados | nós éramos elogiados | nós fomos elogiados |
| vós sois elogiados | vós éreis elogiados | vós fostes elogiados |
| eles/elas/vocês são elogiados | eles… eram elogiados | eles… foram elogiados |

| *Pretérito perfeito composto* | *Pretérito mais-que-perfeito* | *Pretérito mais-que-perfeito composto* |
|---|---|---|
| eu tenho sido elogiado | eu fora elogiado | eu tinha sido elogiado |
| tu tens sido elogiado | tu foras elogiado | tu tinhas sido elogiado |
| ele/ela/você tem sido elogiado | ele… fora elogiado | ele… tinha sido elogiado |
| nós temos sido elogiados | nós fôramos elogiados | nós tínhamos sido elogiados |
| vós tendes sido elogiados | vós fôreis elogiados | vós tínheis sido elogiados |
| eles/elas/vocês têm sido elogiados | eles… foram elogiados | eles… tinham sido elogiados |

| *Futuro do presente* | *Futuro do presente composto* | *Futuro do pretérito* |
|---|---|---|
| eu serei elogiado | eu terei sido elogiado | eu seria elogiado |
| tu serás elogiado | tu terás sido elogiado | tu serias elogiado |
| ele/ela/você será elogiado | ele… terá sido elogiado | ele… seria elogiado |
| nós seremos elogiados | nós teremos sido elogiados | nós seríamos elogiados |
| vós sereis elogiados | vós tereis sido elogiados | vós seríeis elogiados |
| eles/elas/vocês serão elogiados | eles… terão sido elogiados | eles… seriam elogiados |

## Subjuntivo

| *Presente* | *Pretérito do subjuntivo* | *Futuro do subjuntivo* |
|---|---|---|
| que eu seja elogiado | se eu fosse elogiado | quando eu for elogiado |
| que tu sejas elogiado | se tu fosses elogiado | quando tu fores elogiado |
| que ele/ela/você seja elogiado | se ele… fosse elogiado | quando ele… for elogiado |
| que nós sejamos elogiados | se nós fôssemos elogiados | quando nós formos elogiados |
| que vós sejais elogiados | se vós fôsseis elogiados | quando vós fordes elogiados |
| que eles/elas/vocês sejam sido elogiado | se eles… fossem elogiados | quando eles… forem elogiados |

## Infinitivo pessoal

*Presente*

eu ser elogiado
tu seres elogiado
ele/ela/você ser elogiado
nós sermos elogiados
vós serdes elogiados
eles/elas/vocês serem elogiados

## Imperativo

| *Imperativo afirmativo* | *Imperativo negativo* |
|---|---|
| — | |
| sê elogiado | não sejas elogiado |
| seja elogiado | não seja elogiado |
| sejamos elogiados | não sejamos elogiados |
| sede elogiados | não sejais elogiados |
| sejam elogiados | não sejam elogiados |

## 10 Estar – *Estar*

Verbo auxiliar (por ejemplo, en la voz pasiva de estado). Muy irregular (anómalo).

### Infinitivo impessoal

| *Presente* |
| --- |
| estar |
| *Pretérito* |
| ter estado |

### Gerúndio

| *Presente* |
| --- |
| estando |
| *Pretérito* |
| tendo estado |

### Particípio

| estado |
| --- |

### Indicativo

| *Presente* | *Pretérito imperfeito* | *Pretérito perfeito* |
| --- | --- | --- |
| eu estou | eu estava | eu estive |
| tu estás | tu estavas | tu estiveste |
| ele/ela/você está | ele... estava | ele... esteve |
| nós estamos | nós estávamos | nós estivemos |
| vós estais | vós estáveis | vós estivestes |
| eles/elas/vocês estão | eles... estavam | eles... estiveram |

| *Pretérito perfeito composto* | *Pretérito mais-que-perfeito* | *Pretérito mais-que-perfeito composto* |
| --- | --- | --- |
| eu tenho estado | eu estivera | eu tinha estado |
| tu tens estado | tu estiveras | tu tinhas estado |
| ele/ela/você tem estado | ele... estivera | ele... tinha estado |
| nós temos estado | nós fôramos estivéramos | nós tínhamos estado |
| vós tendes estado | vós estivéreis | vós tínheis estado |
| eles/elas/vocês têm estado | eles... estiveram | eles... tinham estado |

| *Futuro do presente* | *Futuro do presente composto* | *Futuro do pretérito* |
| --- | --- | --- |
| eu estarei | eu terei estado | eu estaria |
| tu estarás | tu terás estado | tu estarias |
| ele/ela/você estará | ele... terá estado | ele... estaria |
| nós estaremos | nós teremos estado | nós estaríamos |
| vós estareis | vós tereis estado | vós estaríeis |
| eles/elas/vocês estarão | eles... terão estado | eles... estariam |

### Subjuntivo

| *Presente* | *Pretérito do subjuntivo* | *Futuro do subjuntivo* |
| --- | --- | --- |
| que eu esteja | se eu estivesse | quando eu estiver |
| que tu estejas | se tu estivesses | quando tu estiveres |
| que ele/ela/você esteja | se ele... estivesse | quando ele... estiver |
| que nós estejamos | se nós estivéssemos | quando nós estivermos |
| que vós estejais | se vós estivésseis | quando vós estiverdes |
| que eles/elas/vocês estejam | se eles... estivessem | quando eles... estiverem |

### Infinitivo pessoal

| *Presente* |
| --- |
| eu estar |
| tu estares |
| ele/ela/você estar |
| nós estarmos |
| vós estardes |
| eles/elas/vocês estarem |

### Imperativo

| *Imperativo afirmativo* | *Imperativo negativo* |
| --- | --- |
| — | — |
| está | não estejas |
| esteja | não esteja |
| estejamos | não estejamos |
| estai | não estejais |
| estejam | não estejam |

Verbo muy irregular (anómalo). Solamente el pretérito imperfecto, el futuro y el futuro del pretérito son regulares.

## Infinitivo impessoal

| *Presente* |
| --- |
| dar |
| *Pretérito* |
| ter dado |

## Gerúndio

| *Presente* |
| --- |
| dando |
| *Pretérito* |
| tendo dado |

## Particípio

dado

## Indicativo

| *Presente* | *Pretérito imperfeito* | *Pretérito perfeito* |
| --- | --- | --- |
| eu dou | eu dava | eu dei |
| tu dás | tu davas | tu deste |
| ele/ela/você dá | ele… dava | ele… deu |
| nós damos | nós dávamos | nós demos |
| vós dais | vós dáveis | vós destes |
| eles/elas/vocês dão | eles… davam | eles… deram |

| *Pretérito perfeito composto* | *Pretérito mais-que-perfeito* | *Pretérito mais-que-perfeito composto* |
| --- | --- | --- |
| eu tenho dado | eu dera | eu tinha dado |
| tu tens dado | tu deras | tu tinhas dado |
| ele/ela/você tem dado | ele… dera | ele… tinha dado |
| nós temos dado | nós déramos | nós tínhamos dado |
| vós tendes dado | vós déreis | vós tínheis dado |
| eles/elas/vocês têm dado | eles… deram | eles… tinham dado |

| *Futuro do presente* | *Futuro do presente composto* | *Futuro do pretérito* |
| --- | --- | --- |
| eu darei | eu terei dado | eu daria |
| tu darás | tu terás dado | tu darias |
| ele/ela/você dará | ele… terá dado | ele… daria |
| nós daremos | nós teremos dado | nós daríamos |
| vós dareis | vós tereis dado | vós daríeis |
| eles/elas/vocês darão | eles… terão dado | eles… dariam |

## Subjuntivo

| *Presente* | *Pretérito do subjuntivo* | *Futuro do subjuntivo* |
| --- | --- | --- |
| que eu dê | se eu desse | quando eu der |
| que tu dês | se tu desses | quando tu deres |
| que ele/ela/você dê | se ele… desse | quando ele… der |
| que nós demos | se nós déssemos | quando nós dermos |
| que vós deis | se vós désseis | quando vós derdes |
| que eles/elas/vocês dêem | se eles… dessem | quando eles… derem |

## Infinitivo pessoal

| *Presente* |
| --- |
| eu dar |
| tu dares |
| ele/ela/você dar |
| nós darmos |
| vós dardes |
| eles/elas/vocês darem |

## Imperativo

| *Imperativo afirmativo* | *Imperativo negativo* |
| --- | --- |
| — | — |
| dá | não dês |
| dê | não dê |
| demos | não demos |
| dai | não deis |
| dêem | não dêem |

## 12 Ficar – *Quedar*

Verbos terminados en –*car* cambian de *c* a *qu* antes de *e*. Es un caso de distinción ortográfica.

### Infinitivo impessoal

*Presente*

ficar

*Pretérito*

ter ficado

### Gerúndio

*Presente*

ficando

*Pretérito*

tendo ficado

### Particípio

ficado

### Indicativo

| *Presente* | *Pretérito imperfeito* | *Pretérito perfeito* |
|---|---|---|
| eu fico | eu ficava | eu fiquei |
| tu ficas | tu ficavas | tu ficaste |
| ele/ela/você fica | ele… ficava | ele… ficou |
| nós ficamos | nós ficávamos | nós ficamos |
| vós ficais | vós ficáveis | vós ficastes |
| eles/elas/vocês ficam | eles… ficavam | eles… ficaram |

| *Pretérito perfeito composto* | *Pretérito mais-que-perfeito* | *Pretérito mais-que-perfeito composto* |
|---|---|---|
| eu tenho ficado | eu ficara | eu tinha ficado |
| tu tens ficado | tu ficaras | tu tinhas ficado |
| ele/ela/você tem ficado | ele… ficara | ele… tinha ficado |
| nós temos ficado | nós ficáramos | nós tínhamos ficado |
| vós tendes ficado | vós ficáreis | vós tínheis ficado |
| eles/elas/vocês têm ficado | eles… ficaram | eles… tinham ficado |

| *Futuro do presente* | *Futuro do presente composto* | *Futuro do pretérito* |
|---|---|---|
| eu ficarei | eu terei ficado | eu ficaria |
| tu ficarás | tu terás ficado | tu ficarias |
| ele/ela/você ficará | ele… terá ficado | ele… ficaria |
| nós ficaremos | nós teremos ficado | nós ficaríamos |
| vós ficareis | vós tereis ficado | vós ficaríeis |
| eles/elas/vocês ficarão | eles… terão ficado | eles… ficariam |

### Subjuntivo

| *Presente* | *Pretérito do subjuntivo* | *Futuro do subjuntivo* |
|---|---|---|
| que eu fique | se eu ficasse | quando eu ficar |
| que tu fiques | se tu ficasses | quando tu ficares |
| que ele/ela/você fique | se ele… ficasse | quando ele… ficar |
| que nós fiquemos | se nós ficássemos | quando nós ficarmos |
| que vós fiqueis | se vós ficásseis | quando vós ficardes |
| que eles/elas/vocês fiquem | se eles… ficassem | quando eles… ficarem |

### Infinitivo pessoal

*Presente*

eu ficar
tu ficares
ele/ela/você ficar
nós ficarmos
vós ficardes
eles/elas/vocês ficarem

### Imperativo

| *Imperativo afirmativo* | *Imperativo negativo* |
|---|---|
| — | — |
| fica | não fiques |
| fique | não fique |
| fiquemos | não fiquemos |
| ficai | não fiqueis |
| fiquem | não fiquem |

Verbos terminados en -çar cambian de ç a c antes de e. Es un caso de distinción ortográfica.

## Infinitivo impessoal

**Presente**
dançar

**Pretérito**
ter dançado

## Gerúndio

**Presente**
dançando

**Pretérito**
tendo dançado

## Particípio

dançado

## Indicativo

| **Presente** | **Pretérito imperfeito** | **Pretérito perfeito** |
| --- | --- | --- |
| eu danço | eu dançava | eu dancei |
| tu danças | tu dançavas | tu dançaste |
| ele/ela/você dança | ele... dançava | ele... dançou |
| nós dançamos | nós dançávamos | nós dançamos |
| vós dançais | vós dançáveis | vós dançastes |
| eles/elas/vocês dançam | eles... dançavam | eles... dançaram |

| **Pretérito perfeito composto** | **Pretérito mais-que-perfeito** | **Pretérito mais-que-perfeito composto** |
| --- | --- | --- |
| eu tenho dançado | eu dançara | eu tinha dançado |
| tu tens dançado | tu dançaras | tu tinhas dançado |
| ele/ela/você tem dançado | ele... dançara | ele... tinha dançado |
| nós temos dançado | nós dançáramos | nós tínhamos dançado |
| vós tendes dançado | vós dançáreis | vós tínheis dançado |
| eles/elas/vocês têm dançado | eles... dançaram | eles... tinham dançado |

| **Futuro do presente** | **Futuro do presente composto** | **Futuro do pretérito** |
| --- | --- | --- |
| eu dançarei | eu terei dançado | eu dançaria |
| tu dançarás | tu terás dançado | tu dançarias |
| ele/ela/você dançará | ele... terá dançado | ele... dançaria |
| nós dançaremos | nós teremos dançado | nós dançaríamos |
| vós dançareis | vós tereis dançado | vós dançaríeis |
| eles/elas/vocês dançarão | eles... terão dançado | eles... dançariam |

## Subjuntivo

| **Presente** | **Pretérito do subjuntivo** | **Futuro do subjuntivo** |
| --- | --- | --- |
| que eu dance | se eu dançasse | quando eu dançar |
| que tu dances | se tu dançasses | quando tu dançares |
| que ele/ela/você dance | se ele... dançasse | quando ele... dançar |
| que nós dancemos | se nós dançássemos | quando nós dançarmos |
| que vós danceis | se vós dançásseis | quando vós dançardes |
| que eles/elas/vocês dancem | se eles... dançassem | quando eles... dançarem |

## Infinitivo pessoal

**Presente**
eu dançar
tu dançares
ele/ela/você dançar
nós dançarmos
vós dançardes
eles/elas/vocês dançarem

## Imperativo

| **Imperativo afirmativo** | **Imperativo negativo** |
| --- | --- |
| — | — |
| dança | não dances |
| dance | não dance |
| dancemos | não dancemos |
| dançai | não danceis |
| dancem | não dancem |

## 14 Pegar – *Agarrar*

Verbos terminados en –*gar* cambian de *g* a *gu* antes de *e*. Es un caso de distinción ortográfica.

### Infinitivo impessoal

| Presente |
|---|
| pegar |
| **Pretérito** |
| ter pegado |

### Gerúndio

| Presente |
|---|
| pegando |
| **Pretérito** |
| tendo pegado |

### Particípio

pegado

### Indicativo

| Presente | Pretérito imperfeito | Pretérito perfeito |
|---|---|---|
| eu pego | eu pegava | eu peguei |
| tu pegas | tu pegavas | tu pegaste |
| ele/ela/você pega | ele... pegava | ele... pegou |
| nós pegamos | nós pegávamos | nós pegamos |
| vós pegais | vós pegáveis | vós pegastes |
| eles/elas/vocês pegam | eles... pegavam | eles... pegaram |

| Pretérito perfeito composto | Pretérito mais-que-perfeito | Pretérito mais-que-perfeito composto |
|---|---|---|
| eu tenho pegado | eu pegara | eu tinha pegado |
| tu tens pegado | tu pegaras | tu tinhas pegado |
| ele/ela/você tem pegado | ele... pegara | ele... tinha pegado |
| nós temos pegado | nós pegáramos | nós tínhamos pegado |
| vós tendes pegado | vós pegáreis | vós tínheis pegado |
| eles/elas/vocês têm pegado | eles... pegaram | eles... tinham pegado |

| Futuro do presente | Futuro do presente composto | Futuro do pretérito |
|---|---|---|
| eu pegarei | eu terei pegado | eu pegaria |
| tu pegarás | tu terás pegado | tu pegarias |
| ele/ela/você pegará | ele... terá pegado | ele... pegaria |
| nós pegaremos | nós teremos pegado | nós pegaríamos |
| vós pegareis | vós tereis pegado | vós pegaríeis |
| eles/elas/vocês pegarão | eles... terão pegado | eles... pegariam |

### Subjuntivo

| Presente | Pretérito do subjuntivo | Futuro do subjuntivo |
|---|---|---|
| que eu pegue | se eu pegasse | quando eu pegar |
| que tu pegues | se tu pegasses | quando tu pegares |
| que ele/ela/você pegue | se ele... pegasse | quando ele... pegar |
| que nós peguemos | se nós pegássemos | quando nós pegarmos |
| que vós pegueis | se vós pegásseis | quando vós pegardes |
| que eles/elas/vocês peguem | se eles... pegassem | quando eles... pegarem |

### Infinitivo pessoal

| Presente |
|---|
| eu pegar |
| tu pegares |
| ele/ela/você pegar |
| nós pegarmos |
| vós pegardes |
| eles/elas/vocês pegarem |

### Imperativo

| Imperativo afirmativo | Imperativo negativo |
|---|---|
| — | — |
| pega | não pegues |
| pegue | não pegue |
| peguemos | não peguemos |
| pegai | não pegueis |
| peguem | não peguem |

Verbo terminado en –*ear* se le añade una *i* después de la *e* en las formas en que la vocal tónica se halla en el radical (1ª, 2ª, 3ª personas del singular y 3ª del plural del presente del indicativo y del subjuntivo, 2ª y 3ª del singular y 3ª del plural del imperativo afirmativo y negativo).

## Passear – *Pasear* 15

### Infinitivo impessoal

*Presente*

passear

*Pretérito*

ter passeado

### Gerúndio

*Presente*

passeando

*Pretérito*

tendo passeado

### Particípio

passeado

### Indicativo

| *Presente* | *Pretérito imperfeito* | *Pretérito perfeito* |
|---|---|---|
| eu passeio | eu passeava | eu passeei |
| tu passeias | tu passeavas | tu passeaste |
| ele/ela/você passeia | ele... passeava | ele... passeou |
| nós passeamos | nós passeávamos | nós passeamos |
| vós passeais | vós passeáveis | vós passeastes |
| eles/elas/vocês passeiam | eles... passeavam | eles... passearam |

| *Pretérito perfeito composto* | *Pretérito mais-que-perfeito* | *Pretérito mais-que-perfeito composto* |
|---|---|---|
| eu tenho passeado | eu passeara | eu tinha passeado |
| tu tens passeado | tu passearas | tu tinhas passeado |
| ele/ela/você tem passeado | ele... passeara | ele... tinha passeado |
| nós temos passeado | nós passeáramos | nós tínhamos passeado |
| vós tendes passeado | vós passeáreis | vós tínheis passeado |
| eles/elas/vocês têm passeado | eles... passearam | eles... tinham passeado |

| *Futuro do presente* | *Futuro do presente composto* | *Futuro do pretérito* |
|---|---|---|
| eu passearei | eu terei passeado | eu passearia |
| tu passearás | tu terás passeado | tu passearias |
| ele/ela/você passeará | ele... terá passeado | ele... passearia |
| nós passearemos | nós teremos passeado | nós passearíamos |
| vós passeareis | vós tereis passeado | vós passearíeis |
| eles/elas/vocês passearão | eles... terão passeado | eles... passeariam |

### Subjuntivo

| *Presente* | *Pretérito do subjuntivo* | *Futuro do subjuntivo* |
|---|---|---|
| que eu passeie | se eu passeasse | quando eu passear |
| que tu passeies | se tu passeasses | quando tu passeares |
| que ele/ela/você passeie | se ele... passeasse | quando ele... passear |
| que nós passeemos | se nós passeássemos | quando nós passearmos |
| que vós passeeis | se vós passeásseis | quando vós passeardes |
| que eles/elas/vocês passeiem | se eles... passeassem | quando eles... passearem |

### Infinitivo pessoal

*Presente*

eu passear
tu passeares
ele/ela/você passear
nós passearmos
vós passeardes
eles/elas/vocês passearem

### Imperativo

| *Imperativo afirmativo* | *Imperativo negativo* |
|---|---|
| — | — |
| passeia | não passeies |
| passeie | não passeie |
| passeemos | não passeemos |
| passeai | não passeeis |
| passeiem | não passeiem |

## 16 Adiar – *Postergar*

Regular, normalmente los verbos terminados en *–iar* se conjugan así.

### Infinitivo impessoal

| *Presente* |
| --- |
| adiar |

| *Pretérito* |
| --- |
| ter adiado |

### Gerúndio

| *Presente* |
| --- |
| adiando |

| *Pretérito* |
| --- |
| tendo adiado |

### Particípio

| |
| --- |
| adiado |

### Indicativo

| *Presente* | *Pretérito imperfeito* | *Pretérito perfeito* |
| --- | --- | --- |
| eu adio | eu adiava | eu adiei |
| tu adias | tu adiavas | tu adiaste |
| ele/ela/você adia | ele... adiava | ele... adiou |
| nós adiamos | nós adiávamos | nós adiamos |
| vós adiais | vós adiáveis | vós adiastes |
| eles/elas/vocês adiam | eles... adiavam | eles... adiaram |

| *Pretérito perfeito composto* | *Pretérito mais-que-perfeito* | *Pretérito mais-que-perfeito composto* |
| --- | --- | --- |
| eu tenho adiado | eu adiara | eu tinha adiado |
| tu tens adiado | tu adiaras | tu tinhas adiado |
| ele/ela/você tem adiado | ele... adiara | ele... tinha adiado |
| nós temos adiado | nós adiáramos | nós tínhamos adiado |
| vós tendes adiado | vós adiáreis | vós tínheis adiado |
| eles/elas/vocês têm adiado | eles... adiaram | eles... tinham adiado |

| *Futuro do presente* | *Futuro do presente composto* | *Futuro do pretérito* |
| --- | --- | --- |
| eu adiarei | eu terei adiado | eu adiaria |
| tu adiarás | tu terás adiado | tu adiarias |
| ele/ela/você adiará | ele... terá adiado | ele... adiaria |
| nós adiaremos | nós teremos adiado | nós adiaríamos |
| vós adiareis | vós tereis adiado | vós adiaríeis |
| eles/elas/vocês adiarão | eles... terão adiado | eles... adiariam |

### Subjuntivo

| *Presente* | *Pretérito do subjuntivo* | *Futuro do subjuntivo* |
| --- | --- | --- |
| que eu adie | se eu adiasse | quando eu adiar |
| que tu adies | se tu adiasses | quando tu adiares |
| que ele/ela/você adie | se ele... adiasse | quando ele... adiar |
| que nós adiemos | se nós adiássemos | quando nós adiarmos |
| que vós adieis | se vós adiásseis | quando vós adiardes |
| que eles/elas/vocês adiem | se eles... adiassem | quando eles... adiarem |

### Infinitivo pessoal

| *Presente* |
| --- |
| eu adiar |
| tu adiares |
| ele/ela/você adiar |
| nós adiarmos |
| vós adiardes |
| eles/elas/vocês adiarem |

### Imperativo

| *Imperativo afirmativo* | *Imperativo negativo* |
| --- | --- |
| — | — |
| adia | não adies |
| adie | não adie |
| adiemos | não adiemos |
| adiai | não adieis |
| adiem | não adiem |

Verbo irregular. Algunos verbos terminados en –*iar* siguen este modelo debido a la influencia de los modelos de los verbos terminados en –*ear* (*passear*). Entre ellos se encuentran *odiar, incendiar, mediar, remediar*.

## Infinitivo impessoal

*Presente*

ansiar

*Pretérito*

ter ansiado

## Gerúndio

*Presente*

ansiando

*Pretérito*

tendo ansiado

## Particípio

ansiado

## Indicativo

| *Presente* | *Pretérito imperfeito* | *Pretérito perfeito* |
|---|---|---|
| eu anseio | eu ansiava | eu ansiei |
| tu anseias | tu ansiavas | tu ansiaste |
| ele/ela/você anseia | ele... ansiava | ele... ansiou |
| nós ansiamos | nós ansiávamos | nós ansiamos |
| vós ansiais | vós ansiáveis | vós ansiastes |
| eles/elas/vocês anseiam | eles... ansiavam | eles... ansiaram |

| *Pretérito perfeito composto* | *Pretérito mais-que-perfeito* | *Pretérito mais-que-perfeito composto* |
|---|---|---|
| eu tenho ansiado | eu ansiara | eu tinha ansiado |
| tu tens ansiado | tu ansiaras | tu tinhas ansiado |
| ele/ela/você tem ansiado | ele... ansiara | ele... tinha ansiado |
| nós temos ansiado | nós ansiáramos | nós tínhamos ansiado |
| vós tendes ansiado | vós ansiáreis | vós tínheis ansiado |
| eles/elas/vocês têm ansiado | eles... ansiaram | eles... tinham ansiado |

| *Futuro do presente* | *Futuro do presente composto* | *Futuro do pretérito* |
|---|---|---|
| eu ansiarei | eu terei ansiado | eu ansiaria |
| tu ansiarás | tu terás ansiado | tu ansiarias |
| ele/ela/você ansiará | ele... terá ansiado | ele... ansiaria |
| nós ansiaremos | nós teremos ansiado | nós ansiaríamos |
| vós ansiareis | vós tereis ansiado | vós ansiaríeis |
| eles/elas/vocês ansiarão | eles... terão ansiado | eles... ansiariam |

## Subjuntivo

| *Presente* | *Pretérito do subjuntivo* | *Futuro do subjuntivo* |
|---|---|---|
| que eu anseie | se eu ansiasse | quando eu ansiar |
| que tu anseies | se tu ansiasses | quando tu ansiares |
| que ele/ela/você anseie | se ele... ansiasse | quando ele... ansiar |
| que nós ansiemos | se nós ansiássemos | quando nós ansiarmos |
| que vós ansieis | se vós ansiásseis | quando vós ansiardes |
| que eles/elas/vocês anseiem | se eles... ansiassem | quando eles... ansiarem |

## Infinitivo pessoal

*Presente*

eu ansiar
tu ansiares
ele/ela/você ansiar
nós ansiarmos
vós ansiardes
eles/elas/vocês ansiarem

## Imperativo

| *Imperativo afirmativo* | *Imperativo negativo* |
|---|---|
| — | — |
| anseia | não anseies |
| anseie | não anseie |
| ansiemos | não ansiemos |
| ansiai | não ansieis |
| anseiem | não anseiem |

# 18 Negociar – *Negociar*

Algunos verbos terminados en –*iar* (*agenciar, comerciar, obsequiar, premiar, sentenciar*) siguen este modelo.

## Infinitivo impessoal

**Presente**

negociar

**Pretérito**

ter negociado

## Gerúndio

**Presente**

negociando

**Pretérito**

tendo negociado

## Particípio

negociado

## Indicativo

| **Presente** | **Pretérito imperfeito** | **Pretérito perfeito** |
|---|---|---|
| eu negocio | eu negociava | eu negociei |
| tu negocias | tu negociavas | tu negociaste |
| ele/ela/você negocia | ele... negociava | ele... negociou |
| nós negociamos | nós negociávamos | nós negociamos |
| vós negociais | vós negociáveis | vós negociastes |
| eles/elas/vocês negociam | eles... negociavam | eles... negociaram |

| **Pretérito perfeito composto** | **Pretérito mais-que-perfeito** | **Pretérito mais-que-perfeito composto** |
|---|---|---|
| eu tenho negociado | eu negociara | eu tinha negociado |
| tu tens negociado | tu negociaras | tu tinhas negociado |
| ele/ela/você tem negociado | ele... negociara | ele... tinha negociado |
| nós temos negociado | nós negociáramos | nós tínhamos negociado |
| vós tendes negociado | vós negociáreis | vós tínheis negociado |
| eles/elas/vocês têm negociado | eles... negociaram | eles... tinham negociado |

| **Futuro do presente** | **Futuro do presente composto** | **Futuro do pretérito** |
|---|---|---|
| eu negociarei | eu terei negociado | eu negociaria |
| tu negociarás | tu terás negociado | tu negociarias |
| ele/ela/você negociará | ele... terá negociado | ele... negociaria |
| nós negociaremos | nós teremos negociado | nós negociaríamos |
| vós negociareis | vós tereis negociado | vós negociaríeis |
| eles/elas/vocês negociarão | eles... terão negociado | eles... negociariam |

## Subjuntivo

| **Presente** | **Pretérito do subjuntivo** | **Futuro do subjuntivo** |
|---|---|---|
| que eu negocie | se eu negociasse | quando eu negociar |
| que tu negocies | se tu negociasses | quando tu negociares |
| que ele/ela/você negocie | se ele... negociasse | quando ele... negociar |
| que nós negociemos | se nós negociássemos | quando nós negociarmos |
| que vós negocieis | se vós negociásseis | quando vós negociardes |
| que eles/elas/vocês negociem | se eles... negociassem | quando eles... negociarem |

## Infinitivo pessoal

**Presente**

eu negociar
tu negociares
ele/ela/você negociar
nós negociarmos
vós negociardes
eles/elas/vocês negociarem

## Imperativo

| **Imperativo afirmativo** | **Imperativo negativo** |
|---|---|
| — | — |
| negocia | não negocies |
| negocie | não negocie |
| negociemos | não negociemos |
| negociai | não negocieis |
| negociem | não negociem |

Acento agudo en la 1ª, 2ª, 3ª personas del singular y 3ª del plural del presente del indicativo y del subjuntivo, en la 2ª y 3ª del singular y 3ª del plural del imperativo afirmativo y negativo. El hiato se marca cuando la *u* es la vocal tónica.

# Saudar – *Saldar* 19

## Infinitivo impessoal

**Presente**

saudar

**Pretérito**

ter saudado

## Gerúndio

**Presente**

saudando

**Pretérito**

tendo saudado

## Particípio

saudado

## Indicativo

| **Presente** | **Pretérito imperfeito** | **Pretérito perfeito** |
|---|---|---|
| eu saúdo | eu saudava | eu saudei |
| tu saúdas | tu saudavas | tu saudaste |
| ele/ela/você saúda | ele... saudava | ele... saudou |
| nós saudamos | nós saudávamos | nós saudamos |
| vós saudais | vós saudáveis | vós saudastes |
| eles/elas/vocês saúdam | eles... saudavam | eles... saudaram |

| **Pretérito perfeito composto** | **Pretérito mais-que-perfeito** | **Pretérito mais-que-perfeito composto** |
|---|---|---|
| eu tenho saudado | eu saudara | eu tinha saudado |
| tu tens saudado | tu saudaras | tu tinhas saudado |
| ele/ela/você tem saudado | ele... saudara | ele... tinha saudado |
| nós temos saudado | nós saudáramos | nós tínhamos saudado |
| vós tendes saudado | vós saudáreis | vós tínheis saudado |
| eles/elas/vocês têm saudado | eles... saudaram | eles... tinham saudado |

| **Futuro do presente** | **Futuro do presente composto** | **Futuro do pretérito** |
|---|---|---|
| eu saudarei | eu terei saudado | eu saudaria |
| tu saudarás | tu terás saudado | tu saudarias |
| ele/ela/você saudará | ele... terá saudado | ele... saudaria |
| nós saudaremos | nós teremos saudado | nós saudaríamos |
| vós saudareis | vós tereis saudado | vós saudaríeis |
| eles/elas/vocês saudarão | eles... terão saudado | eles... saudariam |

## Subjuntivo

| **Presente** | **Pretérito do subjuntivo** | **Futuro do subjuntivo** |
|---|---|---|
| que eu saúde | se eu saudasse | quando eu saudar |
| que tu saúdes | se tu saudasses | quando tu saudares |
| que ele/ela/você saúde | se ele... saudasse | quando ele... saudar |
| que nós saudemos | se nós saudássemos | quando nós saudarmos |
| que vós saudeis | se vós saudásseis | quando vós saudardes |
| que eles/elas/vocês saúdem | se eles... saudassem | quando eles... saudarem |

## Infinitivo pessoal

**Presente**

eu saudar
tu saudares
ele/ela/você saudar
nós saudarmos
vós saudardes
eles/elas/vocês saudarem

## Imperativo

| **Imperativo afirmativo** | **Imperativo negativo** |
|---|---|
| — | — |
| saúda | não saúdes |
| saúde | não saúde |
| saudemos | não saudemos |
| saudai | não saudeis |
| saúdem | não saúdem |

## 20 Doar – *Donar*

Los verbos terminados en –*oar* llevan acento circunflejo ( ^ ) en la 1ª persona del singular del presente del indicativo (dôo). No confundir con *doer* (doler), que se conjuga como *roer* (roer).

### Infinitivo impessoal

| | |
|---|---|
| *Presente* | |
| doar | |
| *Pretérito* | |
| ter doado | |

### Gerúndio

| | |
|---|---|
| *Presente* | |
| doando | |
| *Pretérito* | |
| tendo doado | |

### Particípio

doado

### Indicativo

| *Presente* | *Pretérito imperfeito* | *Pretérito perfeito* |
|---|---|---|
| eu dôo | eu doava | eu doei |
| tu doas | tu doavas | tu doaste |
| ele/ela/você doa | ele... doava | ele... doou |
| nós doamos | nós doávamos | nós doamos |
| vós doais | vós doáveis | vós doastes |
| eles/elas/vocês doam | eles... doavam | eles... doaram |

| *Pretérito perfeito composto* | *Pretérito mais-que-perfeito* | *Pretérito mais-que-perfeito composto* |
|---|---|---|
| eu tenho doado | eu doara | eu tinha doado |
| tu tens doado | tu doaras | tu tinhas doado |
| ele/ela/você tem doado | ele... doara | ele... tinha doado |
| nós temos doado | nós doáramos | nós tínhamos doado |
| vós tendes doado | vós doáreis | vós tínheis doado |
| eles/elas/vocês têm doado | eles... doaram | eles... tinham doado |

| *Futuro do presente* | *Futuro do presente composto* | *Futuro do pretérito* |
|---|---|---|
| eu doarei | eu terei doado | eu doaria |
| tu doarás | tu terás doado | tu doarias |
| ele/ela/você doará | ele... terá doado | ele... doaria |
| nós doaremos | nós teremos doado | nós doaríamos |
| vós doareis | vós tereis doado | vós doaríeis |
| eles/elas/vocês doarão | eles... terão doado | eles... doariam |

### Subjuntivo

| *Presente* | *Pretérito do subjuntivo* | *Futuro do subjuntivo* |
|---|---|---|
| que eu doe | se eu doasse | quando eu doar |
| que tu does | se tu doasses | quando tu doares |
| que ele/ela/você doe | se ele... doasse | quando ele... doar |
| que nós doemos | se nós doássemos | quando nós doarmos |
| que vós doeis | se vós doásseis | quando vós doardes |
| que eles/elas/vocês doem | se eles... doassem | quando eles... doarem |

### Infinitivo pessoal

| | |
|---|---|
| *Presente* | |
| eu doar | |
| tu doares | |
| ele/ela/você doar | |
| nós doarmos | |
| vós doardes | |
| eles/elas/vocês doarem | |

### Imperativo

| *Imperativo afirmativo* | *Imperativo negativo* |
|---|---|
| — | — |
| doa | não does |
| doe | não doe |
| doemos | não doemos |
| doai | não doeis |
| doem | não doem |

En los verbos terminados en –*guar*, cuando la *u* es átona va precedida por *g* y seguida por *e* lleva diéresis ( ¨ ) (*apazigüei*).

## Infinitivo impessoal

| *Presente* |
| --- |
| apaziguar |
| *Pretérito* |
| ter apaziguado |

## Gerúndio

| *Presente* |
| --- |
| apaziguando |
| *Pretérito* |
| tendo apaziguado |

## Particípio

apaziguado

## Indicativo

| *Presente* | *Pretérito imperfeito* | *Pretérito perfeito* |
| --- | --- | --- |
| eu apaziguo | eu apaziguava | eu apazigüei |
| tu apaziguas | tu apaziguavas | tu apaziguaste |
| ele/ela/você apazigua | ele… apaziguava | ele… apaziguou |
| nós apaziguamos | nós apaziguávamos | nós apaziguamos |
| vós apaziguais | vós apaziguáveis | vós apaziguastes |
| eles/elas/vocês apaziguam | eles… apaziguavam | eles… apaziguaram |

| *Pretérito perfeito composto* | *Pretérito mais-que-perfeito* | *Pretérito mais-que-perfeito composto* |
| --- | --- | --- |
| eu tenho apaziguado | eu apaziguara | eu tinha apaziguado |
| tu tens apaziguado | tu apaziguaras | tu tinhas apaziguado |
| ele/ela/você tem apaziguado | ele… apaziguara | ele… tinha apaziguado |
| nós temos apaziguado | nós apaziguáramos | nós tínhamos apaziguado |
| vós tendes apaziguado | vós apaziguáreis | vós tínheis apaziguado |
| eles/elas/vocês têm apaziguado | eles… apaziguaram | eles… tinham apaziguado |

| *Futuro do presente* | *Futuro do presente composto* | *Futuro do pretérito* |
| --- | --- | --- |
| eu apaziguarei | eu terei apaziguado | eu apaziguaria |
| tu apaziguarás | tu terás apaziguado | tu apaziguarias |
| ele/ela/você apaziguará | ele… terá apaziguado | ele… apaziguaria |
| nós apaziguaremos | nós teremos apaziguado | nós apaziguaríamos |
| vós apaziguareis | vós tereis apaziguado | vós apaziguaríeis |
| eles/elas/vocês apaziguarão | eles… terão apaziguado | eles… apaziguariam |

## Subjuntivo

| *Presente* | *Pretérito do subjuntivo* | *Futuro do subjuntivo* |
| --- | --- | --- |
| que eu apazigüe | se eu apaziguasse | quando eu apaziguar |
| que tu apazigües | se tu apaziguasses | quando tu apaziguares |
| que ele/ela/você apazigüe | se ele… apaziguasse | quando ele… apaziguar |
| que nós apazigüemos | se nós apaziguássemos | quando nós apaziguarmos |
| que vós apazigüeis | se vós apaziguásseis | quando vós apaziguardes |
| que eles/elas/vocês apazigüem | se eles… apaziguassem | quando eles… apaziguarem |

## Infinitivo pessoal

| *Presente* |
| --- |
| eu apaziguar |
| tu apaziguares |
| ele/ela/você apaziguar |
| nós apaziguarmos |
| vós apaziguardes |
| eles/elas/vocês apaziguarem |

## Imperativo

| *Imperativo afirmativo* | *Imperativo negativo* |
| --- | --- |
| — | — |
| apazigua | não apazigües |
| apazigüe | não apazigüe |
| apazigüemos | não apazigüemos |
| apaziguai | não apazigueis |
| apazigüem | não apazigüem |

## 22 Enxaguar – Enjuagar

Verbo regular. Los verbos *aguar, desaguar* y *enxaguar* llevan acento agudo en la letra *a* del radical de la 1ª, 2ª y 3ª personas del singular y 3ª persona plural del presente del indicativo y del subjuntivo, al igual que en las personas correspondientes del imperativo; además debe añadirse una diéresis (¨) en la *u* antes de la *e*.

### Infinitivo impessoal

*Presente*
enxaguar

*Pretérito*
ter enxaguado

### Gerúndio

*Presente*
enxaguando

*Pretérito*
tendo enxaguado

### Particípio

enxaguado

### Indicativo

| *Presente* | *Pretérito imperfeito* | *Pretérito perfeito* |
|---|---|---|
| eu enxáguo | eu enxaguava | eu enxágüei |
| tu enxáguas | tu enxaguavas | tu enxaguaste |
| ele/ela/você enxágua | ele... enxaguava | ele... enxaguou |
| nós enxaguamos | nós enxaguávamos | nós enxaguamos |
| vós enxaguais | vós enxaguáveis | vós enxaguastes |
| eles/elas/vocês enxáguam | eles... enxaguavam | eles... enxaguaram |

| *Pretérito perfeito composto* | *Pretérito mais-que-perfeito* | *Pretérito mais-que-perfeito composto* |
|---|---|---|
| eu tenho enxaguado | eu enxaguara | eu tinha enxaguado |
| tu tens enxaguado | tu enxaguaras | tu tinhas enxaguado |
| ele/ela/você tem enxaguado | ele... enxaguara | ele... tinha enxaguado |
| nós temos enxaguado | nós enxaguáramos | nós tínhamos enxaguado |
| vós tendes enxaguado | vós enxaguáreis | vós tínheis enxaguado |
| eles/elas/vocês têm enxaguado | eles... enxaguaram | eles... tinham enxaguado |

| *Futuro do presente* | *Futuro do presente composto* | *Futuro do pretérito* |
|---|---|---|
| eu enxaguarei | eu terei enxaguado | eu enxaguaria |
| tu enxaguarás | tu terás enxaguado | tu enxaguarias |
| ele/ela/você enxaguará | ele... terá enxaguado | ele... enxaguaria |
| nós enxaguaremos | nós teremos enxaguado | nós enxaguaríamos |
| vós enxaguareis | vós tereis enxaguado | vós enxaguaríeis |
| eles/elas/vocês enxaguarão | eles... terão enxaguado | eles... enxaguariam |

### Subjuntivo

| *Presente* | *Pretérito do subjuntivo* | *Futuro do subjuntivo* |
|---|---|---|
| que eu enxágüe | se eu enxaguasse | quando eu enxaguar |
| que tu enxágües | se tu enxaguasses | quando tu enxaguares |
| que ele/ela/você enxágüe | se ele... enxaguasse | quando ele... enxaguar |
| que nós enxagüemos | se nós enxaguássemos | quando nós enxaguarmos |
| que vós enxagüeis | se vós enxaguásseis | quando vós enxaguardes |
| que eles/elas/vocês enxágüem | se eles... enxaguassem | quando eles... enxaguarem |

### Infinitivo pessoal

*Presente*
eu enxaguar
tu enxaguares
ele/ela/você enxaguar
nós enxaguarmos
vós enxaguardes
eles/elas/vocês enxaguarem

### Imperativo

| *Imperativo afirmativo* | *Imperativo negativo* |
|---|---|
| — | — |
| enxágua | não enxágües |
| enxágüe | não enxágüe |
| enxagüemos | não enxagüemos |
| enxaguai | não enxagüeis |
| enxágüem | não enxágüem |

En los verbos terminados en –*quar* se aplica la misma regla de acentuación que en los verbos terminados en –*guar* (*apaziguar*).

## Infinitivo impessoal

| Presente | Pretérito |
|---|---|
| adequar | ter adequado |

## Gerúndio

| Presente | Pretérito |
|---|---|
| adequando | tendo adequado |

## Particípio

adequado

## Indicativo

| Presente | Pretérito imperfeito | Pretérito perfeito |
|---|---|---|
| eu adequo | eu adequava | eu adeqüei |
| tu adequas | tu adequavas | tu adequaste |
| ele/ela/você adequa | ele… adequava | ele… adequou |
| nós adequamos | nós adequávamos | nós adequamos |
| vós adequais | vós adequáveis | vós adequastes |
| eles/elas/vocês adequam | eles… adequavam | eles… adequaram |

| Pretérito perfeito composto | Pretérito mais-que-perfeito | Pretérito mais-que-perfeito composto |
|---|---|---|
| eu tenho adequado | eu adequara | eu tinha adequado |
| tu tens adequado | tu adequaras | tu tinhas adequado |
| ele/ela/você tem adequado | ele… adequara | ele… tinha adequado |
| nós temos adequado | nós adequáramos | nós tínhamos adequado |
| vós tendes adequado | vós adequáreis | vós tínheis adequado |
| eles/elas/vocês têm adequado | eles… adequaram | eles… tinham adequado |

| Futuro do presente | Futuro do presente composto | Futuro do pretérito |
|---|---|---|
| eu adequarei | eu terei adequado | eu adequaria |
| tu adequarás | tu terás adequado | tu adequarias |
| ele/ela/você adequará | ele… terá adequado | ele… adequaria |
| nós adequaremos | nós teremos adequado | nós adequaríamos |
| vós adequareis | vós tereis adequado | vós adequaríeis |
| eles/elas/vocês adequarão | eles… terão adequado | eles… adequariam |

## Subjuntivo

| Presente | Pretérito do subjuntivo | Futuro do subjuntivo |
|---|---|---|
| que eu adeqüe | se eu adequasse | quando eu adequar |
| que tu adeqües | se tu adequasses | quando tu adequares |
| que ele/ela/você adeqüe | se ele… adequasse | quando ele… adequar |
| que nós adequemos | se nós adequássemos | quando nós adequarmos |
| que vós adequeis | se vós adequásseis | quando vós adequardes |
| que eles/elas/vocês adeqüem | se eles… adequassem | quando eles… adequarem |

## Infinitivo pessoal

| Presente |
|---|
| eu adequar |
| tu adequares |
| ele/ela/você adequar |
| nós adequarmos |
| vós adequardes |
| eles/elas/vocês adequarem |

## Imperativo

| Imperativo afirmativo | Imperativo negativo |
|---|---|
| — | — |
| adequa | não adeqües |
| adeqüe | não adeqüe |
| adequemos | não adequemos |
| adequai | não adequeis |
| adeqüem | não adeqüem |

## 24 Nevar – *Nevar*

Verbo impersonal, se conjuga sólo en la tercera persona del singular. Siguen el mismo modelo los verbos *orvalhar, trovejar, relampejar, ventar, estiar* y *chuviscar*.

### Infinitivo impessoal

*Presente*
nevar
*Pretérito*
ter nevado

### Gerundio

*Presente*
nevando
*Pretérito*
tendo nevado

### Particípio

nevado

### Indicativo

| *Presente* | *Pretérito imperfeito* | *Pretérito perfeito* |
|---|---|---|
| — | — | — |
| — | — | — |
| neva | nevava | nevou |
| — | — | — |
| — | — | — |

| *Pretérito perfeito composto* | *Pretérito mais-que-perfeito* | *Pretérito mais-que-perfeito composto* |
|---|---|---|
| — | — | — |
| — | — | — |
| tem nevado | nevara | tinha nevado |
| — | — | — |
| — | — | — |

| *Futuro do presente* | *Futuro do presente composto* | *Futuro do pretérito* |
|---|---|---|
| — | — | — |
| — | — | — |
| nevará | terá nevado | nevaria |
| — | — | — |
| — | — | — |

### Subjuntivo

| *Presente* | *Pretérito do subjuntivo* | *Futuro do subjuntivo* |
|---|---|---|
| — | — | — |
| que neve | se nevasse | quando nevar |
| — | — | — |
| — | — | — |

### Infinitivo pessoal

*Presente*
—
—
nevar
—
—
—

### Imperativo

| *Imperativo afirmativo* | *Imperativo negativo* |
|---|---|
| — | — |
| — | — |
| — | — |
| — | — |
| — | — |

Los verbos terminados en –*cer* cambian de *c* a *ç* antes de la *a* y la *o*. Es un caso de distinción ortográfica. Los verbos terminados en –*scer* conservan la *s* del radical.

## Infinitivo impessoal

**Presente**
descer

**Pretérito**
ter descido

## Gerúndio

**Presente**
descendo

**Pretérito**
tendo descido

## Particípio

descido

## Indicativo

**Presente**
eu desço
tu desces
ele/ela/você desce
nós descemos
vós desceis
eles/elas/vocês descem

**Pretérito imperfeito**
eu descia
tu descias
ele... descia
nós descíamos
vós descíeis
eles... desciam

**Pretérito perfeito**
eu desci
tu desceste
ele... desceu
nós descemos
vós descestes
eles... desceram

**Pretérito perfeito composto**
eu tenho descido
tu tens descido
ele/ela/você tem descido
nós temos descido
vós tendes descido
eles/elas/vocês têm descido

**Pretérito mais-que-perfeito**
eu descera
tu desceras
ele... descera
nós descêramos
vós descêreis
eles... desceram

**Pretérito mais-que-perfeito composto**
eu tinha descido
tu tinhas descido
ele... tinha descido
nós tínhamos descido
vós tínheis descido
eles... tinham descido

**Futuro do presente**
eu descerei
tu descerás
ele/ela/você descerá
nós desceremos
vós descereis
eles/elas/vocês descerão

**Futuro do presente composto**
eu terei descido
tu terás descido
ele... terá descido
nós teremos descido
vós tereis descido
eles... terão descido

**Futuro do pretérito**
eu desceria
tu descerias
ele... desceria
nós desceríamos
vós desceríeis
eles... desceriam

## Subjuntivo

**Presente**
que eu desça
que tu desças
que ele/ela/você desça
que nós desçamos
que vós desçais
que eles/elas/vocês desçam

**Pretérito do subjuntivo**
se eu descesse
se tu descesses
se ele... descesse
se nós descêssemos
se vós descêsseis
se eles... descessem

**Futuro do subjuntivo**
quando eu descer
quando tu desceres
quando ele... descer
quando nós descermos
quando vós descerdes
quando eles... descerem

## Infinitivo pessoal

**Presente**
eu descer
tu desceres
ele/ela/você descer
nós descermos
vós descerdes
eles/elas/vocês descerem

## Imperativo

**Imperativo afirmativo**
—
desce
desça
desçamos
descei
desçam

**Imperativo negativo**
—
não desças
não desça
não desçamos
não desçais
não desçam

## 26 Eleger – *Elegir*

Los verbos terminados en –*ger* cambian la g por j antes de la *a* y de la *o* (1ª persona del singular del presente del indicativo, todo el presente del subjuntivo y las personas de las derivadas de este tiempo en el imperativo). Es un caso de distinción ortográfica. Atención, este verbo tiene dos participios.

### Infinitivo impessoal

| *Presente* |
| --- |
| eleger |
| *Pretérito* |
| ter elegido |

### Gerúndio

| *Presente* |
| --- |
| elegendo |
| *Pretérito* |
| tendo elegido |

### Particípio

elegido, eleito

### Indicativo

| *Presente* | *Pretérito imperfeito* | *Pretérito perfeito* |
| --- | --- | --- |
| eu elejo | eu elegia | eu elegi |
| tu eleges | tu elegias | tu elegeste |
| ele/ela/você elege | ele... elegia | ele... elegeu |
| nós elegemos | nós elegíamos | nós elegemos |
| vós elegeis | vós elegíeis | vós elegestes |
| eles/elas/vocês elegem | eles... elegiam | eles... elegeram |

| *Pretérito perfeito composto* | *Pretérito mais-que-perfeito* | *Pretérito mais-que-perfeito composto* |
| --- | --- | --- |
| eu tenho elegido | eu elegera | eu tinha elegido |
| tu tens elegido | tu elegeras | tu tinhas elegido |
| ele/ela/você tem elegido | ele... elegera | ele... tinha elegido |
| nós temos elegido | nós elegêramos | nós tínhamos elegido |
| vós tendes elegido | vós elegêreis | vós tínheis elegido |
| eles/elas/vocês têm elegido | eles... elegeram | eles... tinham elegido |

| *Futuro do presente* | *Futuro do presente composto* | *Futuro do pretérito* |
| --- | --- | --- |
| eu elegerei | eu terei elegido | eu elegeria |
| tu elegerás | tu terás elegido | tu elegerias |
| ele/ela/você elegerá | ele... terá elegido | ele... elegeria |
| nós elegeremos | nós teremos elegido | nós elegeríamos |
| vós elegereis | vós tereis elegido | vós elegeríeis |
| eles/elas/vocês elegerão | eles... terão elegido | eles... elegeriam |

### Subjuntivo

| *Presente* | *Pretérito do subjuntivo* | *Futuro do subjuntivo* |
| --- | --- | --- |
| que eu eleja | se eu elegesse | quando eu eleger |
| que tu elejas | se tu elegesses | quando tu elegeres |
| que ele/ela/você eleja | se ele... elegesse | quando ele... eleger |
| que nós elejamos | se nós elegêssemos | quando nós elegermos |
| que vós elejais | se vós elegêsseis | quando vós elegerdes |
| que eles/elas/vocês elejam | se eles... elegessem | quando eles... elegerem |

### Infinitivo pessoal

| *Presente* |
| --- |
| eu eleger |
| tu elegeres |
| ele/ela/você eleger |
| nós elegermos |
| vós elegerdes |
| eles/elas/vocês elegerem |

### Imperativo

| *Imperativo afirmativo* | *Imperativo negativo* |
| --- | --- |
| — | — |
| elege | não elejas |
| eleja | não eleja |
| elejamos | não elejamos |
| elegei | não elejais |
| elejam | não elejam |

Los verbos terminados en –*guer* pierden la *u* antes de la *o* y la *a*. Es un caso de distinción ortográfica.

## Infinitivo impessoal

**Presente**

erguer

**Pretérito**

ter erguido

## Gerúndio

**Presente**

erguendo

**Pretérito**

tendo erguido

## Particípio

erguido

## Indicativo

| **Presente** | **Pretérito imperfeito** | **Pretérito perfeito** |
|---|---|---|
| eu ergo | eu erguia | eu ergui |
| tu ergues | tu erguias | tu ergueste |
| ele/ela/você ergue | ele... erguia | ele... ergueu |
| nós erguemos | nós erguíamos | nós erguemos |
| vós ergueis | vós erguíeis | vós erguestes |
| eles/elas/vocês erguem | eles... erguiam | eles... ergueram |

| **Pretérito perfeito composto** | **Pretérito mais-que-perfeito** | **Pretérito mais-que-perfeito composto** |
|---|---|---|
| eu tenho erguido | eu erguera | eu tinha erguido |
| tu tens erguido | tu ergueras | tu tinhas erguido |
| ele/ela/você tem erguido | ele... erguera | ele... tinha erguido |
| nós temos erguido | nós erguêramos | nós tínhamos erguido |
| vós tendes erguido | vós erguêreis | vós tínheis erguido |
| eles/elas/vocês têm erguido | eles... ergueram | eles... tinham erguido |

| **Futuro do presente** | **Futuro do presente composto** | **Futuro do pretérito** |
|---|---|---|
| eu erguerei | eu terei erguido | eu ergueria |
| tu erguerás | tu terás erguido | tu erguerias |
| ele/ela/você erguerá | ele... terá erguido | ele... ergueria |
| nós erqueremos | nós teremos erguido | nós ergueríamos |
| vós erguereis | vós tereis erguido | vós ergueríeis |
| eles/elas/vocês erguerão | eles... terão erguido | eles... ergueriam |

## Subjuntivo

| **Presente** | **Pretérito do subjuntivo** | **Futuro do subjuntivo** |
|---|---|---|
| que eu erga | se eu erguesse | quando eu erguer |
| que tu ergas | se tu erguesses | quando tu ergueres |
| que ele/ela/você erga | se ele... erguesse | quando ele... erguer |
| que nós ergamos | se nós erguêssemos | quando nós erguermos |
| que vós ergais | se vós erguêsseis | quando vós erguerdes |
| que eles/elas/vocês ergam | se eles... erguessem | quando eles... erguerem |

## Infinitivo pessoal

**Presente**

eu erguer
tu ergueres
ele/ela/você erguer
nós erguermos
vós erguerdes
eles/elas/vocês erguerem

## Imperativo

| **Imperativo afirmativo** | **Imperativo negativo** |
|---|---|
| — | — |
| ergue | não ergas |
| erga | não erga |
| ergamos | não ergamos |
| erguei | não ergais |
| ergam | não ergam |

## 28 Roer – *Roer*

La primera persona del singular del presente del indicativo lleva acento circunflejo en la primera de las dos **o** (*ôo*).

### Infinitivo impessoal

| *Presente* |
| --- |
| Roer |
| *Pretérito* |
| ter roído |

### Gerúndio

| *Presente* |
| --- |
| roendo |
| *Pretérito* |
| tendo roído |

### Particípio

| |
| --- |
| roído |

### Indicativo

| *Presente* | *Pretérito imperfeito* | *Pretérito perfeito* |
| --- | --- | --- |
| eu rôo | eu roía | eu roí |
| tu róis | tu roías | tu roeste |
| ele/ela/você rói | ele... roía | ele... roeu |
| nós roemos | nós roíamos | nós roemos |
| vós roeis | vós roíeis | vós roestes |
| eles/elas/vocês roem | eles... roíam | eles... roeram |

| *Pretérito perfeito composto* | *Pretérito mais-que-perfeito* | *Pretérito mais-que-perfeito composto* |
| --- | --- | --- |
| eu tenho roído | eu roera | eu tinha roído |
| tu tens roído | tu roeras | tu tinhas roído |
| ele/ela/você tem roído | ele... roera | ele... tinha roído |
| nós temos roído | nós roêramos | nós tínhamos roído |
| vós tendes roído | vós roêreis | vós tínheis roído |
| eles/elas/vocês têm roído | eles... roeram | eles... tinham roído |

| *Futuro do presente* | *Futuro do presente composto* | *Futuro do pretérito* |
| --- | --- | --- |
| eu roerei | eu terei roído | eu roeria |
| tu roerás | tu terás roído | tu roerias |
| ele/ela/você roerá | ele... terá roído | ele... roeria |
| nós roeremos | nós teremos roído | nós roeríamos |
| vós roereis | vós tereis roído | vós roeríeis |
| eles/elas/vocês roerão | eles... terão roído | eles... roeriam |

### Subjuntivo

| *Presente* | *Pretérito do subjuntivo* | *Futuro do subjuntivo* |
| --- | --- | --- |
| que eu roa | se eu roesse | quando eu roer |
| que tu roas | se tu roesses | quando tu roeres |
| que ele/ela/você roa | se ele... roesse | quando ele... roer |
| que nós roamos | se nós roêssemos | quando nós roermos |
| que vós roais | se vós roêsseis | quando vós roerdes |
| que eles/elas/vocês roam | se eles... roessem | quando eles... roerem |

### Infinitivo pessoal

| *Presente* |
| --- |
| eu roer |
| tu roeres |
| ele/ela/você roer |
| nós roermos |
| vós roerdes |
| eles/elas/vocês roerem |

### Imperativo

| *Imperativo afirmativo* | *Imperativo negativo* |
| --- | --- |
| — | — |
| rói | não roas |
| roa | não roa |
| roamos | não roamos |
| roei | não roais |
| roam | não roam |

Verbo irregular. En la 1ª persona del singular del presente del indicativo, que condiciona la formación del presente del subjuntivo, la 3ª persona del presente del indicativo no tiene *e* final, como todos los verbos de terminación en –*zer* antecedidos por vocal. Lo mismo ocurre con la 2ª persona del singular del imperativo afirmativo. El grupo del pretérito perfecto y del infinitivo son también irregulares. Los verbos derivados de *dizer* siguen el mismo modelo (*predizer, contradizer, bendizer, condizer, maldizer*).

# Dizer – *Decir* 29

## Infinitivo impessoal

*Presente*

dizer

*Pretérito*

ter dito

## Gerúndio

*Presente*

dizendo

*Pretérito*

tendo dito

## Particípio

dito

## Indicativo

| *Presente* | *Pretérito imperfeito* | *Pretérito perfeito* |
|---|---|---|
| eu digo | eu dizia | eu disse |
| tu dizes | tu dizias | tu disseste |
| ele/ela/você diz | ele… dizia | ele… disse |
| nós dizemos | nós dizíamos | nós dissemos |
| vós dizeis | vós dizíeis | vós dissestes |
| eles/elas/vocês dizem | eles… diziam | eles… disseram |

| *Pretérito perfeito composto* | *Pretérito mais-que-perfeito* | *Pretérito mais-que-perfeito composto* |
|---|---|---|
| eu tenho dito | eu dissera | eu tinha dito |
| tu tens dito | tu disseras | tu tinhas dito |
| ele/ela/você tem dito | ele… dissera | ele… tinha dito |
| nós temos dito | nós disséramos | nós tínhamos dito |
| vós tendes dito | vós disséreis | vós tínheis dito |
| eles/elas/vocês têm dito | eles… disseram | eles… tinham dito |

| *Futuro do presente* | *Futuro do presente composto* | *Futuro do pretérito* |
|---|---|---|
| eu direi | eu terei dito | eu diria |
| tu dirás | tu terás dito | tu dirias |
| ele/ela/você dirá | ele… terá dito | ele… diria |
| nós diremos | nós teremos dito | nós diríamos |
| vós direis | vós tereis dito | vós diríeis |
| eles/elas/vocês dirão | eles… terão dito | eles… diriam |

## Subjuntivo

| *Presente* | *Pretérito do subjuntivo* | *Futuro do subjuntivo* |
|---|---|---|
| que eu diga | se eu dissesse | quando eu disser |
| que tu digas | se tu dissesses | quando tu disseres |
| que ele/ela/você diga | se ele… dissesse | quando ele… disser |
| que nós digamos | se nós disséssemos | quando nós dissermos |
| que vós digais | se vós dissésseis | quando vós disserdes |
| que eles/elas/vocês digam | se eles… dissessem | quando eles… disserem |

## Infinitivo pessoal

*Presente*

eu dizer
tu dizeres
ele/ela/você dizer
nós dizermos
vós dizerdes
eles/elas/vocês dizerem

## Imperativo

| *Imperativo afirmativo* | *Imperativo negativo* |
|---|---|
| — | |
| diz | não digas |
| diga | não diga |
| digamos | não digamos |
| dizei | não digais |
| digam | não digam |

## 30 Trazer – *Traer*

Muy irregular. Obsérvense los comentarios acerca del verbo *dizer*.

## Infinitivo impessoal

**Presente**

trazer

**Pretérito**

ter trazido

## Gerúndio

**Presente**

trazendo

**Pretérito**

tendo trazido

## Particípio

trazido

## Indicativo

| **Presente** | **Pretérito imperfeito** | **Pretérito perfeito** |
|---|---|---|
| eu trago | eu trazia | eu trouxe |
| tu trazes | tu trazias | tu trouxeste |
| ele/ela/você traz | ele... trazia | ele... trouxe |
| nós trazemos | nós trazíamos | nós trouxemos |
| vós trazeis | vós trazíeis | vós trouxestes |
| eles/elas/vocês trazem | eles... traziam | eles... trouxeram |

| **Pretérito perfeito composto** | **Pretérito mais-que-perfeito** | **Pretérito mais-que-perfeito composto** |
|---|---|---|
| eu tenho trazido | eu trouxera | eu tinha trazido |
| tu tens trazido | tu trouxeras | tu tinhas trazido |
| ele/ela/você tem trazido | ele... trouxera | ele... tinha trazido |
| nós temos trazido | nós trouxéramos | nós tínhamos trazido |
| vós tendes trazido | vós trouxéreis | vós tínheis trazido |
| eles/elas/vocês têm trazido | eles... trouxeram | eles... tinham trazido |

| **Futuro do presente** | **Futuro do presente composto** | **Futuro do pretérito** |
|---|---|---|
| eu trarei | eu terei trazido | eu traria |
| tu trarás | tu terás trazido | tu trarias |
| ele/ela/você trará | ele... terá trazido | ele... traria |
| nós traremos | nós teremos trazido | nós traríamos |
| vós trareis | vós tereis trazido | vós traríeis |
| eles/elas/vocês trarão | eles... terão trazido | eles... trariam |

## Subjuntivo

| **Presente** | **Pretérito do subjuntivo** | **Futuro do subjuntivo** |
|---|---|---|
| que eu traga | se eu trouxesse | quando eu trouxer |
| que tu tragas | se tu trouxesses | quando tu trouxeres |
| que ele/ela/você traga | se ele... trouxesse | quando ele... trouxer |
| que nós tragamos | se nós trouxéssemos | quando nós trouxermos |
| que vós tragais | se vós trouxésseis | quando vós trouxerdes |
| que eles/elas/vocês tragam | se eles... trouxessem | quando eles... trouxerem |

## Infinitivo pessoal

**Presente**

eu trazer
tu trazeres
ele/ela/você trazer
nós trazermos
vós trazerdes
eles/elas/vocês trazerem

## Imperativo

| **Imperativo afirmativo** | **Imperativo negativo** |
|---|---|
| — | — |
| traz | não tragas |
| traga | não traga |
| tragamos | não tragamos |
| trazei | não tragais |
| tragam | não tragam |

Verbo muy irregular. Obsérvense los comentarios acerca del verbo *dizer*. De la misma manera que *fazer* se conjugan los verbos del compuesto (*afazer, contrafazer, desfazer, liquefazer, refazer, satisfazer*).

## Infinitivo impessoal

**Presente**

fazer

**Pretérito**

ter feito

## Gerúndio

**Presente**

fazendo

**Pretérito**

tendo feito

## Particípio

feito

## Indicativo

| **Presente** | **Pretérito imperfeito** | **Pretérito perfeito** |
|---|---|---|
| eu faço | eu fazia | eu fiz |
| tu fazes | tu fazias | tu fizeste |
| ele/ela/você faz | ele... fazia | ele... fez |
| nós fazemos | nós fazíamos | nós fizemos |
| vós fazeis | vós fazíeis | vós fizestes |
| eles/elas/vocês fazem | eles... faziam | eles... fizeram |

| **Pretérito perfeito composto** | **Pretérito mais-que-perfeito** | **Pretérito mais-que-perfeito composto** |
|---|---|---|
| eu tenho feito | eu fizera | eu tinha feito |
| tu tens feito | tu fizeras | tu tinhas feito |
| ele/ela/você tem feito | ele... fizera | ele... tinha feito |
| nós temos feito | nós fizéramos | nós tínhamos feito |
| vós tendes feito | vós fizéreis | vós tínheis feito |
| eles/elas/vocês têm feito | eles... fizeram | eles... tinham feito |

| **Futuro do presente** | **Futuro do presente composto** | **Futuro do pretérito** |
|---|---|---|
| eu farei | eu terei feito | eu faria |
| tu farás | tu terás feito | tu farias |
| ele/ela/você fará | ele... terá feito | ele... faria |
| nós faremos | nós teremos feito | nós faríamos |
| vós fareis | vós tereis feito | vós faríeis |
| eles/elas/vocês farão | eles... terão feito | eles... fariam |

## Subjuntivo

| **Presente** | **Pretérito do subjuntivo** | **Futuro do subjuntivo** |
|---|---|---|
| que eu faça | se eu fizesse | quando eu fizer |
| que tu faças | se tu fizesses | quando tu fizeres |
| que ele/ela/você faça | se ele... fizesse | quando ele... fizer |
| que nós façamos | se nós fizéssemos | quando nós fizermos |
| que vós façais | se vós fizésseis | quando vós fizerdes |
| que eles/elas/vocês façam | se eles... fizessem | quando eles... fizerem |

## Infinitivo pessoal

**Presente**

eu fazer
tu fazeres
ele/ela/você fazer
nós fazermos
vós fazerdes
eles/elas/vocês fazerem

## Imperativo

| **Imperativo afirmativo** | **Imperativo negativo** |
|---|---|
| — | — |
| faz | não faças |
| faça | não faça |
| façamos | não façamos |
| fazei | não façais |
| façam | não façam |

## 32 Benzer – *Bendecir*

Verbo irregular como todos los de terminación en –*zer* precedida de consonante, lo que no ocurre con los verbos terminados en –*zer* precedidos por vocal. Este verbo tiene dos participios.

### Infinitivo impessoal

| *Presente* |
| --- |
| benzer |
| *Pretérito* |
| ter benzido |

### Gerúndio

| *Presente* |
| --- |
| benzendo |
| *Pretérito* |
| tendo benzido |

### Particípio

benzido, bento

### Indicativo

| *Presente* | *Pretérito imperfeito* | *Pretérito perfeito* |
| --- | --- | --- |
| eu benzo | eu benzia | eu benzi |
| tu benzes | tu benzias | tu benzeste |
| ele/ela/você benze | ele... benzia | ele... benzeu |
| nós benzemos | nós benzíamos | nós benzemos |
| vós benzeis | vós benzíeis | vós benzestes |
| eles/elas/vocês benzem | eles... benziam | eles... benzeram |

| *Pretérito perfeito composto* | *Pretérito mais-que-perfeito* | *Pretérito mais-que-perfeito composto* |
| --- | --- | --- |
| eu tenho benzido | eu benzera | eu tinha benzido |
| tu tens benzido | tu benzeras | tu tinhas benzido |
| ele/ela/você tem benzido | ele... benzera | ele... tinha benzido |
| nós temos benzido | nós benzêramos | nós tínhamos benzido |
| vós tendes benzido | vós benzêreis | vós tínheis benzido |
| eles/elas/vocês têm benzido | eles... benzeram | eles... tinham benzido |

| *Futuro do presente* | *Futuro do presente composto* | *Futuro do pretérito* |
| --- | --- | --- |
| eu benzerei | eu terei benzido | eu benzeria |
| tu benzerás | tu terás benzido | tu benzerias |
| ele/ela/você benzerá | ele... terá benzido | ele... benzeria |
| nós benzeremos | nós teremos benzido | nós benzeríamos |
| vós benzereis | vós tereis benzido | vós benzeríeis |
| eles/elas/vocês benzerão | eles... terão benzido | eles... benzeriam |

### Subjuntivo

| *Presente* | *Pretérito do subjuntivo* | *Futuro do subjuntivo* |
| --- | --- | --- |
| que eu benza | se eu benzesse | quando eu benzer |
| que tu benzas | se tu benzesses | quando tu benzeres |
| que ele/ela/você benza | se ele... benzesse | quando ele... benzer |
| que nós benzamos | se nós benzêssemos | quando nós benzermos |
| que vós benzais | se vós benzêsseis | quando vós benzerdes |
| que eles/elas/vocês benzam | se eles... benzessem | quando eles... benzerem |

### Infinitivo pessoal

| *Presente* |
| --- |
| eu benzer |
| tu benzeres |
| ele/ela/você benzer |
| nós benzermos |
| vós benzerdes |
| eles/elas/vocês benzerem |

### Imperativo

| *Imperativo afirmativo* | *Imperativo negativo* |
| --- | --- |
| — | — |
| benze | não benzas |
| benza | não benza |
| benzamos | não benzamos |
| benzei | não benzais |
| benzam | não benzam |

Obsérvese la tercera persona del singular del presente del indicativo, que no tiene *e* final, como todos los verbos con la terminación *–zer* precedida de vocal. Lo mismo ocurre con la 2ª persona del singular del imperativo afirmativo. En los demás tiempos es regular.

## Infinitivo impessoal

*Presente*

jazer

*Pretérito*

ter jazido

## Gerúndio

*Presente*

jazendo

*Pretérito*

tendo jazido

## Particípio

jazido

## Indicativo

| *Presente* | *Pretérito imperfeito* | *Pretérito perfeito* |
|---|---|---|
| eu jazo | eu jazia | eu jazi |
| tu jazes | tu jazias | tu jazeste |
| ele/ela/você jaz | ele... jazia | ele... jazeu |
| nós jazemos | nós jazíamos | nós jazemos |
| vós jazeis | vós jazíeis | vós jazestes |
| eles/elas/vocês jazem | eles... jaziam | eles... jazeram |

| *Pretérito perfeito composto* | *Pretérito mais-que-perfeito* | *Pretérito mais-que-perfeito composto* |
|---|---|---|
| eu tenho jazido | eu jazera | eu tinha jazido |
| tu tens jazido | tu jazeras | tu tinhas jazido |
| ele/ela/você tem jazido | ele... jazera | ele... tinha jazido |
| nós temos jazido | nós jazêramos | nós tínhamos jazido |
| vós tendes jazido | vós jazêreis | vós tínheis jazido |
| eles/elas/vocês têm jazido | eles... jazeram | eles... tinham jazido |

| *Futuro do presente* | *Futuro do presente composto* | *Futuro do pretérito* |
|---|---|---|
| eu jazerei | eu terei jazido | eu jazeria |
| tu jazerás | tu terás jazido | tu jazerias |
| ele/ela/você jazerá | ele... terá jazido | ele... jazeria |
| nós jazeremos | nós teremos jazido | nós jazeríamos |
| vós jazereis | vós tereis jazido | vós jazeríeis |
| eles/elas/vocês jazerão | eles... terão jazido | eles... jazeriam |

## Subjuntivo

| *Presente* | *Pretérito do subjuntivo* | *Futuro do subjuntivo* |
|---|---|---|
| que eu jaza | se eu jazesse | quando eu jazer |
| que tu jazas | se tu jazesses | quando tu jazeres |
| que ele/ela/você jaza | se ele... jazesse | quando ele... jazer |
| que nós jazamos | se nós jazêssemos | quando nós jazermos |
| que vós jazais | se vós jazêsseis | quando vós jazerdes |
| que eles/elas/vocês jazam | se eles... jazessem | quando eles... jazerem |

## Infinitivo pessoal

*Presente*

eu jazer
tu jazeres
ele/ela/você jazer
nós jazermos
vós jazerdes
eles/elas/vocês jazerem

## Imperativo

| *Imperativo afirmativo* | *Imperativo negativo* |
|---|---|
| — | |
| jaz | não jazas |
| jaza | não jaza |
| jazamos | não jazamos |
| jazei | não jazais |
| jazam | não jazam |

## 34 Caber – *Caber*

Verbo irregular. Por su significado no tiene imperativo. Son irregulares la 1ª persona del singular y el presente del subjuntivo, al igual que todo el grupo del pretérito perfecto.

### Infinitivo impessoal

**Presente**

caber

**Pretérito**

ter cabido

### Gerúndio

**Presente**

cabendo

**Pretérito**

tendo cabido

### Particípio

cabido

### Indicativo

| **Presente** | **Pretérito imperfeito** | **Pretérito perfeito** |
|---|---|---|
| eu caibo | eu cabia | eu coube |
| tu cabes | tu cabias | tu coubeste |
| ele/ela/você cabe | ele... cabia | ele... coube |
| nós cabemos | nós cabíamos | nós coubemos |
| vós cabeis | vós cabíeis | vós coubestes |
| eles/elas/vocês cabem | eles... cabiam | eles... couberam |

| **Pretérito perfeito composto** | **Pretérito mais-que-perfeito** | **Pretérito mais-que-perfeito composto** |
|---|---|---|
| eu tenho cabido | eu coubera | eu tinha cabido |
| tu tens cabido | tu couberas | tu tinhas cabido |
| ele/ela/você tem cabido | ele... coubera | ele... tinha cabido |
| nós temos cabido | nós coubéramos | nós tínhamos cabido |
| vós tendes cabido | vós coubéreis | vós tínheis cabido |
| eles/elas/vocês têm cabido | eles... couberam | eles... tinham cabido |

| **Futuro do presente** | **Futuro do presente composto** | **Futuro do pretérito** |
|---|---|---|
| eu caberei | eu terei cabido | eu caberia |
| tu caberás | tu terás cabido | tu caberias |
| ele/ela/você caberá | ele... terá cabido | ele... caberia |
| nós caberemos | nós teremos cabido | nós caberíamos |
| vós cabereis | vós tereis cabido | vós caberíeis |
| eles/elas/vocês caberão | eles... terão cabido | eles... caberiam |

### Subjuntivo

| **Presente** | **Pretérito do subjuntivo** | **Futuro do subjuntivo** |
|---|---|---|
| que eu caiba | se eu coubesse | quando eu couber |
| que tu caibas | se tu coubesses | quando tu couberes |
| que ele/ela/você caiba | se ele... coubesse | quando ele... couber |
| que nós caibamos | se nós coubéssemos | quando nós coubermos |
| que vós caibais | se vós coubésseis | quando vós couberdes |
| que eles/elas/vocês caibam | se eles... coubessem | quando eles... couberem |

### Infinitivo pessoal

**Presente**

eu caber
tu caberes
ele/ela/você caber
nós cabermos
vós caberdes
eles/elas/vocês caberem

### Imperativo

| **Imperativo afirmativo** | **Imperativo negativo** |
|---|---|
| — | — |
| — | — |
| — | — |
| — | — |
| — | — |
| — | — |

## Infinitivo impessoal

| *Presente* |
| --- |
| saber |
| *Pretérito* |
| ter sabido |

## Gerúndio

| *Presente* |
| --- |
| sabendo |
| *Pretérito* |
| tendo sabido |

## Particípio

| |
| --- |
| sabido |

## Indicativo

| *Presente* | *Pretérito imperfeito* | *Pretérito perfeito* |
| --- | --- | --- |
| eu sei | eu sabia | eu soube |
| tu sabes | tu sabias | tu soubeste |
| ele/ela/você sabe | ele... sabia | ele... soube |
| nós sabemos | nós sabíamos | nós soubemos |
| vós sabeis | vós sabíeis | vós soubestes |
| eles/elas/vocês sabem | eles... sabiam | eles... souberam |

| *Pretérito perfeito composto* | *Pretérito mais-que-perfeito* | *Pretérito mais-que-perfeito composto* |
| --- | --- | --- |
| eu tenho sabido | eu soubera | eu tinha sabido |
| tu tens sabido | tu souberas | tu tinhas sabido |
| ele/ela/você tem sabido | ele... soubera | ele... tinha sabido |
| nós temos sabido | nós soubéramos | nós tínhamos sabido |
| vós tendes sabido | vós soubéreis | vós tínheis sabido |
| eles/elas/vocês têm sabido | eles... souberam | eles... tinham sabido |

| *Futuro do presente* | *Futuro do presente composto* | *Futuro do pretérito* |
| --- | --- | --- |
| eu saberei | eu terei sabido | eu saberia |
| tu saberás | tu terás sabido | tu saberias |
| ele/ela/você saberá | ele... terá sabido | ele... saberia |
| nós saberemos | nós teremos sabido | nós saberíamos |
| vós sabereis | vós tereis sabido | vós saberíeis |
| eles/elas/vocês saberão | eles... terão sabido | eles... saberiam |

## Subjuntivo

| *Presente* | *Pretérito do subjuntivo* | *Futuro do subjuntivo* |
| --- | --- | --- |
| que eu saiba | se eu soubesse | quando eu souber |
| que tu saibas | se tu soubesses | quando tu souberes |
| que ele/ela/você saiba | se ele... soubesse | quando ele... souber |
| que nós saibamos | se nós soubéssemos | quando nós soubermos |
| que vós saibais | se vós soubésseis | quando vós souberdes |
| que eles/elas/vocês saibam | se eles... soubessem | quando eles... souberem |

## Infinitivo pessoal

| *Presente* |
| --- |
| eu saber |
| tu saberes |
| ele/ela/você saber |
| nós sabermos |
| vós saberdes |
| eles/elas/vocês saberem |

## Imperativo

| *Imperativo afirmativo* | *Imperativo negativo* |
| --- | --- |
| — | — |
| sabe | não saibas |
| saiba | não saiba |
| saibamos | não saibamos |
| sabei | não saibais |
| saibam | não saibam |

## 36 Poder – *Poder*

Verbo irregular. Por su significado no tiene imperativo.

### Infinitivo impessoal

| *Presente* |
| --- |
| poder |
| *Pretérito* |
| ter podido |

### Gerúndio

| *Presente* |
| --- |
| podendo |
| *Pretérito* |
| tendo podido |

### Particípio

podido

### Indicativo

| *Presente* | *Pretérito imperfeito* | *Pretérito perfeito* |
| --- | --- | --- |
| eu posso | eu podia | eu pude |
| tu podes | tu podias | tu pudeste |
| ele/ela/você pode | ele... podia | ele... pôde |
| nós podemos | nós podíamos | nós pudemos |
| vós podeis | vós podíeis | vós pudestes |
| eles/elas/vocês podem | eles... podiam | eles... puderam |

| *Pretérito perfeito composto* | *Pretérito mais-que-perfeito* | *Pretérito mais-que-perfeito composto* |
| --- | --- | --- |
| eu tenho podido | eu pudera | eu tinha podido· |
| tu tens podido | tu puderas | tu tinhas podido |
| ele/ela/você tem podido | ele... pudera | ele... tinha podido |
| nós temos podido | nós pudéramos | nós tínhamos podido |
| vós tendes podido | vós pudéreis | vós tínheis podido |
| eles/elas/vocês têm podido | eles... puderam | eles... tinham podido |

| *Futuro do presente* | *Futuro do presente composto* | *Futuro do pretérito* |
| --- | --- | --- |
| eu poderei | eu terei podido | eu poderia |
| tu poderás | tu terás podido | tu poderias |
| ele/ela/você poderá | ele... terá podido | ele... poderia |
| nós poderemos | nós teremos podido | nós poderíamos |
| vós podereis | vós tereis podido | vós poderíeis |
| eles/elas/vocês poderão | eles... terão podido | eles... poderiam |

### Subjuntivo

| *Presente* | *Pretérito do subjuntivo* | *Futuro do subjuntivo* |
| --- | --- | --- |
| que eu possa | se eu pudesse | quando eu puder |
| que tu possas | se tu pudesses | quando tu puderes |
| que ele/ela/você possa | se ele... pudesse | quando ele... puder |
| que nós possamos | se nós pudéssemos | quando nós pudermos |
| que vós possais | se vós pudésseis | quando vós puderdes |
| que eles/elas/vocês possam | se eles... pudessem | quando eles... puderem |

### Infinitivo pessoal

| *Presente* |
| --- |
| eu poder |
| tu poderes |
| ele/ela/você poder |
| nós podermos |
| vós poderdes |
| eles/elas/vocês poderem |

### Imperativo

| *Imperativo afirmativo* | *Imperativo negativo* |
| --- | --- |
| — | — |
| — | — |
| — | — |
| — | — |
| — | — |
| — | — |

Verbo irregular en la 1ª, 2ª y 3ª personas del singular del presente del indicativo, así como en la 2ª y 3ª personas del plural del presente del subjuntivo y en la 2ª persona del imperativo afirmativo. No confundir con los verbos *criar* y *querer*. El verbo *descer* sigue este mismo modelo de conjugación.

## Infinitivo impessoal

| *Presente* |
| --- |
| crer |
| *Pretérito* |
| ter crido |

## Gerúndio

| *Presente* |
| --- |
| crendo |
| *Pretérito* |
| tendo crido |

## Particípio

crido

## Indicativo

| *Presente* | *Pretérito imperfeito* | *Pretérito perfeito* |
| --- | --- | --- |
| eu creio | eu cria | eu cri |
| tu crês | tu crias | tu creste |
| ele/ela/você crê | ele... cria | ele... creu |
| nós cremos | nós críamos | nós cremos |
| vós credes | vós críeis | vós crestes |
| eles/elas/vocês crêem | eles... criam | eles... creram |

| *Pretérito perfeito composto* | *Pretérito mais-que-perfeito* | *Pretérito mais-que-perfeito composto* |
| --- | --- | --- |
| eu tenho crido | eu crera | eu tinha crido |
| tu tens crido | tu creras | tu tinhas crido |
| ele/ela/você tem crido | ele... crera | ele... tinha crido |
| nós temos crido | nós crêramos | nós tínhamos crido |
| vós tendes crido | vós crêreis | vós tínheis crido |
| eles/elas/vocês têm crido | eles... creram | eles... tinham crido |

| *Futuro do presente* | *Futuro do presente composto* | *Futuro do pretérito* |
| --- | --- | --- |
| eu crerei | eu terei crido | eu creria |
| tu crerás | tu terás crido | tu crerias |
| ele/ela/você crerá | ele... terá crido | ele... creria |
| nós creremos | nós teremos crido | nós creríamos |
| vós crereis | vós tereis crido | vós creríeis |
| eles/elas/vocês crerão | eles... terão crido | eles... creriam |

## Subjuntivo

| *Presente* | *Pretérito do subjuntivo* | *Futuro do subjuntivo* |
| --- | --- | --- |
| que eu creia | se eu cresse | quando eu crer |
| que tu creias | se tu cresses | quando tu creres |
| que ele/ela/você creia | se ele... cresse | quando ele... crer |
| que nós creamos | se nós crêssemos | quando nós crermos |
| que vós creais | se vós crêsseis | quando vós crerdes |
| que eles/elas/vocês creiam | se eles... cressem | quando eles... crerem |

## Infinitivo pessoal

| *Presente* |
| --- |
| eu crer |
| tu creres |
| ele/ela/você crer |
| nós crermos |
| vós crerdes |
| eles/elas/vocês crerem |

## Imperativo

| *Imperativo afirmativo* | *Imperativo negativo* |
| --- | --- |
| — | — |
| crê | não creias |
| creia | não creia |
| creamos | não creamos |
| crede | não creais |
| creiam | não creiam |

## 38 Querer – *Querer*

Verbo irregular (anómalo). En general no se conjuga en el imperativo más que en oraciones enfáticas, las cuales no son muy frecuentes. Obsérvese la diferencia con *requerer*, se conjugan de la misma manera *bem-querer* y *mal-querer*, con excepción de los participios que son *bem-quisto* y *mal-quisto*.

### Infinitivo impessoal

**Presente**

querer

**Pretérito**

ter querido

### Gerúndio

**Presente**

querendo

**Pretérito**

tendo querido

### Particípio

querido

### Indicativo

| **Presente** | **Pretérito imperfeito** | **Pretérito perfeito** |
|---|---|---|
| eu quero | eu queria | eu quis |
| tu queres | tu querias | tu quiseste |
| ele/ela/você quer | ele... queria | ele... quis |
| nós queremos | nós queríamos | nós quisemos |
| vós quereis | vós queríeis | vós quisestes |
| eles/elas/vocês querem | eles... queriam | eles... quiseram |

| **Pretérito perfeito composto** | **Pretérito mais-que-perfeito** | **Pretérito mais-que-perfeito composto** |
|---|---|---|
| eu tenho querido | eu quisera | eu tinha querido |
| tu tens querido | tu quiseras | tu tinhas querido |
| ele/ela/você tem querido | ele... quisera | ele... tinha querido |
| nós temos querido | nós quiséramos | nós tínhamos querido |
| vós tendes querido | vós quiséreis | vós tínheis querido |
| eles/elas/vocês têm querido | eles... quiseram | eles... tinham querido |

| **Futuro do presente** | **Futuro do presente composto** | **Futuro do pretérito** |
|---|---|---|
| eu quererei | eu terei querido | eu quereria |
| tu quererás | tu terás querido | tu quererias |
| ele/ela/você quererá | ele... terá querido | ele... quereria |
| nós quereremos | nós teremos querido | nós quereríamos |
| vós querereis | vós tereis querido | vós quereríeis |
| eles/elas/vocês quererão | eles... terão querido | eles... quereriam |

### Subjuntivo

| **Presente** | **Pretérito do subjuntivo** | **Futuro do subjuntivo** |
|---|---|---|
| que eu queira | se eu quisesse | quando eu quiser |
| que tu queiras | se tu quisesses | quando tu quiseres |
| que ele/ela/você queira | se ele... quisesse | quando ele... quiser |
| que nós queiramos | se nós quiséssemos | quando nós quisermos |
| que vós queirais | se vós quisésseis | quando vós quiserdes |
| que eles/elas/vocês queiram | se eles... quisessem | quando eles... quiserem |

### Infinitivo pessoal

**Presente**

eu querer
tu quereres
ele/ela/você querer
nós querermos
vós quererdes
eles/elas/vocês quererem

### Imperativo

| **Imperativo afirmativo** | **Imperativo negativo** |
|---|---|
| — | — |
| quer | não queiras |
| queira | não queira |
| queiramos | não queiramos |
| querei | não queirais |
| queiram | não queiram |

Verbo irregular. Obsérvense las diferencias con *querer.* Los grupos del pretérito perfecto y del infinitivo son regulares.

**Requerer – *Requerir* 39**

## Infinitivo impessoal

**Presente**

requerer

**Pretérito**

ter requerido

## Gerúndio

**Presente**

requerendo

**Pretérito**

tendo requerido

## Particípio

requerido

## Indicativo

| *Presente* | *Pretérito imperfeito* | *Pretérito perfeito* |
|---|---|---|
| eu requeiro | eu requeria | eu requeri |
| tu requeres | tu requerias | tu requereste |
| ele/ela/você requer | ele… requeria | ele… requereu |
| nós requeremos | nós requeríamos | nós requeremos |
| vós requereis | vós requeríeis | vós requerestes |
| eles/elas/vocês requerem | eles… requeriam | eles… requereram |

| *Pretérito perfeito composto* | *Pretérito mais-que-perfeito* | *Pretérito mais-que-perfeito composto* |
|---|---|---|
| eu tenho requerido | eu requerera | eu tinha requerido |
| tu tens requerido | tu requereras | tu tinhas requerido |
| ele/ela/você tem requerido | ele… requerera | ele… tinha requerido |
| nós temos requerido | nós requerêramos | nós tínhamos requerido |
| vós tendes requerido | vós requerêreis | vós tínheis requerido |
| eles/elas/vocês têm requerido | eles… requereram | eles… tinham requerido |

| *Futuro do presente* | *Futuro do presente composto* | *Futuro do pretérito* |
|---|---|---|
| eu requererei | eu terei requerido | eu requereria |
| tu requererás | tu terás requerido | tu requererias |
| ele/ela/você requererá | ele… terá requerido | ele… requereria |
| nós requereremos | nós teremos requerido | nós requereríamos |
| vós requerereis | vós tereis requerido | vós requereríeis |
| eles/elas/vocês requererão | eles… terão requerido | eles… requereriam |

## Subjuntivo

| *Presente* | *Pretérito do subjuntivo* | *Futuro do subjuntivo* |
|---|---|---|
| que eu requeira | se eu requeresse | quando eu requerer |
| que tu requeiras | se tu requeresses | quando tu requereres |
| que ele/ela/você requeira | se ele… requeresse | quando ele… requerer |
| que nós requeiramos | se nós requerêssemos | quando nós requerermos |
| que vós requeirais | se vós requerêsseis | quando vós requererdes |
| que eles/elas/vocês requeiram | se eles… requeressem | quando eles… requererem |

## Infinitivo pessoal

**Presente**

eu requerer
tu requereres
ele/ela/você requerer
nós requerermos
vós requererdes
eles/elas/vocês requererem

## Imperativo

| *Imperativo afirmativo* | *Imperativo negativo* |
|---|---|
| — | — |
| requer | não requeiras |
| requeira | não requeira |
| requeiramos | não requeiramos |
| requerei | não requeirais |
| requeiram | não requeiram |

## 40 Ver – *Ver*

Verbo irregular, sus derivados se conjugan con este modelo (*antever, entrever, prever, rever*). No confundir con *vir* (venir). Obsérvense las diferencias en relación con el verbo *prover* (proveer).

### Infinitivo impessoal

| *Presente* |
| --- |
| ver |
| *Pretérito* |
| ter visto |

### Gerúndio

| *Presente* |
| --- |
| vendo |
| *Pretérito* |
| tendo visto |

### Particípio

visto

### Indicativo

| *Presente* | *Pretérito imperfeito* | *Pretérito perfeito* |
| --- | --- | --- |
| eu vejo | eu via | eu vi |
| tu vês | tu vias | tu viste |
| ele/ela/você vê | ele... via | ele... viu |
| nós vemos | nós víamos | nós vimos |
| vós vedes | vós víeis | vós vistes |
| eles/elas/vocês vêem | eles... viam | eles... viram |

| *Pretérito perfeito composto* | *Pretérito mais-que-perfeito* | *Pretérito mais-que-perfeito composto* |
| --- | --- | --- |
| eu tenho visto | eu vira | eu tinha visto |
| tu tens visto | tu viras | tu tinhas visto |
| ele/ela/você tem visto | ele... vira | ele... tinha visto |
| nós temos visto | nós víramos | nós tínhamos visto |
| vós tendes visto | vós víreis | vós tínheis visto |
| eles/elas/vocês têm visto | eles... viram | eles... tinham visto |

| *Futuro do presente* | *Futuro do presente composto* | *Futuro do pretérito* |
| --- | --- | --- |
| eu verei | eu terei visto | eu veria |
| tu verás | tu terás visto | tu verias |
| ele/ela/você verá | ele... terá visto | ele... veria |
| nós veremos | nós teremos visto | nós veríamos |
| vós vereis | vós tereis visto | vós veríeis |
| eles/elas/vocês verão | eles... terão visto | eles... veriam |

### Subjuntivo

| *Presente* | *Pretérito do subjuntivo* | *Futuro do subjuntivo* |
| --- | --- | --- |
| que eu veja | se eu visse | quando eu vir |
| que tu vejas | se tu visses | quando tu vires |
| que ele/ela/você veja | se ele... visse | quando ele... vir |
| que nós vejamos | se nós víssemos | quando nós virmos |
| que vós vejais | se vós vísseis | quando vós virdes |
| que eles/elas/vocês vejam | se eles... vissem | quando eles... virem |

### Infinitivo pessoal

| *Presente* |
| --- |
| eu ver |
| tu veres |
| ele/ela/você ver |
| nós vermos |
| vós verdes |
| eles/elas/vocês verem |

### Imperativo

| *Imperativo afirmativo* | *Imperativo negativo* |
| --- | --- |
| — | — |
| vê | não vejas |
| veja | não veja |
| vejamos | não vejamos |
| vede | não vejais |
| vejam | não vejam |

Verbo irregular. Sigue el modelo de *ver*, excepto en el pretérito y en el participio.

## Infinitivo impessoal

*Presente*

prover

*Pretérito*

ter provido

## Gerúndio

*Presente*

provendo

*Pretérito*

tendo provido

## Particípio

provido

## Indicativo

| *Presente* | *Pretérito imperfeito* | *Pretérito perfeito* |
|---|---|---|
| eu provejo | eu provia | eu provi |
| tu provês | tu provias | tu proveste |
| ele/ela/você provê | ele… provia | ele… proveu |
| nós provemos | nós províamo. | nós provemos |
| vós provedes | vós províeis | vós provestes |
| eles/elas/vocês provêem | eles… proviam | eles… proveram |

| *Pretérito perfeito composto* | *Pretérito mais-que-perfeito* | *Pretérito mais-que-perfeito composto* |
|---|---|---|
| eu tenho provido | eu provera | eu tinha provido |
| tu tens provido | tu proveras | tu tinhas provido |
| ele/ela/você tem provido | ele… provera | ele… tinha provido |
| nós temos provido | nós provêramos | nós tínhamos provido |
| vós tendes provido | vós provêreis | vós tínheis provido |
| eles/elas/vocês têm provido | eles… proveram | eles… tinham provido |

| *Futuro do subjuntivo* | *Futuro do presente composto* | *Futuro do pretérito* |
|---|---|---|
| eu proverei | eu terei provido | eu proveria |
| tu proverás | tu terás provido | tu proverias |
| ele/ela/você proverá | ele… terá provido | ele… proveria |
| nós proveremos | nós teremos provido | nós proveríamos |
| vós provereis | vós tereis provido | vós proveríeis |
| eles/elas/vocês proverão | eles… terão provido | eles… proveríam |

## Subjuntivo

| *Presente* | *Pretérito do subjuntivo* | *Futuro do subjuntivo* |
|---|---|---|
| que eu proveja | se eu provesse | quando eu prover |
| que tu provejas | se tu provesses | quando tu proveres |
| que ele/ela/você proveja | se ele… provesse | quando ele… prover |
| que nós provejamos | se nós provêssemos | quando nós provermos |
| que vós provejais | se vós provêsseis | quando vós proverdes |
| que eles/elas/vocês provejam | se eles… provessem | quando eles… proverem |

## Infinitivo pessoal

*Presente*

eu prover
tu proveres
ele/ela/você prover
nós provermos
vós proverdes
eles/elas/vocês proverem

## Imperativo

| *Imperativo afirmativo* | *Imperativo negativo* |
|---|---|
| — | — |
| provê | não provejas |
| proveja | não proveja |
| provejamos | não provejamos |
| provede | não provejais |
| provejam | não provejam |

## 42 Ler – *Leer*

Verbo irregular. Véase como ejemplo *crer*, pues se conjuga de la misma manera que *reler*.

### Infinitivo impessoal

| | |
|---|---|
| *Presente* | |
| ler | |
| *Pretérito* | |
| ter lido | |

### Gerúndio

| | |
|---|---|
| *Presente* | |
| lendo | |
| *Pretérito* | |
| tendo lido | |

### Particípio

lido

### Indicativo

| *Presente* | *Pretérito imperfeito* | *Pretérito perfeito* |
|---|---|---|
| eu leio | eu lia | eu li |
| tu lês | tu lias | tu leste |
| ele/ela/você lê | ele... lia | ele... leu |
| nós lemos | nós líamos | nós lemos |
| vós ledes | vós líeis | vós lestes |
| eles/elas/vocês lêem | eles... liam | eles... leram |

| *Pretérito perfeito composto* | *Pretérito mais-que-perfeito* | *Pretérito mais-que-perfeito composto* |
|---|---|---|
| eu tenho lido | eu lera | eu tinha lido |
| tu tens lido | tu leras | tu tinhas lido |
| ele/ela/você tem lido | ele... lera | ele... tinha lido |
| nós temos lido | nós lêramos | nós tínhamos lido |
| vós tendes lido | vós lêreis | vós tínheis lido |
| eles/elas/vocês têm lido | eles... leram | eles... tinham lido |

| *Futuro do presente* | *Futuro do presente composto* | *Futuro do pretérito* |
|---|---|---|
| eu lerei | eu terei lido | eu leria |
| tu lerás | tu terás lido | tu lerias |
| ele/ela/você lerá | ele... terá lido | ele... leria |
| nós leremos | nós teremos lido | nós leríamos |
| vós lereis | vós tereis lido | vós leríeis |
| eles/elas/vocês lerão | eles... terão lido | eles... leriam |

### Subjuntivo

| *Presente* | *Pretérito do subjuntivo* | *Futuro do subjuntivo* |
|---|---|---|
| que eu leia | se eu lesse | quando eu ler |
| que tu leias | se tu lesses | quando tu leres |
| que ele/ela/você leia | se ele... lesse | quando ele... ler |
| que nós leiamos | se nós lêssemos | quando nós lermos |
| que vós leiais | se vós lêsseis | quando vós lerdes |
| que eles/elas/vocês leiam | se eles... lessem | quando eles... lerem |

### Infinitivo pessoal

| | |
|---|---|
| *Presente* | |
| eu ler | |
| tu leres | |
| ele/ela/você ler | |
| nós lermos | |
| vós lerdes | |
| eles/elas/vocês lerem | |

### Imperativo

| *Imperativo afirmativo* | *Imperativo negativo* |
|---|---|
| — | — |
| lê | não leias |
| leia | não leia |
| leiamos | não leiamos |
| lede | não leiais |
| leiam | não leiam |

Verbo irregular en la 1ª persona del singular del presente del indicativo, del subjuntivo y de las personas derivadas de éste. Se conjuga de la misma manera que *equivaler*.

## Infinitivo impessoal

*Presente*

valer

*Pretérito*

ter valido

## Gerúndio

*Presente*

valendo

*Pretérito*

tendo valido

## Particípio

valido

## Indicativo

| *Presente* | *Pretérito imperfeito* | *Pretérito perfeito* |
|---|---|---|
| eu valho | eu valia | eu vali |
| tu vales | tu valias | tu valeste |
| ele/ela/você vale | ele... valia | ele... valeu |
| nós valemos | nós valíamos | nós valemos |
| vós valeis | vós valíeis | vós valestes |
| eles/elas/vocês valem | eles... valiam | eles... valeram |

| *Pretérito perfeito composto* | *Pretérito mais-que-perfeito* | *Pretérito mais-que-perfeito composto* |
|---|---|---|
| eu tenho valido | eu valera | eu tinha valido |
| tu tens valido | tu valeras | tu tinhas valido |
| ele/ela/você tem valido | ele... valera | ele... tinha valido |
| nós temos valido | nós valêramos | nós tínhamos valido |
| vós tendes valido | vós valêreis | vós tínheis valido |
| eles/elas/vocês têm valido | eles... valeram | eles... tinham valido |

| *Futuro do presente* | *Futuro do presente composto* | *Futuro do pretérito* |
|---|---|---|
| eu valerei | eu terei valido | eu valeria |
| tu valerás | tu terás valido | tu valerias |
| ele/ela/você valerá | ele... terá valido | ele... valeria |
| nós valeremos | nós teremos valido | nós valeríamos |
| vós valereis | vós tereis valido | vós valeríeis |
| eles/elas/vocês valerão | eles... terão valido | eles... valeriam |

## Subjuntivo

| *Presente* | *Pretérito do subjuntivo* | *Futuro do subjuntivo* |
|---|---|---|
| que eu valha | se eu valesse | quando eu valer |
| que tu valhas | se tu valesses | quando tu valeres |
| que ele/ela/você valha | se ele... valesse | quando ele... valer |
| que nós valhamos | se nós valêssemos | quando nós valermos |
| que vós valhais | se vós valêsseis | quando vós valerdes |
| que eles/elas/vocês valham | se eles... valessem | quando eles... valerem |

## Infinitivo pessoal

*Presente*

eu valer
tu valeres
ele/ela/você valer
nós valermos
vós valerdes
eles/elas/vocês valerem

## Imperativo

| *Imperativo afirmativo* | *Imperativo negativo* |
|---|---|
| — | — |
| vale | não valhas |
| valha | não valha |
| valhamos | não valhamos |
| valei | não valhais |
| valham | não valham |

## 44 Perder – *Perder*

Verbo irregular en la 1ª persona del singular del presente del indicativo, del subjuntivo y las personas derivadas de éste.

### Infinitivo impessoal

| *Presente* |
| --- |
| perder |

| *Pretérito* |
| --- |
| ter perdido |

### Gerúndio

| *Presente* |
| --- |
| perdendo |

| *Pretérito* |
| --- |
| tendo perdido |

### Particípio

| |
| --- |
| perdido |

### Indicativo

| *Presente* | *Pretérito imperfeito* | *Pretérito perfeito* |
| --- | --- | --- |
| eu perco | eu perdia | eu perdi |
| tu perdes | tu perdias | tu perdeste |
| ele/ela/você perde | ele... perdia | ele... perdeu |
| nós perdemos | nós perdíamos | nós perdemos |
| vós perdeis | vós perdíeis | vós perdestes |
| eles/elas/vocês perdem | eles... perdiam | eles... perderam |

| *Pretérito perfeito composto* | *Pretérito mais-que-perfeito* | *Pretérito mais-que-perfeito composto* |
| --- | --- | --- |
| eu tenho perdido · | eu perdera | eu tinha perdido |
| tu tens perdido | tu perderas | tu tinhas perdido |
| ele/ela/você tem perdido | ele... perdera | ele... tinha perdido |
| nós temos perdido | nós perdêramos | nós tínhamos perdido |
| vós tendes perdido | vós perdêreis | vós tínheis perdido |
| eles/elas/vocês têm perdido | eles... perderam | eles... tinham perdido |

| *Futuro do presente* | *Futuro do presente composto* | *Futuro do pretérito* |
| --- | --- | --- |
| eu perderei | eu terei perdido | eu perderia |
| tu perderás | tu terás perdido | tu perderias |
| ele/ela/você perderá | ele... terá perdido | ele... perderia |
| nós perderemos | nós teremos perdido | nós perderíamos |
| vós perdereis | vós tereis perdido | vós perderíeis |
| eles/elas/vocês perderão | eles... terão perdido | eles... perderiam |

### Subjuntivo

| *Presente* | *Pretérito do subjuntivo* | *Futuro do subjuntivo* |
| --- | --- | --- |
| que eu perca | se eu perdesse | quando eu perder |
| que tu percas | se tu perdesses | quando tu perderes |
| que ele/ela/você perca | se ele... perdesse | quando ele... perder |
| que nós percamos | se nós perdêssemos | quando nós perdermos |
| que vós percais | se vós perdêsseis | quando vós perderdes |
| que eles/elas/vocês percam | se eles... perdessem | quando eles... perderem |

### Infinitivo pessoal

| *Presente* |
| --- |
| eu perder |
| tu perderes |
| ele/ela/você perder |
| nós perdermos |
| vós perderdes |
| eles/elas/vocês perderem |

### Imperativo

| *Imperativo afirmativo* | *Imperativo negativo* |
| --- | --- |
| — | — |
| perde | não percas |
| perca | não perca |
| percamos | não percamos |
| perdei | não percais |
| percam | não percam |

Verbo irregular (anómalo). Sus derivados como *propor, depor,* *repor, compor, antepor, pospor, supor* y *opor* se conjugan con este mismo modelo. Sin embargo, en la 1ª y 3ª personas del singular del infinitivo personal llevan acento circunflejo.

## Infinitivo impessoal

### Presente
pôr

### Pretérito
ter posto

## Gerúndio

### Presente
pondo

### Pretérito
tendo posto

## Particípio

posto

## Indicativo

### Presente
eu ponho
tu pões
ele/ela/você põe
nós pomos
vós pondes
eles/elas/vocês põem

### Pretérito imperfeito
eu punha
tu punhas
ele... punha
nós púnhamos
vós púnheis
eles... punham

### Pretérito perfeito
eu pus
tu puseste
ele... pôs
nós pusemos
vós pusestes
eles... puseram

### Pretérito perfeito composto
eu tenho posto
tu tens posto
ele/ela/você tem posto
nós temos posto
vós tendes posto
eles/elas/vocês têm posto

### Pretérito mais-que-perfeito
eu pusera
tu puseras
ele... pusera
nós puséramos
vós puséreis
eles... puseram

### Pretérito mais-que-perfeito composto
eu tinha posto
tu tinhas posto
ele... tinha posto
nós tínhamos posto
vós tínheis posto
eles... tinham posto

### Futuro do presente
eu porei
tu porás
ele/ela/você porá
nós poremos
vós poreis
eles/elas/vocês porão

### Futuro do presente composto
eu terei posto
tu terás posto
ele... terá posto
nós teremos posto
vós tereis posto
eles... terão posto

### Futuro do pretérito
eu poria
tu porias
ele... poria
nós poríamos
vós poríeis
eles... poriam

## Subjuntivo

### Presente
que eu ponha
que tu ponhas
que ele/ela/você ponha
que nós ponhamos
que vós ponhais
que eles/elas/vocês ponham

### Pretérito do subjuntivo
se eu pusesse
se tu pusesses
se ele... pusesse
se nós puséssemos
se vós pusésseis
se eles... pusessem

### Futuro do subjuntivo
quando eu puser
quando tu puseres
quando ele... puser
quando nós pusermos
quando vós puserdes
quando eles... puserem

## Infinitivo pessoal

### Presente
eu pôr
tu pores
ele/ela/você pôr
nós pormos
vós pordes
eles/elas/vocês porem

## Imperativo

### Imperativo afirmativo
—
põe
ponha
ponhamos
ponde
ponham

### Imperativo negativo
—
não ponhas
não ponha
não ponhamos
não ponhais
não ponham

# 46 Acontecer – *Acontecer*

Verbo unipersonal. Sólo se conjuga en la tercera persona. El uso del imperativo es poco común.

## Infinitivo impessoal

**Presente**

acontecer

**Pretérito**

ter acontecido

## Gerúndio

**Presente**

acontecendo

**Pretérito**

tendo acontecido

## Particípio

acontecido

## Indicativo

| *Presente* | *Pretérito imperfeito* | *Pretérito perfeito* |
|---|---|---|
| — | — | — |
| — | — | — |
| acontece | acontecia | aconteceu |
| — | — | — |
| acontecem | aconteciam | aconteceram |
| *Pretérito perfeito composto* | *Pretérito mais-que-perfeito* | *Pretérito mais-que-perfeito composto* |
| — | — | — |
| — | — | — |
| tem acontecido | acontecera | tinha acontecido |
| — | — | — |
| têm acontecido | aconteceram | tinham acontecido |
| *Futuro do presente* | *Futuro do presente composto* | *Futuro do pretérito* |
| — | — | — |
| — | — | — |
| acontecerá | terá acontecido | aconteceria |
| — | — | — |
| acontecerão | terão acontecido | aconteceriam |

## Subjuntivo

| *Presente* | *Pretérito do subjuntivo* | *Futuro do subjuntivo* |
|---|---|---|
| — | — | — |
| — | — | — |
| que aconteça | se acontecesse | quando acontecer |
| — | — | — |
| que aconteçam | se acontecessem | quando acontecerem |

## Infinitivo pessoal

| *Presente* |
|---|
| — |
| — |
| acontecer |
| — |
| acontecerem |

## Imperativo

| *Imperativo afirmativo* | *Imperativo negativo* |
|---|---|
| — | — |
| — | — |
| aconteça | não aconteça |
| — | — |
| aconteçam | não aconteçam |

Verbo impersonal. Sólo se conjuga en la 3ª persona del singular. También obedecen la misma conjugación los verbos *alvorecer, manhacer, anoitecer y escurecer*. Cuando se usa en sentido figurado se conjuga en todas las personas, tiempos y modos.

## Infinitivo impessoal

*Presente*

chover

*Pretérito*

ter chovido

## Gerúndio

*Presente*

chovendo

*Pretérito*

tendo chovido

## Particípio

chovido

## Indicativo

| *Presente* | *Pretérito imperfeito* | *Pretérito perfeito* |
|---|---|---|
| — | — | — |
| — | — | — |
| chove | chovia | choveu |
| — | — | — |
| — | — | — |

| *Pretérito perfeito composto* | *Pretérito mais-que-perfeito* | *Pretérito mais-que-perfeito composto* |
|---|---|---|
| — | — | — |
| — | — | — |
| tem chovido | chovera | tinha chovido |
| — | — | — |
| — | — | — |

| *Futuro do presente* | *Futuro do presente composto* | *Futuro do pretérito* |
|---|---|---|
| — | — | — |
| — | — | — |
| choverá | terá chovido | choveria |
| — | — | — |
| — | — | — |

## Subjuntivo

| *Presente* | *Pretérito do subjuntivo* | *Futuro do subjuntivo* |
|---|---|---|
| — | — | — |
| — | — | — |
| que chova | se chovesse | quando chover |
| — | — | — |
| — | — | — |

## Infinitivo pessoal

*Presente*

—
—
chover
—
—

## Imperativo

| *Imperativo afirmativo* | *Imperativo negativo* |
|---|---|
| — | — |
| — | — |
| — | — |
| — | — |
| — | — |

## 48 Doer – *Doler*

Como un verbo transitivo directo e indirecto sólo se conjuga en la 3ª persona; como pronominal se conjuga en todas las personas (ver *roer*).

### Infinitivo impessoal

**Presente**

doer

**Pretérito**

ter doído

### Gerúndio

**Presente**

doendo

**Pretérito**

tendo doído

### Particípio

doído

### Indicativo

| Presente | Pretérito imperfeito | Pretérito perfeito |
|---|---|---|
| — | — | — |
| — | — | — |
| dói | doia | doeu |
| — | — | — |
| doem | doíam | doeram |

| Pretérito perfeito composto | Pretérito mais-que-perfeito | Pretérito mais-que-perfeito composto |
|---|---|---|
| — | — | — |
| — | — | — |
| tem doído | doera | tinha doído |
| — | — | — |
| têm doído | doeram | tinham doído |

| Futuro do presente | Futuro do presente composto | Futuro do pretérito |
|---|---|---|
| — | — | — |
| — | — | — |
| doerá | terá doído | doeria |
| — | — | — |
| doerão | terão doído | doeriam |

### Subjuntivo

| Presente | Pretérito do subjuntivo | Futuro do subjuntivo |
|---|---|---|
| — | — | — |
| — | — | — |
| que doa | se doesse | quando doer |
| — | — | — |
| que doam | se doessem | quando doerem |

### Infinitivo pessoal

**Presente**

—
—
doer
—
doerem

### Imperativo

| Imperativo afirmativo | Imperativo negativo |
|---|---|
| — | — |
| — | — |
| — | — |
| — | — |
| — | — |

Verbo defectivo. Sólo se conjuga en la 3ª persona, en general acompañado de los pronombres oblicuos *me, te, lhe, nos, vos* y *lhes*. También se conjuga de la misma manera *aprazer* y *desprazer*. *Comprazer(-se)* es regular en el pretérito perfecto del indicativo y en las formas obtenidas a partir del radical.

## Prazer – *Placer* 49

## Infinitivo impessoal

*Presente*
prazer

*Pretérito*
ter prazido

## Gerúndio

*Presente*
prazendo

*Pretérito*
tendo prazido

## Particípio

prazido

## Indicativo

| *Presente* | *Pretérito imperfeito* | *Pretérito perfeito* |
|---|---|---|
| — | — | — |
| praz | prazia | prouve |
| — | — | — |
| prazem | praziam | prouveram |
| **Pretérito perfeito composto** | **Pretérito mais-que-perfeito** | **Pretérito mais-que-perfeito composto** |
| — | — | — |
| — | — | — |
| tem prazido | prouvera | tinha prazido |
| — | — | — |
| têm prazido | prouveram | tinham prazido |
| **Futuro do presente** | **Futuro do presente composto** | **Futuro do pretérito** |
| — | — | — |
| prazerá | terá prazido | prazeria |
| — | — | — |
| prazerão | terão prazido | prazeriam |

## Subjuntivo

| *Presente* | *Pretérito do subjuntivo* | *Futuro do subjuntivo* |
|---|---|---|
| — | — | — |
| — | — | — |
| que praza | se prouvesse | quando prouver |
| — | — | — |
| que prazam | se prouvessem | quando prouverem |

## Infinitivo pessoal

*Presente*
—
—
prazer
—
—
prazerem

## Imperativo

| *Imperativo afirmativo* | *Imperativo negativo* |
|---|---|
| — | — |
| — | — |
| — | — |
| — | — |
| — | — |
| — | — |

## 50 Precaver – *Precaver*

Verbo defectivo, raramente usado sin pronombre reflexivo. Sólo se conjuga en las formas en las que la vocal tónica no forma parte del radical.

### Infinitivo impessoal

| *Presente* |
| --- |
| precaver |
| *Pretérito* |
| ter precavido |

### Gerúndio

| *Presente* |
| --- |
| precavendo |
| *Pretérito* |
| tendo precavido |

### Particípio

| |
| --- |
| precavido |

### Indicativo

| *Presente* | *Pretérito imperfeito* | *Pretérito perfeito* |
| --- | --- | --- |
| — | eu precavia | eu precavi |
| — | tu precavias | tu precaveste |
| — | ele… precavia | ele… precaveu |
| nós precavemos | nós precavíamos | nós precavemos |
| vós precaveis | vós precavíeis | vós precavestes |
| — | eles… precaviam | eles… precaveram |

| *Pretérito perfeito composto* | *Pretérito mais-que-perfeito* | *Pretérito mais-que-perfeito composto* |
| --- | --- | --- |
| eu tenho precavido | eu precavera | eu tinha precavido |
| tu tens precavido | tu precaveras | tu tinhas precavido |
| ele/ela/você tem precavido | ele… precavera | ele… tinha precavido |
| nós temos precavido | nós precavêramos | nós tínhamos precavido |
| vós tendes precavido | vós precavêreis | vós tínheis precavido |
| eles/elas/vocês têm precavido | eles… precaveram | eles… tinham precavido |

| *Futuro do presente* | *Futuro do presente composto* | *Futuro do pretérito* |
| --- | --- | --- |
| eu precaverei | eu terei precavido | eu precaveria |
| tu precaverás | tu terás precavido | tu precaverias |
| ele/ela/você precaverá | ele… terá precavido | ele… precaveria |
| nós precaveremos | nós teremos precavido | nós precaveríamos |
| vós precavereis | vós tereis precavido | vós precaveríeis |
| eles/elas/vocês precaverão | eles… terão precavido | eles… precaveriam |

### Subjuntivo

| *Presente* | *Pretérito do subjuntivo* | *Futuro do subjuntivo* |
| --- | --- | --- |
| — | se eu precavesse | quando eu precaver |
| — | se tu precavesses | quando tu precaveres |
| — | se ele… precavesse | quando ele… precaver |
| — | se nós precavêssemos | quando nós precavermos |
| — | se vós precavêsseis | quando vós precaverdes |
| — | se eles… precavessem | quando eles… precaverem |

### Infinitivo pessoal

| *Presente* |
| --- |
| eu precaver |
| tu precaveres |
| ele/ela/você precaver |
| nós precavermos |
| vós precaverdes |
| eles/elas/vocês precaverem |

### Imperativo

| *Imperativo afirmativo* | *Imperativo negativo* |
| --- | --- |
| — | — |
| — | — |
| — | — |
| — | — |
| precavei | — |
| — | — |

Verbo defectivo. Sólo se conjuga en las formas del verbo *haver*, del cual éste es derivado, en que lleva *v* en el radical. Obsérvese que no lleva *h*.

Reaver – *Recuperar* 51

## Infinitivo impessoal

| *Presente* |
| --- |
| reaver |

| *Pretérito* |
| --- |
| ter reavido |

## Gerúndio

| *Presente* |
| --- |
| reavendo |

| *Pretérito* |
| --- |
| tendo reavido |

## Particípio

reavido

## Indicativo

| *Presente* | *Pretérito imperfeito* | *Pretérito perfeito* |
| --- | --- | --- |
| — | eu reavia | eu reouve |
| — | tu reavias | tu reouveste |
| — | ele… reavia | ele… reouve |
| nós reavemos | nós reavíamos | nós reouvemos |
| vós reaveis | vós reavíeis | vós reouvestes |
| — | eles… reaviam | eles… reouveram |

| *Pretérito perfeito composto* | *Pretérito mais-que-perfeito* | *Pretérito mais-que-perfeito composto* |
| --- | --- | --- |
| eu tenho reavido | eu reouvera | eu tinha reavido |
| tu tens reavido | tu reouveras | tu tinhas reavido |
| ele/ela/você tem reavido | ele… reouvera | ele… tinha reavido |
| nós temos reavido | nós reouvéramos | nós tínhamos reavido |
| vós tendes reavido | vós reouvéreis | vós tínheis reavido |
| eles/elas/vocês têm reavido | eles… reouveram | eles… tinham reavido |

| *Futuro do presente* | *Futuro do presente composto* | *Futuro do pretérito* |
| --- | --- | --- |
| eu reaverei | eu terei reavido | eu reaveria |
| tu reaverás | tu terás reavido | tu reaverias |
| ele/ela/você reaverá | ele… terá reavido | ele… reaveria |
| nós reaveremos | nós teremos reavido | nós reaveríamos |
| vós reavereis | vós tereis reavido | vós reaveríeis |
| eles/elas/vocês reaverão | eles… terão reavido | eles… reaveriam |

## Subjuntivo

| *Presente* | *Pretérito do subjuntivo* | *Futuro do subjuntivo* |
| --- | --- | --- |
| — | se eu reouvesse | quando eu reouver |
| — | se tu reouvesses | quando tu reouveres |
| — | se ele… reouvesse | quando ele… reouver |
| — | se nós reouvéssemos | quando nós reouvermos |
| — | se vós reouvésseis | quando vós reouverdes |
| — | se eles… reouvessem | quando eles… reouverem |

## Infinitivo pessoal

| *Presente* |
| --- |
| eu reaver |
| tu reaveres |
| ele/ela/você reaver |
| nós reavermos |
| vós reaverdes |
| eles/elas/vocês reaverem |

## Imperativo

| *Imperativo afirmativo* | *Imperativo negativo* |
| --- | --- |
| — | — |
| — | — |
| — | — |
| — | — |
| reavei | — |
| — | — |

85

## 52 Tingir – *Teñir*

Verbos terminados en *–gir*, cambian de *g* a *j* antes de *a* y de *o*. Es un caso de distinción ortográfica. Tiene dos participios, pero se utilizan tanto como adjetivo o sustantivo y no tanto como participio.

### Infinitivo impessoal

**Presente**

tingir

**Pretérito**

ter tingido

### Gerúndio

**Presente**

tingindo

**Pretérito**

tendo tingido

### Particípio

tingido, tinto

### Indicativo

| **Presente** | **Pretérito imperfeito** | **Pretérito perfeito** |
|---|---|---|
| eu tinjo | eu tingia | eu tingi |
| tu tinges | tu tingias | tu tingiste |
| ele/ela/você tinge | ele... tingia | ele... tingiu |
| nós tingimos | nós tingíamos | nós tingimos |
| vós tingis | vós tingíeis | vós tingistes |
| eles/elas/vocês tingem | eles... tingiam | eles... tingiram |

| **Pretérito perfeito composto** | **Pretérito mais-que-perfeito** | **Pretérito mais-que-perfeito composto** |
|---|---|---|
| eu tenho tingido | eu tingira | eu tinha tingido |
| tu tens tingido | tu tingiras | tu tinhas tingido |
| ele/ela/você tem tingido | ele... tingira | ele... tinha tingido |
| nós temos tingido | nós tingíramos | nós tínhamos tingido |
| vós tendes tingido | vós tingíreis | vós tínheis tingido |
| eles/elas/vocês têm tingido | eles... tingiram | eles... tinham tingido |

| **Futuro do presente** | **Futuro do presente composto** | **Futuro do pretérito** |
|---|---|---|
| eu tingirei | eu terei tingido | eu tingiria |
| tu tingirás | tu terás tingido | tu tingirias |
| ele/ela/você tingirá | ele... terá tingido | ele... tingiria |
| nós tingiremos | nós teremos tingido | nós tingiríamos |
| vós tingireis | vós tereis tingido | vós tingiríeis |
| eles/elas/vocês tingirão | eles... terão tingido | eles... tingiriam |

### Subjuntivo

| **Presente** | **Pretérito do subjuntivo** | **Futuro do subjuntivo** |
|---|---|---|
| que eu tinja | se eu tingisse | quando eu tingir |
| que tu tinjas | se tu tingisses | quando tu tingires |
| que ele/ela/você tinja | se ele... tingisse | quando ele... tingir |
| que nós tinjamos | se nós tingíssemos | quando nós tingirmos |
| que vós tinjais | se vós tingísseis | quando vós tingirdes |
| que eles/elas/vocês tinjam | se eles... tingissem | quando eles... tingirem |

### Infinitivo pessoal

**Presente**

eu tingir
tu tingires
ele/ela/você tingir
nós tingirmos
vós tingirdes
eles/elas/vocês tingirem

### Imperativo

| **Imperativo afirmativo** | **Imperativo negativo** |
|---|---|
| — | — |
| tinge | não tinjas |
| tinja | não tinja |
| tinjamos | não tinjamos |
| tingi | não tinjais |
| tinjam | não tinjam |

*Distinguir* y *extinguir* pierden la *u* antes de la *o* y de la *a*. Es un caso de distinción ortográfica. Tiene dos participios distintos; se usa más como adjetivo y no tanto como participio.

## Infinitivo impessoal

**Presente**

distinguir

**Pretérito**

ter distinguido

## Gerúndio

**Presente**

distinguindo

**Pretérito**

tendo distinguido

## Particípio

distinguido, distinto

## Indicativo

| **Presente** | **Pretérito imperfeito** | **Pretérito perfeito** |
|---|---|---|
| eu distingo | eu distinguia | eu distingui |
| tu distingues | tu distinguias | tu distinguiste |
| ele/ela/você distingue | ele… distinguia | ele… distinguiu |
| nós distinguimos | nós distinguíamos | nós distinguimos |
| vós distinguis | vós distinguíeis | vós distinguistes |
| eles/elas/vocês distinguem | eles… distinguiam | eles… distinguiram |

| **Pretérito perfeito composto** | **Pretérito mais-que-perfeito** | **Pretérito mais-que-perfeito composto** |
|---|---|---|
| eu tenho distinguido | eu distinguira | eu tinha distinguido |
| tu tens distinguido | tu distinguiras | tu tinhas distinguido |
| ele/ela/você tem distinguido | ele… distinguira | ele… tinha distinguido |
| nós temos distinguido | nós distinguíramos | nós tínhamos distinguido |
| vós tendes distinguido | vós distinguíreis | vós tínheis distinguido |
| eles/elas/vocês têm distinguido | eles… distinguiram | eles… tinham distinguido |

| **Futuro do presente** | **Futuro do presente composto** | **Futuro do pretérito** |
|---|---|---|
| eu distinguirei | eu terei distinguido | eu distinguiria |
| tu distinguirás | tu terás distinguido | tu distinguirias |
| ele/ela/você distinguirá | ele… terá distinguido | ele… distinguiria |
| nós distinguiremos | nós teremos distinguido | nós distinguiríamos |
| vós distinguireis | vós tereis distinguido | vós distinguiríeis |
| eles/elas/vocês distinguirão | eles… terão distinguido | eles… distinguiriam |

## Subjuntivo

| **Presente** | **Pretérito do subjuntivo** | **Futuro do subjuntivo** |
|---|---|---|
| que eu distinga | se eu distinguisse | quando eu distinguir |
| que tu distingas | se tu distinguisses | quando tu distinguires |
| que ele/ela/você distinga | se ele… distinguisse | quando ele… distinguir |
| que nós distingamos | se nós distinguíssemos | quando nós distinguirmos |
| que vós distingais | se vós distinguísseis | quando vós distinguirdes |
| que eles/elas/vocês distingam | se eles… distinguissem | quando eles… distinguirem |

## Infinitivo pessoal

**Presente**

eu distinguir
tu distinguires
ele/ela/você distinguir
nós distinguirmos
vós distinguirdes
eles/elas/vocês distinguirem

## Imperativo

| **Imperativo afirmativo** | **Imperativo negativo** |
|---|---|
| — | — |
| distingue | não distingas |
| distinga | não distinga |
| distingamos | não distingamos |
| distingui | não distingais |
| distingam | não distingam |

## 54 Servir – *Servir*

Cambia la *o* en *i* en la 1ª persona del singular del presente del indicativo, en todo el presente del subjuntivo y en las personas derivadas de este tiempo en el imperativo. Usualmente se considera irregular. Tiene casos de alternacia vocálica. Los verbos como *divertir, vestir* y *descernir* tienen una conjugación semejante, es decir, obedecen al mismo modelo.

### Infinitivo impessoal

| | |
|---|---|
| *Presente* | |
| servir | |
| *Pretérito* | |
| ter servido | |

### Gerúndio

| | |
|---|---|
| *Presente* | |
| servindo | |
| *Pretérito* | |
| tendo servido | |

### Particípio

servido

## Indicativo

| *Presente* | *Pretérito imperfeito* | *Pretérito perfeito* |
|---|---|---|
| eu sirvo | eu servia | eu servi |
| tu serves | tu servias | tu serviste |
| ele/ela/você serve | ele... servia | ele... serviu |
| nós servimos | nós servíamos | nós servimos |
| vós servis | vós servíeis | vós servistes |
| eles/elas/vocês servem | eles... serviam | eles... serviram |

| *Pretérito perfeito composto* | *Pretérito mais-que-perfeito* | *Pretérito mais-que-perfeito composto* |
|---|---|---|
| eu tenho servido | eu servira | eu tinha servido |
| tu tens servido | tu serviras | tu tinhas servido |
| ele/ela/você tem servido | ele... servira | ele... tinha servido |
| nós temos servido | nós servíramos | nós tínhamos servido |
| vós tendes servido | vós servíreis | vós tínheis servido |
| eles/elas/vocês têm servido | eles... serviram | eles... tinham servido |

| *Futuro do presente* | *Futuro do presente composto* | *Futuro do pretérito* |
|---|---|---|
| eu servirei | eu terei servido | eu serviria |
| tu servirás | tu terás servido | tu servirias |
| ele/ela/você servirá | ele... terá servido | ele... serviria |
| nós serviremos | nós teremos servido | nós serviríamos |
| vós servireis | vós tereis servido | vós serviríeis |
| eles/elas/vocês servirão | eles... terão servido | eles... serviriam |

## Subjuntivo

| *Presente* | *Pretérito do subjuntivo* | *Futuro do subjuntivo* |
|---|---|---|
| que eu sirva | se eu servisse | quando eu servir |
| que tu sirvas | se tu servisses | quando tu servires |
| que ele/ela/você sirva | se ele... servisse | quando ele... servir |
| que nós sirvamos | se nós servíssemos | quando nós servirmos |
| que vós sirvais | se vós servísseis | quando vós servirdes |
| que eles/elas/vocês sirvam | se eles... servissem | quando eles... servirem |

## Infinitivo pessoal

| | |
|---|---|
| *Presente* | |
| eu servir | |
| tu servires | |
| ele/ela/você servir | |
| nós servirmos | |
| vós servirdes | |
| eles/elas/vocês servirem | |

## Imperativo

| *Imperativo afirmativo* | *Imperativo negativo* |
|---|---|
| — | — |
| serve | não sirvas |
| sirva | não sirva |
| sirvamos | não sirvamos |
| servi | não sirvais |
| sirvam | não sirvam |

Cambia la *o* en i en la 1ª persona del singular del presente del indicativo, en todo el presente del subjuntivo y en las personas derivadas de este tiempo en el imperativo. Pierde la *u* cuando a la *g* le sigue una *a* o una *o*. Es un caso de distinción ortográfica. Usualmente se considera irregular. Tiene alternancia vocálica, se conjugan de la misma manera *conseguir, perseguir* y *prosseguir*.

# Seguir – *Seguir* 55

## Infinitivo impessoal

*Presente*

seguir

*Pretérito*

ter seguido

## Gerúndio

*Presente*

seguindo

*Pretérito*

tendo seguido

## Particípio

seguido

## Indicativo

| *Presente* | *Pretérito imperfeito* | *Pretérito perfeito* |
|---|---|---|
| eu sigo | eu seguia | eu segui |
| tu segues | tu seguias | tu seguiste |
| ele/ela/você segue | ele... seguia | ele... seguiu |
| nós seguimos | nós seguíamos | nós seguimos |
| vós seguis | vós seguíeis | vós seguistes |
| eles/elas/vocês seguem | eles... seguiam | eles... seguiram |

| *Pretérito perfeito composto* | *Pretérito mais-que-perfeito* | *Pretérito mais-que-perfeito composto* |
|---|---|---|
| eu tenho seguido | eu seguira | eu tinha seguido |
| tu tens seguido | tu seguiras | tu tinhas seguido |
| ele/ela/você tem seguido | ele... seguira | ele... tinha seguido |
| nós temos seguido | nós seguíramos | nós tínhamos seguido |
| vós tendes seguido | vós seguíreis | vós tínheis seguido |
| eles/elas/vocês têm seguido | eles... seguiram | eles... tinham seguido |

| *Futuro do presente* | *Futuro do presente composto* | *Futuro do pretérito* |
|---|---|---|
| eu seguirei | eu terei seguido | eu seguiria |
| tu seguirás | tu terás seguido | tu seguirias |
| ele/ela/você seguirá | ele... terá seguido | ele... seguiria |
| nós seguiremos | nós teremos seguido | nós seguiríamos |
| vós seguireis | vós tereis seguido | vós seguiríeis |
| eles/elas/vocês seguirão | eles... terão seguido | eles... seguiriam |

## Subjuntivo

| *Presente* | *Pretérito do subjuntivo* | *Futuro do subjuntivo* |
|---|---|---|
| que eu siga | se eu seguisse | quando eu seguir |
| que tu sigas | se tu seguisses | quando tu seguires |
| que ele/ela/você siga | se ele... seguisse | quando ele... seguir |
| que nós sigamos | se nós seguíssemos | quando nós seguirmos |
| que vós sigais | se vós seguísseis | quando vós seguirdes |
| que eles/elas/vocês sigam | se eles... seguissem | quando eles... seguirem |

## Infinitivo pessoal

*Presente*

eu seguir
tu seguires
ele/ela/você seguir
nós seguirmos
vós seguirdes
eles/elas/vocês seguirem

## Imperativo

| *Imperativo afirmativo* | *Imperativo negativo* |
|---|---|
| — | — |
| segue | não sigas |
| siga | não siga |
| sigamos | não sigamos |
| segui | não sigais |
| sigam | não sigam |

## 56 Sentir – *Sentir*

Cambia la *e* en *i* en la 1ª persona del singular del presente del indicativo, en todo el presente del subjuntivo y en las personas derivadas de este tiempo en el imperativo. Usualmente se considera irregular, se trata de un caso de alternancia vocálica, se conjuga de la misma manera *assentir, consentir, presentir, ressentir,* así como *mentir*.

### Infinitivo impessoal

**Presente**

sentir

**Pretérito**

ter sentido

### Gerúndio

**Presente**

sentindo

**Pretérito**

tendo sentido

### Particípio

sentido

### Indicativo

| **Presente** | **Pretérito imperfeito** | **Pretérito perfeito** |
|---|---|---|
| eu sinto | eu sentia | eu senti |
| tu sentes | tu sentias | tu sentiste |
| ele/ela/você sente | ele... sentia | ele... sentiu |
| nós sentimos | nós sentíamos | nós sentimos |
| vós sentis | vós sentíeis | vós sentistes |
| eles/elas/vocês sentem | eles... sentiam | eles... sentiram |

| **Pretérito perfeito composto** | **Pretérito mais-que-perfeito** | **Pretérito mais-que-perfeito composto** |
|---|---|---|
| eu tenho sentido | eu sentira | eu tinha sentido |
| tu tens sentido | tu sentiras | tu tinhas sentido |
| ele/ela/você tem sentido | ele... sentira | ele... tinha sentido |
| nós temos sentido | nós sentíramos | nós tínhamos sentido |
| vós tendes sentido | vós sentíreis | vós tínheis sentido |
| eles/elas/vocês têm sentido | eles... sentiram | eles... tinham sentido |

| **Futuro do presente** | **Futuro do presente composto** | **Futuro do pretérito** |
|---|---|---|
| eu sentirei | eu terei sentido | eu sentiria |
| tu sentirás | tu terás sentido | tu sentirias |
| ele/ela/você sentirá | ele... terá sentido | ele... sentiria |
| nós sentiremos | nós teremos sentido | nós sentiríamos |
| vós sentireis | vós tereis sentido | vós sentiríeis |
| eles/elas/vocês sentirão | eles... terão sentido | eles... sentiriam |

### Subjuntivo

| **Presente** | **Pretérito do subjuntivo** | **Futuro do subjuntivo** |
|---|---|---|
| que eu sinta | se eu sentisse | quando eu sentir |
| que tu sintas | se tu sentisses | quando tu sentires |
| que ele/ela/você sinta | se ele... sentisse | quando ele... sentir |
| que nós sintamos | se nós sentíssemos | quando nós sentirmos |
| que vós sintais | se vós sentísseis | quando vós sentirdes |
| que eles/elas/vocês sintam | se eles... sentissem | quando eles... sentirem |

### Infinitivo pessoal

**Presente**

eu sentir
tu sentires
ele/ela/você sentir
nós sentirmos
vós sentirdes
eles/elas/vocês sentirem

### Imperativo

| **Imperativo afirmativo** | **Imperativo negativo** |
|---|---|
| — | — |
| sente | não sintas |
| sinta | não sinta |
| sintamos | não sintamos |
| senti | não sintais |
| sintam | não sintam |

Los verbos terminados en –erir cambian la e en i en la 1ª persona del singular del presente del indicativo, en todo el presente del subjuntivo y en las personas derivadas de este tiempo en el imperativo. Usualmente considerado irregular, constituye un caso de alternacia vocálica. Siguen el mismo modelo aferir, conferir, diferir, desferir, referir, transferir, deferir y preterir.

# Ferir – Herir 57

## Infinitivo impessoal

**Presente**
ferir

**Pretérito**
ter ferido

## Gerúndio

**Presente**
ferindo

**Pretérito**
tendo ferido

## Particípio

ferido

## Indicativo

**Presente**
eu firo
tu feres
ele/ela/você fere
nós ferimos
vós feris
eles/elas/vocês ferem

**Pretérito imperfeito**
eu feria
tu ferias
ele... feria
nós feríamos
vós feríeis
eles... feriam

**Pretérito perfeito**
eu feri
tu feriste
ele... feriu
nós ferimos
vós feristes
eles... feriram

**Pretérito perfeito composto**
eu tenho ferido
tu tens ferido
ele/ela/você tem ferido
nós temos ferido
vós tendes ferido
eles/elas/vocês têm ferido

**Pretérito mais-que-perfeito**
eu ferira
tu feriras
ele... ferira
nós feríramos
vós feríreis
eles... feriram

**Pretérito mais-que-perfeito composto**
eu tinha ferido
tu tinhas ferido
ele... tinha ferido
nós tínhamos ferido
vós tínheis ferido
eles... tinham ferido

**Futuro do presente**
eu ferirei
tu ferirás
ele/ela/você ferirá
nós feriremos
vós ferireis
eles/elas/vocês ferirão

**Futuro do presente composto**
eu terei ferido
tu terás ferido
ele... terá ferido
nós teremos ferido
vós tereis ferido
eles... terão ferido

**Futuro do pretérito**
eu feriria
tu feririas
ele... feriria
nós feriríamos
vós feriríeis
eles... feririam

## Subjuntivo

**Presente**
que eu fira
que tu firas
que ele/ela/você fira
que nós firamos
que vós firais
que eles/elas/vocês firam

**Pretérito do subjuntivo**
se eu ferisse
se tu ferisses
se ele... ferisse
se nós feríssemos
se vós ferísseis
se eles... ferissem

**Futuro do subjuntivo**
quando eu ferir
quando tu ferires
quando ele... ferir
quando nós ferirmos
quando vós ferirdes
quando eles... ferirem

## Infinitivo pessoal

**Presente**
eu ferir
tu ferires
ele/ela/você ferir
nós ferirmos
vós ferirdes
eles/elas/vocês ferirem

## Imperativo

**Imperativo afirmativo**
—
fere
fira
firamos
feri
firam

**Imperativo negativo**
—
não firas
não fira
não firamos
não firais
não firam

## 58 Agredir – *Agredir*

Cambian la *e* en *i* en la 1ª, 2ª y 3ª personas del singular del presente del indicativo y en la 3ª persona del plural, en el presente del subjuntivo y en el imperativo. Usualmente considerado irregular, en realidad se trata de un caso de alternancia vocálica, se conjuga de la misma manera que *progredir, regredir* y *transgredir*.

### Infinitivo impessoal

**Presente**

agredir

**Pretérito**

ter agredido

### Gerúndio

**Presente**

agredindo

**Pretérito**

tendo agredido

### Particípio

agredido

### Indicativo

| Presente | Pretérito imperfeito | Pretérito perfeito |
|---|---|---|
| eu agrido | eu agredia | eu agredi |
| tu agrides | tu agredias | tu agrediste |
| ele/ela/você agride | ele... agredia | ele... agrediu |
| nós agredimos | nós agredíamos | nós agredimos |
| vós agredis | vós agredíeis | vós agredistes |
| eles/elas/vocês agridem | eles... agrediam | eles... agrediram |

| Pretérito perfeito composto | Pretérito mais-que-perfeito | Pretérito mais-que-perfeito composto |
|---|---|---|
| eu tenho agredido | eu agredira | eu tinha agredido |
| tu tens agredido | tu agrediras | tu tinhas agredido |
| ele/ela/você tem agredido | ele... agredira | ele... tinha agredido |
| nós temos agredido | nós agredíramos | nós tínhamos agredido |
| vós tendes agredido | vós agredíreis | vós tínheis agredido |
| eles/elas/vocês têm agredido | eles... agrediram | eles... tinham agredido |

| Futuro do presente | Futuro do presente composto | Futuro do pretérito |
|---|---|---|
| eu agredirei | eu terei agredido | eu agrediria |
| tu agredirás | tu terás agredido | tu agredirias |
| ele/ela/você agredirá | ele... terá agredido | ele... agrediria |
| nós agrediremos | nós teremos agredido | nós agrediríamos |
| vós agredireis | vós tereis agredido | vós agrediríeis |
| eles/elas/vocês agredirão | eles... terão agredido | eles... agrediriam |

### Subjuntivo

| Presente | Pretérito do subjuntivo | Futuro do subjuntivo |
|---|---|---|
| que eu agrida | se eu agredisse | quando eu agredir |
| que tu agridas | se tu agredisses | quando tu agredires |
| que ele/ela/você agrida | se ele... agredisse | quando ele... agredir |
| que nós agridamos | se nós agredíssemos | quando nós agredirmos |
| que vós agridais | se vós agredísseis | quando vós agredirdes |
| que eles/elas/vocês agridam | se eles... agredissem | quando eles... agredirem |

### Infinitivo pessoal

**Presente**

| |
|---|
| eu agredir |
| tu agredires |
| ele/ela/você agredir |
| nós agredirmos |
| vós agredirdes |
| eles/elas/vocês agredirem |

### Imperativo

| Imperativo afirmativo | Imperativo negativo |
|---|---|
| — | — |
| agride | não agridas |
| agrida | não agrida |
| agridamos | não agridamos |
| agredi | não agridais |
| agridam | não agridam |

Cambia la *o* en *u* en la 1ª persona del presente del indicativo, en todo el presente del subjuntivo y en las personas derivadas de este tiempo en el imperativo. Usualmente es considerado irregular, es un caso de alternancia vocálica. Verbos como *cobrir* y *tossir* tienen conjugación semejante, o sea, sigue la misma regla.

# Dormir – *Dormir* 59

## Infinitivo impessoal

**Presente**
dormir

**Pretérito**
ter dormido

## Gerúndio

**Presente**
dormindo

**Pretérito**
tendo dormido

## Particípio

dormido

## Indicativo

**Presente**
eu durmo
tu dormes
ele/ela/você dorme
nós dormimos
vós dormis
eles/elas/vocês dormem

**Pretérito imperfeito**
eu dormia
tu dormias
ele... dormia
nós dormíamos
vós dormíeis
eles... dormiam

**Pretérito perfeito**
eu dormi
tu dormiste
ele... dormiu
nós dormimos
vós dormistes
eles... dormiram

**Pretérito perfeito composto**
eu tenho dormido
tu tens dormido
ele/ela/você tem dormido
nós temos dormido
vós tendes dormido
eles/elas/vocês têm dormido

**Pretérito mais-que-perfeito**
eu dormira
tu dormiras
ele... dormira
nós dormíramos
vós dormíreis
eles... dormiram

**Pretérito mais-que-perfeito composto**
eu tinha dormido
tu tinhas dormido
ele... tinha dormido
nós tínhamos dormido
vós tínheis dormido
eles... tinham dormido

**Futuro do presente**
eu dormirei
tu dormirás
ele/ela/você dormirá
nós dormiremos
vós dormireis
eles/elas/vocês dormirão

**Futuro do presente composto**
eu terei dormido
tu terás dormido
ele... terá dormido
nós teremos dormido
vós tereis dormido
eles... terão dormido

**Futuro do pretérito**
eu dormiria
tu dormirias
ele... dormiria
nós dormiríamos
vós dormiríeis
eles... dormiriam

## Subjuntivo

**Presente**
que eu durma
que tu durmas
que ele/ela/você durma
que nós durmamos
que vós durmais
que eles/elas/vocês durmam

**Pretérito do subjuntivo**
se eu dormisse
se tu dormisses
se ele... dormisse
se nós dormíssemos
se vós dormísseis
se eles... dormissem

**Futuro do subjuntivo**
quando eu dormir
quando tu dormires
quando ele... dormir
quando nós dormirmos
quando vós dormirdes
quando eles... dormirem

## Infinitivo pessoal

**Presente**
eu dormir
tu dormires
ele/ela/você dormir
nós dormirmos
vós dormirdes
eles/elas/vocês dormirem

## Imperativo

**Imperativo afirmativo**
—
dorme
durma
durmamos
dormi
durmam

**Imperativo negativo**

não durmas
não durma
não durmamos
não durmais
não durmam

## 60 Polir – *Pulir*

Cambia la *o* a *u* en las tres personas del singular y en la 3ª del indicativo en todo el presente del subjuntivo y en las personas derivadas de este tiempo en el imperativo, se considera verbo irregular porque presenta alternancia vocálica en el radical. Sin embargo, las terminaciones son regulares. No confundir con *pular*.

### Infinitivo impessoal

**Presente**

polir

**Pretérito**

ter polido

### Gerúndio

**Presente**

polindo

**Pretérito**

tendo polido

### Particípio

polido

### Indicativo

| **Presente** | **Pretérito imperfeito** | **Pretérito perfeito** |
|---|---|---|
| eu pulo | eu polia | eu poli |
| tu pules | tu polias | tu poliste |
| ele/ela/você pule | ele... polia | ele... poliu |
| nós polimos | nós políamos | nós polimos |
| vós polis | vós políeis | vós polistes |
| eles/elas/vocês pulem | eles... poliam | eles... poliram |

| **Pretérito perfeito composto** | **Pretérito mais-que-perfeito** | **Pretérito mais-que-perfeito composto** |
|---|---|---|
| eu tenho polido | eu polira | eu tinha polido |
| tu tens polido | tu poliras | tu tinhas polido |
| ele/ela/você tem polido | ele... polira | ele... tinha polido |
| nós temos polido | nós políramos | nós tínhamos polido |
| vós tendes polido | vós políreis | vós tínheis polido |
| eles/elas/vocês têm polido | eles... poliram | eles... tinham polido |

| **Futuro do presente** | **Futuro do presente composto** | **Futuro do pretérito** |
|---|---|---|
| eu polirei | eu terei polido | eu poliria |
| tu polirás | tu terás polido | tu polirias |
| ele/ela/você polirá | ele... terá polido | ele... poliria |
| nós poliremos | nós teremos polido | nós poliríamos |
| vós polireis | vós tereis polido | vós poliríeis |
| eles/elas/vocês polirão | eles... terão polido | eles... poliriam |

### Subjuntivo

| **Presente** | **Pretérito do subjuntivo** | **Futuro do subjuntivo** |
|---|---|---|
| que eu pula | se eu polisse | quando eu polir |
| que tu pulas | se tu polisses | quando tu polires |
| que ele/ela/você pula | se ele... polisse | quando ele... polir |
| que nós pulamos | se nós políssemos | quando nós polirmos |
| que vós pulais | se vós polísseis | quando vós polirdes |
| que eles/elas/vocês pulam | se eles... polissem | quando eles... polirem |

### Infinitivo pessoal

**Presente**

eu polir
tu polires
ele/ela/você polir
nós polirmos
vós polirdes
eles/elas/vocês polirem

### Imperativo

| **Imperativo afirmativo** | **Imperativo negativo** |
|---|---|
| — | |
| pule | não pulas |
| pula | não pula |
| pulamos | não pulamos |
| poli | não pulais |
| pulam | não pulam |

Cambia la *o* a *u* en la 1ª persona del presente del indicativo y en la 2ª persona singular del imperativo afirmativo. Usualmente considerado irregular, se trata sobre todo de un caso de alternancia vocálica en el radical. Sin embargo, las terminaciones son regulares, se conjugan de la misma manera *bulir, acudir, sacudir, sumir, consumir, cuspir* y *entepir*.

## Infinitivo impessoal

**Presente**

subir

**Pretérito**

ter subido

## Gerúndio

**Presente**

subindo

**Pretérito**

tendo subido

## Particípio

subido

## Indicativo

| **Presente** | **Pretérito imperfeito** | **Pretérito perfeito** |
|---|---|---|
| eu subo | eu subia | eu subi |
| tu sobes | tu subias | tu subiste |
| ele/ela/você sobe | ele... subia | ele... subiu |
| nós subimos | nós subíamos | nós subimos |
| vós subis | vós subíeis | vós subistes |
| eles/elas/vocês sobem | eles... subiam | eles... subiram |

| **Pretérito perfeito composto** | **Pretérito mais-que-perfeito** | **Pretérito mais-que-perfeito composto** |
|---|---|---|
| eu tenho subido | eu subira | eu tinha subido |
| tu tens subido | tu subiras | tu tinhas subido |
| ele/ela/você tem subido | ele... subira | ele... tinha subido |
| nós temos subido | nós subíramos | nós tínhamos subido |
| vós tendes subido | vós subíreis | vós tínheis subido |
| eles/elas/vocês têm subido | eles... subiram | eles... tinham subido |

| **Futuro do presente** | **Futuro do presente composto** | **Futuro do pretérito** |
|---|---|---|
| eu subirei | eu terei subido | eu subiria |
| tu subirás | tu terás subido | tu subirias |
| ele/ela/você subirá | ele... terá subido | ele... subiria |
| nós subiremos | nós teremos subido | nós subiríamos |
| vós subireis | vós tereis subido | vós subiríeis |
| eles/elas/vocês subirão | eles... terão subido | eles... subiriam |

## Subjuntivo

| **Presente** | **Pretérito do subjuntivo** | **Futuro do subjuntivo** |
|---|---|---|
| que eu suba | se eu subisse | quando eu subir |
| que tu subas | se tu subisses | quando tu subires |
| que ele/ela/você suba | se ele... subisse | quando ele... subir |
| que nós subamos | se nós subíssemos | quando nós subirmos |
| que vós subais | se vós subísseis | quando vós subirdes |
| que eles/elas/vocês subam | se eles... subissem | quando eles... subirem |

## Infinitivo pessoal

**Presente**

eu subir
tu subires
ele/ela/você subir
nós subirmos
vós subirdes
eles/elas/vocês subirem

## Imperativo

| **Imperativo afirmativo** | **Imperativo negativo** |
|---|---|
| — | — |
| sobe | não subas |
| suba | não suba |
| subamos | não subamos |
| subi | não subais |
| subam | não subam |

## 62 Fugir – *Huir*

Cambia la *u* a *o* en la 2ª y 3ª personas del singular y 3ª persona del plural del presente del indicativo. Y en la 2ª del singular del imperativo afirmativo. Usualmente se considera irregular, pues constituye un caso de alternancia vocálica. Sin embargo, las terminaciones son regulares. Cambia la *g* a *j* antes de *o* y *a*, los otros verbos en *u*, *g* y *r* son regulares. Es un caso de distinción ortográfica.

### Infinitivo impessoal

**Presente**

fugir

**Pretérito**

ter fugido

### Gerúndio

**Presente**

Fugindo

**Pretérito**

tendo fugido

### Particípio

fugido

### Indicativo

| Presente | Pretérito imperfeito | Pretérito perfeito |
|---|---|---|
| eu fujo | eu fugia | eu fugi |
| tu foges | tu fugias | tu fugiste |
| ele/ela/você foge | ele... fugia | ele... fugiu |
| nós fugimos | nós fugíamos | nós fugimos |
| vós fugis | vós fugíeis | vós fugistes |
| eles/elas/vocês fogem | eles... fugiam | eles... fugiram |

| Pretérito perfeito composto | Pretérito mais-que-perfeito | Pretérito mais-que-perfeito composto |
|---|---|---|
| eu tenho fugido | eu fugira | eu tinha fugido |
| tu tens fugido | tu fugiras | tu tinhas fugido |
| ele/ela/você tem fugido | ele... fugira | ele... tinha fugido |
| nós temos fugido | nós fugíramos | nós tínhamos fugido |
| vós tendes fugido | vós fugíreis | vós tínheis fugido |
| eles/elas/vocês têm fugido | eles... fugiram | eles... tinham fugido |

| Futuro do presente | Futuro do presente composto | Futuro do pretérito |
|---|---|---|
| eu fugirei | eu terei fugido | eu fugiria |
| tu fugirás | tu terás fugido | tu fugirias |
| ele/ela/você fugirá | ele... terá fugido | ele... fugiria |
| nós fugiremos | nós teremos fugido | nós fugiríamos |
| vós fugireis | vós tereis fugido | vós fugiríeis |
| eles/elas/vocês fugirão | eles... terão fugido | eles... fugiriam |

### Subjuntivo

| Presente | Pretérito do subjuntivo | Futuro do subjuntivo |
|---|---|---|
| que eu fuja | se eu fugisse | quando eu fugir |
| que tu fujas | se tu fugisses | quando tu fugires |
| que ele/ela/você fuja | se ele... fugisse | quando ele... fugir |
| que nós fujamos | se nós fugíssemos | quando nós fugirmos |
| que vós fujais | se vós fugísseis | quando vós fugirdes |
| que eles/elas/vocês fujam | se eles... fugissem | quando eles... fugirem |

### Infinitivo pessoal

**Presente**

eu fugir
tu fugires
ele/ela/você fugir
nós fugirmos
vós fugirdes
eles/elas/vocês fugirem

### Imperativo

| Imperativo afirmativo | Imperativo negativo |
|---|---|
| — | |
| foge | não fujas |
| fuja | não fuja |
| fujamos | não fujamos |
| fugi | não fujais |
| fujam | não fujam |

Cambia la *g* en *j* antes de la *a* y la *o*. Es un caso de distinción ortográfica. Cambia el radical *i* en la 2ª y 3ª personas del singular y la 3ª del plural del presente del indicativo y en la 2ª persona del singular del imperativo afirmativo. Usualmente se considera irregular. Obsérvese que este verbo tiene dos participios; *frito* es compartido con el verbo *fritar*.

## Infinitivo impessoal

| Presente |
|---|
| frigir |

| Pretérito |
|---|
| ter frigido |

## Gerúndio

| Presente |
|---|
| frigindo |

| Pretérito |
|---|
| tendo frigido |

## Particípio

frigido, frito

## Indicativo

| Presente | Pretérito imperfeito | Pretérito perfeito |
|---|---|---|
| eu frijo | eu frigia | eu frigi |
| tu freges | tu frigias | tu frigiste |
| ele/ela/você frege | ele... frigia | ele... frigiu |
| nós frigimos | nós frigíamos | nós frigimos |
| vós frigis | vós frigíeis | vós frigistes |
| eles/elas/vocês fregem | eles... frigiam | eles... frigiram |

| Pretérito perfeito composto | Pretérito mais-que-perfeito | Pretérito mais-que-perfeito composto |
|---|---|---|
| eu tenho frigido | eu frigira | eu tinha frigido |
| tu tens frigido | tu frigiras | tu tinhas frigido |
| ele/ela/você tem frigido | ele... frigira | ele... tinha frigido |
| nós temos frigido | nós frigíramos | nós tínhamos frigido |
| vós tendes frigido | vós frigíreis | vós tínheis frigido |
| eles/elas/vocês têm frigido | eles... frigiram | eles... tinham frigido |

| Futuro do presente | Futuro do presente composto | Futuro do pretérito |
|---|---|---|
| eu frigirei | eu terei frigido | eu frigiria |
| tu frigirás | tu terás frigido | tu frigirias |
| ele/ela/você frigirá | ele... terá frigido | ele... frigiria |
| nós frigiremos | nós teremos frigido | nós frigiríamos |
| vós frigireis | vós tereis frigido | vós frigiríeis |
| eles/elas/vocês frigirão | eles... terão frigido | eles... frigiriam |

## Subjuntivo

| Presente | Pretérito do subjuntivo | Futuro do subjuntivo |
|---|---|---|
| que eu frija | se eu frigisse | quando eu frigir |
| que tu frijas | se tu frigisses | quando tu frigires |
| que ele/ela/você frija | se ele... frigisse | quando ele... frigir |
| que nós frijamos | se nós frigíssemos | quando nós frigirmos |
| que vós frijais | se vós frigísseis | quando vós frigirdes |
| que eles/elas/vocês frijam | se eles... frigissem | quando eles... frigirem |

## Infinitivo pessoal

| Presente |
|---|
| eu frigir |
| tu frigires |
| ele/ela/você frigir |
| nós frigirmos |
| vós frigirdes |
| eles/elas/vocês frigirem |

## Imperativo

| Imperativo afirmativo | Imperativo negativo |
|---|---|
| — | — |
| frege | não frijas |
| frija | não frija |
| frijamos | não frijamos |
| frigi | não frijais |
| frijam | não frijam |

## 64 Divergir – *Divergir*

Los verbos terminados en –*ergir* cambian la *e* por *i* en la 1ª persona del singular del presente del indicativo, en el presente del subjuntivo y en las formas derivadas del imperativo, la *g* cambia a *j* antes de una *a* o una *o*. En este verbo se presenta una distinción ortográfica y una alternancia vocálica, características que no lo convierten en un verdadero verbo irregular. *Convergir* se conjuga utilizando este mismo modelo.

### Infinitivo impessoal

*Presente*

divergir

*Pretérito*

ter divergido

### Gerúndio

*Presente*

divergindo

*Pretérito*

tendo divergido

### Particípio

divergido

### Indicativo

| *Presente* | *Pretérito imperfeito* | *Pretérito perfeito* |
|---|---|---|
| eu divirjo | eu divergia | eu divergi |
| tu diverges | tu divergias | tu divergiste |
| ele/ela/você diverge | ele… divergia | ele… divergiu |
| nós divergimos | nós divergíamos | nós divergimos |
| vós divergis | vós divergíeis | vós divergistes |
| eles/elas/vocês divergem | eles… divergiam | eles… divergiram |

| *Pretérito perfeito composto* | *Pretérito mais-que-perfeito* | *Pretérito mais-que-perfeito composto* |
|---|---|---|
| eu tenho divergido | eu divergira | eu tinha divergido |
| tu tens divergido | tu divergiras | tu tinhas divergido |
| ele/ela/você tem divergido | ele… divergira | ele… tinha divergido |
| nós temos divergido | nós divergíramos | nós tínhamos divergido |
| vós tendes divergido | vós divergíreis | vós tínheis divergido |
| eles/elas/vocês têm divergido | eles… divergiram | eles… tinham divergido |

| *Futuro do presente* | *Futuro do presente composto* | *Futuro do pretérito* |
|---|---|---|
| eu divergirei | eu terei divergido | eu divergiria |
| tu divergirás | tu terás divergido | tu divergirias |
| ele/ela/você divergirá | ele… terá divergido | ele… divergiria |
| nós divergiremos | nós teremos divergido | nós divergiríamos |
| vós divergireis | vós tereis divergido | vós divergiríeis |
| eles/elas/vocês divergirão | eles… terão divergido | eles… divergiriam |

### Subjuntivo

| *Presente* | *Pretérito do subjuntivo* | *Futuro do subjuntivo* |
|---|---|---|
| que eu divirja | se eu divergisse | quando eu divergir |
| que tu divirjas | se tu divergisses | quando tu divergires |
| que ele/ela/você divirja | se ele… divergisse | quando ele… divergir |
| que nós divirjamos | se nós divergíssemos | quando nós divergirmos |
| que vós divirjais | se vós divergísseis | quando vós divergirdes |
| que eles/elas/vocês divirjam | se eles… divergissem | quando eles… divergirem |

### Infinitivo pessoal

*Presente*

eu divergir
tu divergires
ele/ela/você divergir
nós divergirmos
vós divergirdes
eles/elas/vocês divergirem

### Imperativo

| *Imperativo afirmativo* | *Imperativo negativo* |
|---|---|
| — | — |
| diverge | não divirjas |
| divirja | não divirja |
| divirjamos | não divirjamos |
| divergi | não divirjais |
| divirjam | não divirjam |

Se trata de un verbo con alternancia vocálica, que en realidad no es una irregularidad.

## Infinitivo impessoal

*Presente*

refletir

*Pretérito*

ter refletido

## Gerúndio

*Presente*

refletindo

*Pretérito*

tendo refletido

## Particípio

refletido

## Indicativo

| *Presente* | *Pretérito imperfeito* | *Pretérito perfeito* |
|---|---|---|
| eu reflito | eu refletia | eu refleti |
| tu refletes | tu refletias | tu refletiste |
| ele/ela/você reflete | ele... refletia | ele... refletiu |
| nós refletimos | nós refletíamos | nós refletimos |
| vós refletis | vós refletíeis | vós refletistes |
| eles/elas/vocês refletem | eles... refletiam | eles... refletiram |

| *Pretérito perfeito composto* | *Pretérito mais-que-perfeito* | *Pretérito mais-que-perfeito composto* |
|---|---|---|
| eu tenho refletido | eu refletira | eu tinha refletido |
| tu tens refletido | tu refletiras | tu tinhas refletido |
| ele/ela/você tem refletido | ele... refletira | ele... tinha refletido |
| nós temos refletido | nós refletíramos | nós tínhamos refletido |
| vós tendes refletido | vós refletíreis | vós tínheis refletido |
| eles/elas/vocês têm refletido | eles... refletiram | eles... tinham refletido |

| *Futuro do presente* | *Futuro do presente composto* | *Futuro do pretérito* |
|---|---|---|
| eu refletirei | eu terei refletido | eu refletiria |
| tu refletirás | tu terás refletido | tu refletirias |
| ele/ela/você refletirá | ele... terá refletido | ele... refletiria |
| nós refletiremos | nós teremos refletido | nós refletiríamos |
| vós refletireis | vós tereis refletido | vós refletiríeis |
| eles/elas/vocês refletirão | eles... terão refletido | eles... refletiriam |

## Subjuntivo

| *Presente* | *Pretérito do subjuntivo* | *Futuro do subjuntivo* |
|---|---|---|
| que eu reflita | se eu refletisse | quando eu refletir |
| que tu reflitas | se tu refletisses | quando tu refletires |
| que ele/ela/você reflita | se ele... refletisse | quando ele... refletir |
| que nós reflitamos | se nós refletíssemos | quando nós refletirmos |
| que vós reflitais | se vós refletísseis | quando vós refletirdes |
| que eles/elas/vocês reflitam | se eles... refletissem | quando eles... refletirem |

## Infinitivo pessoal

*Presente*

eu refletir
tu refletires
ele/ela/você refletir
nós refletirmos
vós refletirdes
eles/elas/vocês refletirem

## Imperativo

| *Imperativo afirmativo* | *Imperativo negativo* |
|---|---|
| — | — |
| reflete | não reflitas |
| reflita | não reflita |
| reflitamos | não reflitamos |
| refleti | não reflitais |
| reflitam | não reflitam |

Verbo muy irregular (anómalo). Obsérvese las formas comunes al verbo *ser* (*fui, fosse, for*).

## Infinitivo impessoal

*Presente*

ir

*Pretérito*

ter ido

## Gerúndio

*Presente*

indo

*Pretérito*

tendo ido

## Particípio

ido

## Indicativo

| *Presente* | *Pretérito imperfeito* | *Pretérito perfeito* |
|---|---|---|
| eu vou | eu ia | eu fui |
| tu vais | tu ias | tu foste |
| ele/ela/você vai | ele... ia | ele... foi |
| nós vamos | nós íamos | nós fomos |
| vós ides | vós íeis | vós fostes |
| eles/elas/vocês vão | eles... iam | eles... foram |

| *Pretérito perfeito composto* | *Pretérito mais-que-perfeito* | *Pretérito mais-que-perfeito composto* |
|---|---|---|
| eu tenho ido | eu fora | eu tinha ido |
| tu tens ido | tu foras | tu tinhas ido |
| ele/ela/você tem ido | ele... fora | ele... tinha ido |
| nós temos ido | nós fôramos | nós tínhamos ido |
| vós tendes ido | vós fôreis | vós tínheis ido |
| eles/elas/vocês têm ido | eles... foram | eles... tinham ido |

| *Futuro do presente* | *Futuro do presente composto* | *Futuro do pretérito* |
|---|---|---|
| eu irei | eu terei ido | eu iria |
| tu irás | tu terás ido | tu irias |
| ele/ela/você irá | ele... terá ido | ele... iria |
| nós iremos | nós teremos ido | nós iríamos |
| vós ireis | vós tereis ido | vós iríeis |
| eles/elas/vocês irão | eles... terão ido | eles... iriam |

## Subjuntivo

| *Presente* | *Pretérito do subjuntivo* | *Futuro do subjuntivo* |
|---|---|---|
| que eu vá | se eu fosse | quando eu for |
| que tu vás | se tu fosses | quando tu fores |
| que ele/ela/você vá | se ele... fosse | quando ele... for |
| que nós vamos | se nós fôssemos | quando nós formos |
| que vós vades | se vós fôsseis | quando vós fordes |
| que eles/elas/vocês vão | se eles... fossem | quando eles... forem |

## Infinitivo pessoal

*Presente*

eu ir
tu ires
ele/ela/você ir
nós irmos
vós irdes
eles/elas/vocês irem

## Imperativo

| *Imperativo afirmativo* | *Imperativo negativo* |
|---|---|
| — | — |
| vai | não vás |
| vá | não vá |
| vamos | não vamos |
| ide | não vades |
| vão | não vão |

Verbo muy irregular (anómalo). Los compuestos de *vir* como
*convir, intervir, provir* y *sobrevir* se conjugan de la misma forma.

## Infinitivo impessoal

| Presente |
| --- |
| vir |
| **Pretérito** |
| ter vindo |

## Gerúndio

| Presente |
| --- |
| vindo |
| **Pretérito** |
| tendo vindo |

## Particípio

| |
| --- |
| vindo |

## Indicativo

| Presente | Pretérito imperfeito | Pretérito perfeito |
| --- | --- | --- |
| eu venho | eu vinha | eu vim |
| tu vens | tu vinhas | tu vieste |
| ele/ela/você vem | ele… vinha | ele… veio |
| nós vimos | nós vínhamos | nós viemos |
| vós vindes | vós vínheis | vós viestes |
| eles/elas/vocês vêm | eles… vinham | eles… vieram |

| Pretérito perfeito composto | Pretérito mais-que-perfeito | Pretérito mais-que-perfeito composto |
| --- | --- | --- |
| eu tenho vindo | eu viera | eu tinha vindo |
| tu tens vindo | tu vieras | tu tinhas vindo |
| ele/ela/você tem vindo | ele… viera | ele… tinha vindo |
| nós temos vindo | nós viéramos | nós tínhamos vindo |
| vós tendes vindo | vós viéreis | vós tínheis vindo |
| eles/elas/vocês têm vindo | eles… vieram | eles… tinham vindo |

| Futuro do presente | Futuro do presente composto | Futuro do pretérito |
| --- | --- | --- |
| eu virei | eu terei vindo | eu viria |
| tu virás | tu terás vindo | tu virias |
| ele/ela/você virá | ele… terá vindo | ele… viria |
| nós viremos | nós teremos vindo | nós viríamos |
| vós vireis | vós tereis vindo | vós viríeis |
| eles/elas/vocês virão | eles… terão vindo | eles… viriam |

## Subjuntivo

| Presente | Pretérito do subjuntivo | Futuro do subjuntivo |
| --- | --- | --- |
| que eu venha | se eu viesse | quando eu vier |
| que tu venhas | se tu viesses | quando tu vieres |
| que ele/ela/você venha | se ele… viesse | quando ele… vier |
| que nós venhamos | se nós viéssemos | quando nós viermos |
| que vós venhais | se vós viésseis | quando vós vierdes |
| que eles/elas/vocês venham | se eles… viessem | quando eles… vierem |

## Infinitivo pessoal

| Presente |
| --- |
| eu vir |
| tu vires |
| ele/ela/você vir |
| nós virmos |
| vós virdes |
| eles/elas/vocês virem |

## Imperativo

| Imperativo afirmativo | Imperativo negativo |
| --- | --- |
| — | — |
| vem | não venhas |
| venha | não venha |
| venhamos | não venhamos |
| vinde | não venhais |
| venham | não venham |

## 68  Sair – *Salir*

Verbo irregular, los verbos *sobressair, trair, atrair, contrair, distrair, extrair, retrair* y *subtrair* se conjugan mediante este mismo modelo.

### Infinitivo impessoal

**Presente**

sair

**Pretérito**

ter saido

### Gerúndio

**Presente**

saindo

**Pretérito**

tendo saido

### Particípio

saido

### Indicativo

| **Presente** | **Pretérito imperfeito** | **Pretérito perfeito** |
|---|---|---|
| eu saio | eu saía | eu saí |
| tu sais | tu saías | tu saíste |
| ele/ela/você sai | ele... saía | ele... saiu |
| nós saímos | nós saíamos | nós saímos |
| vós saís | vós saíeis | vós saístes |
| eles/elas/vocês saem | eles... saíam | eles... saíram |

| **Pretérito perfeito composto** | **Pretérito mais-que-perfeito** | **Pretérito mais-que-perfeito composto** |
|---|---|---|
| eu tenho saído | eu saíra | eu tinha saído |
| tu tens saído | tu saíras | tu tinhas saído |
| ele/ela/você tem saído | ele... saíra | ele... tinha saído |
| nós temos saído | nós saíramos | nós tínhamos saído |
| vós tendes saído | vós saíreis | vós tínheis saído |
| eles/elas/vocês têm saído | eles... saíram | eles... tinham saído |

| **Futuro do presente** | **Futuro do presente composto** | **Futuro do pretérito** |
|---|---|---|
| eu sairei | eu terei saído | eu sairia |
| tu sairás | tu terás saído | tu sairias |
| ele/ela/você sairá | ele... terá saído | ele... sairia |
| nós sairemos | nós teremos saído | nós sairíamos |
| vós saireis | vós tereis saído | vós sairíeis |
| eles/elas/vocês sairão | eles... terão saído | eles... sairiam |

### Subjuntivo

| **Presente** | **Pretérito do subjuntivo** | **Futuro do subjuntivo** |
|---|---|---|
| que eu saia | se eu saísse | quando eu sair |
| que tu saias | se tu saísses | quando tu saíres |
| que ele/ela/você saia | se ele... saísse | quando ele... sair |
| que nós saiamos | se nós saíssemos | quando nós sairmos |
| que vós saiais | se vós saísseis | quando vós sairdes |
| que eles/elas/vocês saiam | se eles... saíssem | quando eles... saírem |

### Infinitivo pessoal

**Presente**

eu sair
tu saíres
ele/ela/você sair
nós sairmos
vós sairdes
eles/elas/vocês saírem

### Imperativo

| **Imperativo afirmativo** | **Imperativo negativo** |
|---|---|
| — | — |
| sai | não saias |
| saia | não saia |
| saiamos | não saiamos |
| saí | não saiais |
| saiam | não saiam |

Verbo irregular. Obsérvese la semejanza en la conjugación del imperfecto del indicativo y del presente del subjuntivo. El verbo *sorrir* se conjuga de la misma manera.

## Infinitivo impessoal

| *Presente* |
| --- |
| rir |
| *Pretérito* |
| ter rido |

## Gerúndio

| *Presente* |
| --- |
| rindo |
| *Pretérito* |
| tendo rido |

## Particípio

rido

## Indicativo

| *Presente* | *Pretérito imperfeito* | *Pretérito perfeito* |
| --- | --- | --- |
| eu rio | eu ria | eu ri |
| tu ris | tu rias | tu riste |
| ele/ela/você ri | ele… ria | ele… riu |
| nós rimos | nós ríamos | nós rimos |
| vós rides | vós ríeis | vós ristes |
| eles/elas/vocês riem | eles… riam | eles… riram |

| *Pretérito perfeito composto* | *Pretérito mais-que-perfeito* | *Pretérito mais-que-perfeito composto* |
| --- | --- | --- |
| eu tenho rido | eu rira | eu tinha rido |
| tu tens rido | tu riras | tu tinhas rido |
| ele/ela/você tem rido | ele… rira | ele… tinha rido |
| nós temos rido | nós ríramos | nós tínhamos rido |
| vós tendes rido | vós ríreis | vós tínheis rido |
| eles/elas/vocês têm rido | eles… riram | eles… tinham rido |

| *Futuro do presente* | *Futuro do presente composto* | *Futuro do pretérito* |
| --- | --- | --- |
| eu rirei | eu terei rido | eu riria |
| tu rirás | tu terás rido | tu ririas |
| ele/ela/você rirá | ele… terá rido | ele… riria |
| nós riremos | nós teremos rido | nós riríamos |
| vós rireis | vós tereis rido | vós riríeis |
| eles/elas/vocês rirão | eles… terão rido | eles… ririam |

## Subjuntivo

| *Presente* | *Pretérito do subjuntivo* | *Futuro do subjuntivo* |
| --- | --- | --- |
| que eu ria | se eu risse | quando eu rir |
| que tu rias | se tu risses | quando tu rires |
| que ele/ela/você ria | se ele… risse | quando ele… rir |
| que nós riamos | se nós ríssemos | quando nós rirmos |
| que vós riais | se vós rísseis | quando vós rirdes |
| que eles/elas/vocês riam | se eles… rissem | quando eles… rirem |

## Infinitivo pessoal

| *Presente* |
| --- |
| eu rir |
| tu rires |
| ele/ela/você rir |
| nós rirmos |
| vós rirdes |
| eles/elas/vocês rirem |

## Imperativo

| *Imperativo afirmativo* | *Imperativo negativo* |
| --- | --- |
| — | — |
| ri | não rias |
| ria | não ria |
| riamos | não riamos |
| ride | não riais |
| riam | não riam |

## 70 Pedir – *Pedir*

*Pedir, medir* y sus derivados como *desmedir, despedir, expedir, reexpedir, impedir* y *desimpedir* cambian la d en ç (cedilha) en la 1ª persona del singular del presente, tanto en el indicativo como el subjuntivo.

### Infinitivo impessoal

**Presente**

pedir

**Pretérito**

ter pedido

### Gerúndio

**Presente**

pedindo

**Pretérito**

tendo pedido

### Particípio

pedido

### Indicativo

| Presente | Pretérito imperfeito | Pretérito perfeito |
|---|---|---|
| eu peço | eu pedia | eu pedi |
| tu pedes | tu pedias | tu pediste |
| ele/ela/você pede | ele... pedia | ele... pediu |
| nós pedimos | nós pedíamos | nós pedimos |
| vós pedis | vós pedíeis | vós pedistes |
| eles/elas/vocês pedem | eles... pediam | eles... pediram |

| Pretérito perfeito composto | Pretérito mais-que-perfeito | Pretérito mais-que-perfeito composto |
|---|---|---|
| eu tenho pedido | eu pedira | eu tinha pedido |
| tu tens pedido | tu pediras | tu tinhas pedido |
| ele/ela/você tem pedido | ele... pedira | ele... tinha pedido |
| nós temos pedido | nós pedíramos | nós tínhamos pedido |
| vós tendes pedido | vós pedíreis | vós tínheis pedido |
| eles/elas/vocês têm pedido | eles... pediram | eles... tinham pedido |

| Futuro do presente | Futuro do presente composto | Futuro do pretérito |
|---|---|---|
| eu pedirei | eu terei pedido | eu pediria |
| tu pedirás | tu terás pedido | tu pedirias |
| ele/ela/você pedirá | ele... terá pedido | ele... pediria |
| nós pediremos | nós teremos pedido | nós pediríamos |
| vós pedireis | vós tereis pedido | vós pediríeis |
| eles/elas/vocês pedirão | eles... terão pedido | eles... pediriam |

### Subjuntivo

| Presente | Pretérito do subjuntivo | Futuro do subjuntivo |
|---|---|---|
| que eu peça | se eu pedisse | quando eu pedir |
| que tu peças | se tu pedisses | quando tu pedires |
| que ele/ela/você peça | se ele... pedisse | quando ele... pedir |
| que nós peçamos | se nós pedíssemos | quando nós pedirmos |
| que vós peçais | se vós pedísseis | quando vós pedirdes |
| que eles/elas/vocês peçam | se eles... pedissem | quando eles... pedirem |

### Infinitivo pessoal

**Presente**

eu pedir
tu pedires
ele/ela/você pedir
nós pedirmos
vós pedirdes
eles/elas/vocês pedirem

### Imperativo

| Imperativo afirmativo | Imperativo negativo |
|---|---|
| — | — |
| pede | não peças |
| peça | não peça |
| peçamos | não peçamos |
| pedi | não peçais |
| peçam | não peçam |

Cambian la v por ç en la primera persona del singular del indicativo y del subjuntivo.

## Infinitivo impessoal

*Presente*

ouvir

*Pretérito*

ter ouvido

## Gerúndio

*Presente*

ouvindo

*Pretérito*

tendo ouvido

## Particípio

ouvido

## Indicativo

*Presente*

eu ouço
tu ouves
ele/ela/você ouve
nós ouvimos
vós ouvis
eles/elas/vocês ouvem

*Pretérito imperfeito*

eu ouvia
tu ouvias
ele... ouvia
nós ouvíamos
vós ouvíeis
eles... ouviam

*Pretérito perfeito*

eu ouvi
tu ouviste
ele... ouviu
nós ouvimos
vós ouvistes
eles... ouviram

*Pretérito perfeito composto*

eu tenho ouvido
tu tens ouvido
ele/ela/você tem ouvido
nós temos ouvido
vós tendes ouvido
eles/elas/vocês têm ouvido

*Pretérito mais-que-perfeito*

eu ouvira
tu ouviras
ele... ouvira
nós ouvíramos
vós ouvíreis
eles... ouviram

*Pretérito mais-que-perfeito composto*

eu tinha ouvido
tu tinhas ouvido
ele... tinha ouvido
nós tínhamos ouvido
vós tínheis ouvido
eles... tinham ouvido

*Futuro do presente*

eu ouvirei
tu ouvirás
ele/ela/você ouvirá
nós ouviremos
vós ouvireis
eles/elas/vocês ouvirão

*Futuro do presente composto*

eu terei ouvido
tu terás ouvido
ele... terá ouvido
nós teremos ouvido
vós tereis ouvido
eles... terão ouvido

*Futuro do pretérito*

eu ouviria
tu ouvirias
ele... ouviria
nós ouviríamos
vós ouviríeis
eles... ouviriam

## Subjuntivo

*Presente*

que eu ouça
que tu ouças
que ele/ela/você ouça
que nós ouçamos
que vós ouçais
que eles/elas/vocês ouçam

*Pretérito do subjuntivo*

se eu ouvisse
se tu ouvisses
se ele... ouvisse
se nós ouvíssemos
se vós ouvísseis
se eles... ouvissem

*Futuro do subjuntivo*

quando eu ouvir
quando tu ouvires
quando ele... ouvir
quando nós ouvirmos
quando vós ouvirdes
quando eles... ouvirem

## Infinitivo pessoal

*Presente*

eu ouvir
tu ouvires
ele/ela/você ouvir
nós ouvirmos
vós ouvirdes
eles/elas/vocês ouvirem

## Imperativo

*Imperativo afirmativo*

—

ouve
ouça
ouçamos
ouvi
ouçam

*Imperativo negativo*

—

não ouças
não ouça
não ouçamos
não ouçais
não ouçam

## 72 Produzir – *Producir*

Los verbos terminados en –*uzir* pierden la *o* al final de la 3ª persona del singular del presente del indicativo y en la segunda persona del singular del imperativo afirmativo. En los demás tiempos es regular.

### Infinitivo impessoal

| *Presente* |
| --- |
| produzir |
| *Pretérito* |
| ter produzido |

### Gerúndio

| *Presente* |
| --- |
| produzindo |
| *Pretérito* |
| tendo produzido |

### Particípio

produzido

### Indicativo

| *Presente* | *Pretérito imperfeito* | *Pretérito perfeito* |
| --- | --- | --- |
| eu produzo | eu produzia | eu produzi |
| tu produzes | tu produzias | tu produziste |
| ele/ela/você produz | ele... produzia | ele... produziu |
| nós produzimos | nós produzíamos | nós produzimos |
| vós produzis | vós produzíeis | vós produzistes |
| eles/elas/vocês produzem | eles... produziam | eles... produziram |

| *Pretérito perfeito composto* | *Pretérito mais-que-perfeito* | *Pretérito mais-que-perfeito composto* |
| --- | --- | --- |
| eu tenho produzido | eu produzira | eu tinha produzido |
| tu tens produzido | tu produziras | tu tinhas produzido |
| ele/ela/você tem produzido | ele... produzira | ele... tinha produzido |
| nós temos produzido | nós produzíramos | nós tínhamos produzido |
| vós tendes produzido | vós produzíreis | vós tínheis produzido |
| eles/elas/vocês têm produzido | eles... produziram | eles... tinham produzido |

| *Futuro do presente* | *Futuro do presente composto* | *Futuro do pretérito* |
| --- | --- | --- |
| eu produzirei | eu terei produzido | eu produziria |
| tu produzirás | tu terás produzido | tu produzirias |
| ele/ela/você produzirá | ele... terá produzido | ele... produziria |
| nós produziremos | nós teremos produzido | nós produziríamos |
| vós produzireis | vós tereis produzido | vós produziríeis |
| eles/elas/vocês produzirão | eles... terão produzido | eles... produziriam |

### Subjuntivo

| *Presente* | *Pretérito do subjuntivo* | *Futuro do subjuntivo* |
| --- | --- | --- |
| que eu produza | se eu produzisse | quando eu produzir |
| que tu produzas | se tu produzisses | quando tu produzires |
| que ele/ela/você produza | se ele... produzisse | quando ele... produzir |
| que nós produzamos | se nós produzíssemos | quando nós produzirmos |
| que vós produzais | se vós produzísseis | quando vós produzirdes |
| que eles/elas/vocês produzam | se eles... produzissem | quando eles... produzirem |

### Infinitivo pessoal

| *Presente* |
| --- |
| eu produzir |
| tu produzires |
| ele/ela/você produzir |
| nós produzirmos |
| vós produzirdes |
| eles/elas/vocês produzirem |

### Imperativo

| *Imperativo afirmativo* | *Imperativo negativo* |
| --- | --- |
| — | — |
| produz | não produzas |
| produza | não produza |
| produzamos | não produzamos |
| produzi | não produzais |
| produzam | não produzam |

Se conjuga de la misma manera que *destruir, instruir* y *obstruir*.

## Infinitivo impessoal

*Presente*

construir

*Pretérito*

ter construído

## Gerúndio

*Presente*

construindo

*Pretérito*

tendo construído

## Particípio

construído

## Indicativo

| *Presente* | *Pretérito imperfeito* | *Pretérito perfeito* |
|---|---|---|
| eu construo | eu construía | eu construí |
| tu constróis | tu construías | tu construíste |
| ele/ela/você construi/constrói | ele... construía | ele... construiu |
| nós construímos | nós construíamos | nós construímos |
| vós construis | vós construíeis | vós construístes |
| eles/elas/vocês constroem | eles... construíam | eles... construíram |

| *Pretérito perfeito composto* | *Pretérito mais-que-perfeito* | *Pretérito mais-que-perfeito composto* |
|---|---|---|
| eu tenho construído | eu construíra | eu tinha construído |
| tu tens construído | tu construíras | tu tinhas construído |
| ele/ela/você tem construído | ele... construíra | ele... tinha construído |
| nós temos construído | nós construíramos | nós tínhamos construído |
| vós tendes construído | vós construíreis | vós tínheis construído |
| eles/elas/vocês têm construído | eles... construíram | eles... tinham construído |

| *Futuro do presente* | *Futuro do presente composto* | *Futuro do pretérito* |
|---|---|---|
| eu construirei | eu terei construído | eu construiria |
| tu construirás | tu terás construído | tu construirias |
| ele/ela/você construirá | ele... terá construído | ele... construiria |
| nós construiremos | nós teremos construído | nós construiríamos |
| vós construireis | vós tereis construído | vós construiríeis |
| eles/elas/vocês construirão | eles... terão construído | eles... construiriam |

## Subjuntivo

| *Presente* | *Pretérito do subjuntivo* | *Futuro do subjuntivo* |
|---|---|---|
| que eu construa | se eu construísse | quando eu construir |
| que tu construas | se tu construísses | quando tu construíres |
| que ele/ela/você construa | se ele... construísse | quando ele... construir |
| que nós construamos | se nós construíssemos | quando nós construirmos |
| que vós construais | se vós construísseis | quando vós construirdes |
| que eles/elas/vocês construam | se eles... construíssem | quando eles... construírem |

## Infinitivo pessoal

*Presente*

eu construir
tu construíres
ele/ela/você construir
nós construirmos
vós construirdes
eles/elas/vocês construírem

## Imperativo

| *Imperativo afirmativo* | *Imperativo negativo* |
|---|---|
| — | — |
| construi/constrói | não construas |
| construa | não construa |
| construamos | não construamos |
| construí | não construais |
| construam | não construam |

## 74 Atribuir – *Atribuir*

También siguen este modelo de conjugación los verbos *contribuir, distribuir, imbuir* y *retribuir.*

### Infinitivo impessoal

| *Presente* |
| --- |
| atribuir |
| *Pretérito* |
| ter atribuído |

### Gerúndio

| *Presente* |
| --- |
| atribuindo |
| *Pretérito* |
| tendo atribuído |

### Particípio

atribuído

### Indicativo

| *Presente* | *Pretérito imperfeito* | *Pretérito perfeito* |
| --- | --- | --- |
| eu atribuo | eu atribuía | eu atribuí |
| tu atribuis | tu atribuías | tu atribuíste |
| ele/ela/você atribui | ele... atribuía | ele... atribuiu |
| nós atribuímos | nós atribuíamos | nós atribuímos |
| vós atribuís | vós atribuíeis | vós atribuístes |
| eles/elas/vocês atribuem | eles... atribuíam | eles... atribuíram |

| *Pretérito perfeito composto* | *Pretérito mais-que-perfeito* | *Pretérito mais-que-perfeito composto* |
| --- | --- | --- |
| eu tenho atribuído | eu atribuíra | eu tinha atribuído |
| tu tens atribuído | tu atribuíras | tu tinhas atribuído |
| ele/ela/você tem atribuído | ele... atribuíra | ele... tinha atribuído |
| nós temos atribuído | nós atribuíramos | nós tínhamos atribuído |
| vós tendes atribuído | vós atribuíreis | vós tínheis atribuído |
| eles/elas/vocês têm atribuído | eles... atribuíram | eles... tinham atribuído |

| *Futuro do presente* | *Futuro do presente composto* | *Futuro do pretérito* |
| --- | --- | --- |
| eu atribuirei | eu terei atribuído | eu atribuiria |
| tu atribuirás | tu terás atribuído | tu atribuirias |
| ele/ela/você atribuirá | ele... terá atribuído | ele... atribuiria |
| nós atribuiremos | nós teremos atribuído | nós atribuiríamos |
| vós atribuireis | vós tereis atribuído | vós atribuiríeis |
| eles/elas/vocês atribuirão | eles... terão atribuído | eles... atribuiriam |

### Subjuntivo

| *Presente* | *Pretérito do subjuntivo* | *Futuro do subjuntivo* |
| --- | --- | --- |
| que eu atribua | se eu atribuísse | quando eu atribuir |
| que tu atribuas | se tu atribuísses | quando tu atribuíres |
| que ele/ela/você atribua | se ele... atribuísse | quando ele... atribuir |
| que nós atribuamos | se nós atribuíssemos | quando nós atribuirmos |
| que vós atribuais | se vós atribuísseis | quando vós atribuirdes |
| que eles/elas/vocês atribuam | se eles... atribuíssem | quando eles... atribuírem |

### Infinitivo pessoal

| *Presente* |
| --- |
| eu atribuir |
| tu atribuíres |
| ele/ela/você atribuir |
| nós atribuirmos |
| vós atribuirdes |
| eles/elas/vocês atribuírem |

### Imperativo

| *Imperativo afirmativo* | *Imperativo negativo* |
| --- | --- |
| — | — |
| atribui | não atribuas |
| atribua | não atribua |
| atribuamos | não atribuamos |
| atribui | não atribuais |
| atribuam | não atribuam |

Es muy importante diferenciar este verbo debido a la pronunciación de la diéresis (¨) en la letra *u*. Obsérvese la diferencia en relación a la conjugación de *distinguir*.

## Infinitivo impessoal

*Presente*

argüir

*Pretérito*

ter argüído

## Gerúndio

*Presente*

argüindo

*Pretérito*

tendo argüído

## Particípio

argüído

## Indicativo

| *Presente* | *Pretérito imperfeito* | *Pretérito perfeito* |
|---|---|---|
| eu argüo | eu argüia | eu argüí |
| tu argüis | tu argüias | tu argüiste |
| ele/ela/você argüi | ele... argüia | ele... argüiu |
| nós argüimos | nós argüíamos | nós argüímos |
| vós argüís | vós argüíeis | vós argüístes |
| eles/elas/vocês argüem | eles... argüiam | eles... argüíram |

| *Pretérito perfeito composto* | *Pretérito mais-que-perfeito* | *Pretérito mais-que-perfeito composto* |
|---|---|---|
| eu tenho argüído | eu argüíra | eu tinha argüído |
| tu tens argüído | tu argüíras | tu tinhas argüído |
| ele/ela/você tem argüído | ele... argüíra | ele... tinha argüído |
| nós temos argüído | nós argüíramos | nós tínhamos argüído |
| vós tendes argüído | vós argüíreis | vós tínheis argüído |
| eles/elas/vocês têm argüído | eles... argüíram | eles... tinham argüído |

| *Futuro do presente* | *Futuro do presente composto* | *Futuro do pretérito* |
|---|---|---|
| eu argüirei | eu terei argüído | eu argüiria |
| tu argüirás | tu terás argüído | tu argüirias |
| ele/ela/você argüirá | ele... terá argüído | ele... argüiria |
| nós argüiremos | nós teremos argüído | nós argüiríamos |
| vós argüireis | vós tereis argüído | vós argüiríeis |
| eles/elas/vocês argüirão | eles... terão argüído | eles... argüiriam |

## Subjuntivo

| *Presente* | *Pretérito do subjuntivo* | *Futuro do subjuntivo* |
|---|---|---|
| que eu argüa | se eu argüísse | quando eu argüir |
| que tu argüas | se tu argüísses | quando tu argüíres |
| que ele/ela/você argüa | se ele... argüísse | quando ele... argüir |
| que nós argüamos | se nós argüíssemos | quando nós argüirmos |
| que vós argüais | se vós argüísseis | quando vós argüirdes |
| que eles/elas/vocês argüam | se eles... argüíssem | quando eles... argüírem |

## Infinitivo pessoal

*Presente*

eu argüir
tu argüíres
ele/ela/você argüir
nós argüirmos
vós argüirdes
eles/elas/vocês argüírem

## Imperativo

| *Imperativo afirmativo* | *Imperativo negativo* |
|---|---|
| — | — |
| argüi | não argüas |
| argüa | não argüa |
| argüamos | não argüamos |
| argüí | não argüais |
| argüam | não argüam |

Verbo regular.

## Infinitivo impessoal

*Presente*

reunir

*Pretérito*

ter reunido

## Gerúndio

*Presente*

reunindo

*Pretérito*

tendo reunido

## Particípio

reunido

## Indicativo

| *Presente* | *Pretérito imperfeito* | *Pretérito perfeito* |
|---|---|---|
| eu reúno | eu reunia | eu reuni |
| tu reúnes | tu reunias | tu reuniste |
| ele/ela/você reúne | ele... reunia | ele... reuniu |
| nós reunimos | nós reuníamos | nós reunimos |
| vós reunis | vós reuníeis | vós reunistes |
| eles/elas/vocês reúnem | eles... reuniam | eles... reuniram |

| *Pretérito perfeito composto* | *Pretérito mais-que-perfeito* | *Pretérito mais-que-perfeito composto* |
|---|---|---|
| eu tenho reunido | eu reunira | eu tinha reunido |
| tu tens reunido | tu reuniras | tu tinhas reunido |
| ele/ela/você tem reunido | ele... reunira | ele... tinha reunido |
| nós temos reunido | nós reuníramos | nós tínhamos reunido |
| vós tendes reunido | vós reuníreis | vós tínheis reunido |
| eles/elas/vocês têm reunido | eles... reuniram | eles... tinham reunido |

| *Futuro do presente* | *Futuro do presente composto* | *Futuro do pretérito* |
|---|---|---|
| eu reunirei | eu terei reunido | eu reuniria |
| tu reunirás | tu terás reunido | tu reunirias |
| ele/ela/você reunirá | ele... terá reunido | ele... reuniria |
| nós reuniremos | nós teremos reunido | nós reuniríamos |
| vós reunireis | vós tereis reunido | vós reuniríeis |
| eles/elas/vocês reunirão | eles... terão reunido | eles... reuniriam |

## Subjuntivo

| *Presente* | *Pretérito do subjuntivo* | *Futuro do subjuntivo* |
|---|---|---|
| que eu reúna | se eu reunisse | quando eu reunir |
| que tu reúnas | se tu reunisses | quando tu reunires |
| que ele/ela/você reúna | se ele... reunisse | quando ele... reunir |
| que nós reunamos | se nós reuníssemos | quando nós reunirmos |
| que vós reunais | se vós reunísseis | quando vós reunirdes |
| que eles/elas/vocês reúnam | se eles... reunissem | quando eles... reunirem |

## Infinitivo pessoal

*Presente*

eu reunir
tu reunires
ele/ela/você reunir
nós reunirmos
vós reunirdes
eles/elas/vocês reunirem

## Imperativo

| *Imperativo afirmativo* | *Imperativo negativo* |
|---|---|
| — | — |
| reúne | não reúnas |
| reúna | não reúna |
| reunamos | não reunamos |
| reuni | não reunais |
| reúnam | não reúnam |

## Infinitivo impessoal

*Presente*

proibir

*Pretérito*

ter proibido

## Gerúndio

*Presente*

proibindo

*Pretérito*

tendo proibido

## Particípio

proibido

## Indicativo

| *Presente* | *Pretérito imperfeito* | *Pretérito perfeito* |
|---|---|---|
| eu proíbo | eu proibia | eu proibi |
| tu proíbes | tu proibias | tu proibiste |
| ele/ela/você proíbe | ele... proibia | ele... proibiu |
| nós proibimos | nós proibíamos | nós proibimos |
| vós proibis | vós proibíeis | vós proibistes |
| eles/elas/vocês proíbem | eles... proibiam | eles... proibiram |

| *Pretérito perfeito composto* | *Pretérito mais-que-perfeito* | *Pretérito mais-que-perfeito composto* |
|---|---|---|
| eu tenho proibido | eu proibira | eu tinha proibido |
| tu tens proibido | tu proibiras | tu tinhas proibido |
| ele/ela/você tem proibido | ele... proibira | ele... tinha proibido |
| nós temos proibido | nós proibíramos | nós tínhamos proibido |
| vós tendes proibido | vós proibíreis | vós tínheis proibido |
| eles/elas/vocês têm proibido | eles... proibiram | eles... tinham proibido |

| *Futuro do presente* | *Futuro do presente composto* | *Futuro do pretérito* |
|---|---|---|
| eu proibirei | eu terei proibido | eu proibiria |
| tu proibirás | tu terás proibido | tu proibirias |
| ele/ela/você proibirá | ele... terá proibido | ele... proibiria |
| nós proibiremos | nós teremos proibido | nós proibiríamos |
| vós proibireis | vós tereis proibido | vós proibiríeis |
| eles/elas/vocês proibirão | eles... terão proibido | eles... proibiriam |

## Subjuntivo

| *Presente* | *Pretérito do subjuntivo* | *Futuro do subjuntivo* |
|---|---|---|
| que eu proíba | se eu proibisse | quando eu proibir |
| que tu proíbas | se tu proibisses | quando tu proibires |
| que ele/ela/você proíba | se ele... proibisse | quando ele... proibir |
| que nós proibamos | se nós proibíssemos | quando nós proibirmos |
| que vós proibais | se vós proibísseis | quando vós proibirdes |
| que eles/elas/vocês proíbam | se eles... proibissem | quando eles... proibirem |

## Infinitivo pessoal

*Presente*

eu proibir
tu proibires
ele/ela/você proibir
nós proibirmos
vós proibirdes
eles/elas/vocês proibirem

## Imperativo

| *Imperativo afirmativo* | *Imperativo negativo* |
|---|---|
| — | — |
| proíbe | não proíbas |
| proíba | não proíba |
| proibamos | não proibamos |
| proibi | não proibais |
| proíbam | não proíbam |

## 78 Emergir – *Emerger*

Verbo defectivo. Sólo se utiliza cuando la *g* va seguida de *e* o *i*. La conjugación es semejante a *banir, retorquir, ungir* e *imergir.* Obsérvese la existencia de dos participios.

### Infinitivo impessoal

**Presente**

emergir

**Pretérito**

ter emergido

### Gerúndio

**Presente**

emergindo

**Pretérito**

tendo emergido

### Particípio

emergido, emerso

### Indicativo

| **Presente** | **Pretérito imperfeito** | **Pretérito perfeito** |
|---|---|---|
| — | eu emergia | eu emergi |
| tu emerges | tu emergias | tu emergiste |
| ele/ela/você emerge | ele... emergia | ele... emergiu |
| nós emergimos | nós emergíamos | nós emergimos |
| vós emergis | vós emergíeis | vós emergistes |
| eles/elas/vocês emergem | eles... emergiam | eles... emergiram |

| **Pretérito perfeito composto** | **Pretérito mais-que-perfeito** | **Pretérito mais-que-perfeito composto** |
|---|---|---|
| eu tenho emergido | eu emergira | eu tinha emergido |
| tu tens emergido | tu emergiras | tu tinhas emergido |
| ele/ela/você tem emergido | ele... emergira | ele... tinha emergido |
| nós temos emergido | nós emergíramos | nós tínhamos emergido |
| vós tendes emergido | vós emergíreis | vós tínheis emergido |
| eles/elas/vocês têm emergido | eles... emergiram | eles... tinham emergido |

| **Futuro do presente** | **Futuro do presente composto** | **Futuro do pretérito** |
|---|---|---|
| eu emergirei | eu terei emergido | eu emergiria |
| tu emergirás | tu terás emergido | tu emergirias |
| ele/ela/você emergirá | ele... terá emergido | ele... emergiria |
| nós emergiremos | nós teremos emergido | nós emergiríamos |
| vós emergireis | vós tereis emergido | vós emergiríeis |
| eles/elas/vocês emergirão | eles... terão emergido | eles... emergiriam |

### Subjuntivo

| **Presente** | **Pretérito do subjuntivo** | **Futuro do subjuntivo** |
|---|---|---|
| — | se eu emergisse | quando eu emergir |
| — | se tu emergisses | quando tu emergires |
| — | se ele... emergisse | quando ele... emergir |
| — | se nós emergíssemos | quando nós emergirmos |
| — | se vós emergísseis | quando vós emergirdes |
| — | se eles... emergissem | quando eles... emergirem |

### Infinitivo pessoal

**Presente**

eu emergir
tu emergires
ele/ela/você emergir
nós emergirmos
vós emergirdes
eles/elas/vocês emergirem

### Imperativo

| **Imperativo afirmativo** | **Imperativo negativo** |
|---|---|
| — | — |
| emerge | — |
| — | — |
| — | — |
| emergi | — |
| — | — |

Verbo defectivo. Sólo se conjuga en las formas en que a la *i* del radical le sigue la vocal temática *i*. La conjugación es semejante a *comedir* y *delinquir*.

## Falir – *Arruinarse (quebrar)* 79

## Infinitivo impessoal

**Presente**

falir

**Pretérito**

ter falido

## Gerúndio

**Presente**

falindo

**Pretérito**

tendo falido

## Particípio

falido

## Indicativo

| Presente | Pretérito imperfeito | Pretérito perfeito |
|---|---|---|
| — | eu falia | eu fali |
| — | tu falias | tu faliste |
| — | ele... falia | ele... faliu |
| nós falimos | nós falíamos | nós falimos |
| vós falis | vós falíeis | vós falistes |
| — | eles... faliam | eles... faliram |

| Pretérito perfeito composto | Pretérito mais-que-perfeito | Pretérito mais-que-perfeito composto |
|---|---|---|
| eu tenho falido | eu falira | eu tinha falido |
| tu tens falido | tu faliras | tu tinhas falido |
| ele/ela/você tem falido | ele... falira | ele... tinha falido |
| nós temos falido | nós falíramos | nós tínhamos falido |
| vós tendes falido | vós falíreis | vós tínheis falido |
| eles/elas/vocês têm falido | eles... faliram | eles... tinham falido |

| Futuro do presente | Futuro do presente composto | Futuro do pretérito |
|---|---|---|
| eu falirei | eu terei falido | eu faliria |
| tu falirás | tu terás falido | tu falirias |
| ele/ela/você falirá | ele... terá falido | ele... faliria |
| nós faliremos | nós teremos falido | nós faliríamos |
| vós falireis | vós tereis falido | vós faliríeis |
| eles/elas/vocês falirão | eles... terão falido | eles... faliriam |

## Subjuntivo

| Presente | Pretérito do subjuntivo | Futuro do subjuntivo |
|---|---|---|
| — | se eu falisse | quando eu falir |
| — | se tu falisses | quando tu falires |
| — | se ele... falisse | quando ele... falir |
| — | se nós falíssemos | quando nós falirmos |
| — | se vós falísseis | quando vós falirdes |
| — | se eles... falissem | quando eles... falirem |

## Infinitivo pessoal

**Presente**

eu falir
tu falires
ele/ela/você falir
nós falirmos
vós falirdes
eles/elas/vocês falirem

## Imperativo

| Imperativo afirmativo | Imperativo negativo |
|---|---|
| — | — |
| — | — |
| — | — |
| — | — |
| fali | — |
| — | — |

## 80 Remir (redimir) – *Redimir*

Verbo defectivo. Sólo tiene las formas en las cuales a la *m* del radical le sigue la vocal temática *i*.

### Infinitivo impessoal

| *Presente* |
| --- |
| remir |

| *Pretérito* |
| --- |
| ter remido |

### Gerúndio

| *Presente* |
| --- |
| remindo |

| *Pretérito* |
| --- |
| tendo remido |

### Particípio

remido

### Indicativo

| *Presente* | *Pretérito imperfeito* | *Pretérito perfeito* |
| --- | --- | --- |
| — | eu remia | eu remi |
| — | tu remias | tu remiste |
| — | ele... remia | ele... remiu |
| nós remimos | nós remíamos | nós remimos |
| vós remis | vós remíeis | vós remistes |
| — | eles... remiam | eles... remiram |

| *Pretérito perfeito composto* | *Pretérito mais-que-perfeito* | *Pretérito mais-que-perfeito composto* |
| --- | --- | --- |
| eu tenho remido | eu remira | eu tinha remido |
| tu tens remido | tu remiras | tu tinhas remido |
| ele/ela/você tem remido | ele... remira | ele... tinha remido |
| nós temos remido | nós remíramos | nós tínhamos remido |
| vós tendes remido | vós remíreis | vós tínheis remido |
| eles/elas/vocês têm remido | eles... remiram | eles... tinham remido |

| *Futuro do presente* | *Futuro do presente composto* | *Futuro do pretérito* |
| --- | --- | --- |
| eu remirei | eu terei remido | eu remiria |
| tu remirás | tu terás remido | tu remirias |
| ele/ela/você remirá | ele... terá remido | ele... remiria |
| nós remiremos | nós teremos remido | nós remiríamos |
| vós remireis | vós tereis remido | vós remiríeis |
| eles/elas/vocês remirão | eles... terão remido | eles... remiriam |

### Subjuntivo

| *Presente* | *Pretérito do subjuntivo* | *Futuro do subjuntivo* |
| --- | --- | --- |
| — | se eu remisse | quando eu remir |
| — | se tu remisses | quando tu remires |
| — | se ele... remisse | quando ele... remir |
| — | se nós remíssemos | quando nós remirmos |
| — | se vós remísseis | quando vós remirdes |
| — | se eles... remissem | quando eles... remirem |

### Infinitivo pessoal

| *Presente* |
| --- |
| eu remir |
| tu remires |
| ele/ela/você remir |
| nós remirmos |
| vós remirdes |
| eles/elas/vocês remirem |

### Imperativo

| *Imperativo afirmativo* | *Imperativo negativo* |
| --- | --- |
| — | — |
| — | — |
| — | — |
| — | — |
| remi | — |
| — | — |

Usualmente se considera defectivo, como *demolir* y *punir*. Sin embargo, sirve de modelo de conjugación de ambos verbos, no obstante que su utilización es escasa.

## Infinitivo impessoal

**Presente**
abolir
**Pretérito**
ter abolido

## Gerúndio

**Presente**
abolindo
**Pretérito**
tendo abolido

## Particípio

abolido

## Indicativo

| **Presente** | **Pretérito imperfeito** | **Pretérito perfeito** |
|---|---|---|
| eu abulo | eu abolia | eu aboli |
| tu aboles | tu abolias | tu aboliste |
| ele/ela/você abole | ele... abolia | ele... aboliu |
| nós abolimos | nós abolíamos | nós abolimos |
| vós abolis | vós abolíeis | vós abolistes |
| eles/elas/vocês abolem | eles... aboliam | eles... aboliram |

| **Pretérito perfeito composto** | **Pretérito mais-que-perfeito** | **Pretérito mais-que-perfeito composto** |
|---|---|---|
| eu tenho abolido | eu abolira | eu tinha abolido |
| tu tens abolido | tu aboliras | tu tinhas abolido |
| ele/ela/você tem abolido | ele... abolira | ele... tinha abolido |
| nós temos abolido | nós abolíramos | nós tínhamos abolido |
| vós tendes abolido | vós abolíreis | vós tínheis abolido |
| eles/elas/vocês têm abolido | eles... aboliram | eles... tinham abolido |

| **Futuro do presente** | **Futuro do presente composto** | **Futuro do pretérito** |
|---|---|---|
| eu abolirei | eu terei abolido | eu aboliria |
| tu abolirás | tu terás abolido | tu abolirias |
| ele/ela/você abolirá | ele... terá abolido | ele... aboliria |
| nós aboliremos | nós teremos abolido | nós aboliríamos |
| vós abolireis | vós tereis abolido | vós aboliríeis |
| eles/elas/vocês abolirão | eles... terão abolido | eles... aboliriam |

## Subjuntivo

| **Presente** | **Pretérito do subjuntivo** | **Futuro do subjuntivo** |
|---|---|---|
| que eu abula | se eu abolisse | quando eu abolir |
| que tu abulas | se tu abolisses | quando tu abolires |
| que ele/ela/você abula | se ele... abolisse | quando ele... abolir |
| que nós abulamos | se nós abolíssemos | quando nós abolirmos |
| que vós abulais | se vós abolísseis | quando vós abolirdes |
| que eles/elas/vocês abulam | se eles... abolissem | quando eles... abolirem |

## Infinitivo pessoal

**Presente**
eu abolir
tu abolires
ele/ela/você abolir
nós abolirmos
vós abolirdes
eles/elas/vocês abolirem

## Imperativo

| **Imperativo afirmativo** | **Imperativo negativo** |
|---|---|
| — | — |
| abole | não abulas |
| abula | não abula |
| abulamos | não abulamos |
| aboli | não abulais |
| abulam | não abulam |

## 82 Colorir – *Colorear*

Verbo defectivo. No tiene las formas en 1ª persona del singular del presente del indicativo, como tampoco las del presente del subjuntivo y las formas del imperativo.

### Infinitivo impessoal

*Presente*

colorir

*Pretérito*

ter colorido

### Gerúndio

*Presente*

colorindo

*Pretérito*

tendo colorido

### Particípio

colorido

### Indicativo

| *Presente* | *Pretérito imperfeito* | *Pretérito perfeito* |
|---|---|---|
| — | eu coloria | eu colori |
| tu colores | tu colorias | tu coloriste |
| ele/ela/você colore | ele... coloria | ele... coloriu |
| nós colorimos | nós coloríamos | nós colorimos |
| vós coloris | vós coloríeis | vós coloristes |
| eles/elas/vocês colorem | eles... coloriam | eles... coloriram |

| *Pretérito perfeito composto* | *Pretérito mais-que-perfeito* | *Pretérito mais-que-perfeito composto* |
|---|---|---|
| eu tenho colorido | eu colorira | eu tinha colorido |
| tu tens colorido | tu coloriras | tu tinhas colorido |
| ele/ela/você tem colorido | ele... colorira | ele... tinha colorido |
| nós temos colorido | nós coloríramos | nós tínhamos colorido |
| vós tendes colorido | vós coloríreis | vós tínheis colorido |
| eles/elas/vocês têm colorido | eles... coloriram | eles... tinham colorido |

| *Futuro do presente* | *Futuro do presente composto* | *Futuro do pretérito* |
|---|---|---|
| eu colorirei | eu terei colorido | eu coloriria |
| tu colorirás | tu terás colorido | tu coloririas |
| ele/ela/você colorirá | ele... terá colorido | ele... coloriria |
| nós coloriremos | nós teremos colorido | nós coloriríamos |
| vós colorireis | vós tereis colorido | vós coloriríeis |
| eles/elas/vocês colorirão | eles... terão colorido | eles... coloririam |

### Subjuntivo

| *Presente* | *Pretérito do subjuntivo* | *Futuro do subjuntivo* |
|---|---|---|
| — | se eu colorisse | quando eu colorir |
| — | se tu colorisses | quando tu colorires |
| — | se ele... colorisse | quando ele... colorir |
| — | se nós coloríssemos | quando nós colorirmos |
| — | se vós colorísseis | quando vós colorirdes |
| — | se eles... colorissem | quando eles... colorirem |

### Infinitivo pessoal

*Presente*

eu colorir
tu colorires
ele/ela/você colorir
nós colorirmos
vós colorirdes
eles/elas/vocês colorirem

### Imperativo

| *Imperativo afirmativo* | *Imperativo negativo* |
|---|---|
| — | — |
| colore | — |
| — | — |
| — | — |
| colori | — |
| — | — |

# PORTUGUÉS – ESPAÑOL

**Nota:** Cuando aparece un segundo número de modelo de conjugación entre paréntesis, ese verbo ofrece ambas posibilidades.

## A

| | | |
|---|---|---|
| **Abafar** | Sofocar | 4 |
| **Abaixar** | Bajar | 4 |
| **Abalar** | Estremecer | 4 |
| **Abanar** | Abanicar | 4 |
| **Abandeirar** | Abanderar | 4 |
| **Abarcar** | Abarcar | 12 |
| **Abarrotar** | Abarrotar | 4 |
| **Abastecer** | Abastecer | 25 |
| **Abater** | Abatir | 5 |
| **Abdicar** | Abdicar | 12 |
| **Abençoar** | Bendecir | 20 |
| **Abismar** | Abismar | 4 |
| **Abolir** | Abolir | 81 |
| (irregular) | | |
| **Abominar** | Abominar | 4 |
| **Abandonar** | Abandonar | 4 |
| **Abonar** | Abonar | 4 |
| **Abordar** | Abordar | 4 |
| **Aborrecer** | Molestar | 25 |
| **Abortar** | Abortar | 4 |
| **Abotoar** | Abotonar | 20 |
| **Abraçar** | Abrazar | 13 |
| **Abrandar** | Ablandar | 4 |
| **Abranger** | Abarcar | 26 |
| **Abrasar** | Abrasar | 4 |
| **Abrasileirar** | Abrasileñar | 4 |
| **Abreviar** | Abreviar | 16 |
| **Abrigar** | Abrigar | 14 |
| **Abrilhantar** | Abrillantar | 4 |
| **Abrir** | Abrir | 6 |
| (participio irregular) | | |
| **Abrochar** | Abrochar | 4 |
| **Absolver** | Absolver | 5 |
| **Absorver** | Absorber | 5 |
| **Abster** | Abstenerse | 1 |
| (irregular) | | |
| **Abstrair** | Abstraer | 68 |
| **Abundar** | Abundar | 4 |
| **Aburguesar** | Aburguesarse | 4 |
| **Abusar** | Abusar | 4 |
| **Acabar** | Acabar | 4 |
| **Acalentar** | Arrullar | 4 |
| **Acalmar** | Calmar | 4 |
| **Acalorar** | Acalorar | 4 |
| **Acampar** | Acampar | 4 |
| **Acariciar** | Acariciar | 16 |
| **Acasalar** | Aparear | 4 |
| **Acatar** | Acatar | 4 |
| **Aceder** | Acceder | 5 |
| (participio irregular) | | |
| **Aceitar** | Aceptar | 4 |
| **Acelerar** | Acelerar | 4 |
| **Acender** | Encender | 5 |
| (participio irregular) | | |
| **Acentuar** | Acentuar | 4 |
| **Acertar** | Acertar | 4 |
| **Achar** | Encontrar | 4 |
| **Achatar** | Achatar | 4 |
| **Achegar** | Allegar | 14 |
| **Acidentar** | Accidentar | 4 |
| **Acinzentar** | Agrisar | 4 |
| **Acionar** | Accionar | 4 |
| **Aclamar** | Aclamar | 4 |
| **Aclarar** | Aclarar | 4 |
| **Aclimatar** | Aclimatar | 4 |
| **Açoitar** | Azotar | 4 |
| **Acolchoar** | Acolchar | 20 |
| **Acolher** | Acoger | 5 |
| **Acometer** | Acometer | 5 |
| **Acomodar** | Acomodar | 4 |
| **Acomodar-se** | Acomodarse | 7 |
| (pronominal) | | |
| **Acompanhar** | Acompañar | 4 |
| **Aconchegar** | Acoger | 14 |

| | | |
|---|---|---|
| **Ajeitar-se** ....... | Arreglarse ........ | 7 |
| (pronominal) | | |
| **Ajoelhar** ........ | Arrodillar ........ | 4 |
| **Ajudar** .......... | Ayudar .......... | 4 |
| **Ajustar** ......... | Ajustar .......... | 4 |
| **Alardear** ........ | Alardear .......... | 15 |
| (irregular) | | |
| **Alargar** ......... | Ensanchar ........ | 14 |
| **Alarmar** ......... | Alarmar .......... | 4 |
| **Albergar** ........ | Albergar .......... | 14 |
| **Alcançar** ........ | Alcanzar ......... | 13 |
| **Alçar** .......... | Alzar ........... | 13 |
| **Alcoolizar** ....... | Alcoholizar ...... | 4 |
| **Alegar** ......... | Alegar ......... | 14 |
| **Alegorizar** ...... | Alegorizar ....... | 4 |
| **Alegrar** ........ | Alegrar ........ | 4 |
| **Alegrar-se** ....... | Alegrarse ........ | 7 |
| (pronominal) | | |
| **Alentar** ........ | Alentar ........ | 4 |
| **Alertar** ......... | Alertar .......... | 4 |
| **Alfabetizar** ...... | Alfabetizar ...... | 4 |
| **Algemar** ........ | Esposar ........ | 4 |
| **Aliar-se** ........ | Aliarse ........ | 7 |
| (pronominal) | | |
| **Alienar** ........ | Alienar ........ | 4 |
| **Aligeirar** ........ | Aligerar ........ | 4 |
| **Alimentar** ....... | Alimentar ....... | 4 |
| **Alimentar-se** .... | Alimentarse ....... | 7 |
| (pronominal) | | |
| **Alinhar** ........ | Alinear ........ | 4 |
| **Alinhavar** ....... | Hilvanar ........ | 4 |
| **Alisar** ......... | Alisar ........ | 4 |
| **Alistar** ........ | Alistar ........ | 4 |
| **Alistar-se** ....... | Alistarse ........ | 7 |
| (pronominal) | | |
| **Aliviar** ......... | Aliviar ......... | 16 |
| **Almejar** ........ | Anhelar ........ | 4 |
| **Almoçar** ....... | Almorzar ........ | 13 |
| **Almofadar** ...... | Almohadillar ..... | 4 |
| **Alojar** ........ | Alojar ........ | 4 |
| **Alojar-se** ........ | Alojarse ........ | 7 |
| (pronominal) | | |
| **Alterar** ......... | Alterar ........ | 4 |
| **Altercar** ........ | Altercar ........ | 12 |
| **Alternar** ........ | Alternar ........ | 4 |
| **Alucinar** ........ | Alucinar ........ | 4 |
| **Aludir** ......... | Aludir ........ | 6 |
| **Alugar** ........ | Alquilar, rentar .... | 14 |
| **Alumiar** ........ | Alumbrar ........ | 16 |
| **Alvejar** ......... | Albear ........ | 4 |
| **Alvorecer** ....... | Amanecer........ | 47 (25) |
| (defectivo impersonal) | | |
| **Alvoroçar** ....... | Alborozar ........ | 13 |
| **Amaciar** ........ | Suavizar ........ | 16 |
| **Amadurecer** ..... | Madurar .......... | 25 |

| | | |
|---|---|---|
| **Amaldiçoar** ..... | Maldecir ......... | 20 |
| **Amamentar** ..... | Amamantar ....... | 4 |
| **Amancebar-se** ... | Amancebarse ...... | 7 |
| (pronominal) | | |
| **Amanhecer**...... | Amanecer...... | 47 (25) |
| (defectivo impersonal) | | |
| **Amansar** ........ | Amansar ........ | 4 |
| **Amar** .......... | Amar .......... | 4 |
| **Amarelar** ...... | Amarillear ........ | 4 |
| **Amargar** ........ | Amargar ........ | 14 |
| **Amarrar** ........ | Amarrar ........ | 4 |
| **Amarrotar** ...... | Estrujar ........ | 4 |
| **Amassar** ........ | Amasar, arrugar.... | 4 |
| **Ambicionar** ..... | Ambicionar ........ | 4 |
| **Ambientar** ...... | Ambientar ........ | 4 |
| **Ambientar-se**.... | Ambientarse ...... | 7 |
| (pronominal) | | |
| **Ameaçar** ........ | Amenazar ........ | 13 |
| **Amedrontar** ..... | Amedrentar ...... | 4 |
| **Amenizar** ....... | Amenizar ........ | 4 |
| **Amestrar**........ | Amaestrar ........ | 4 |
| **Amigar** ......... | Amigar .......... | 14 |
| **Amolar** ......... | Amolar .......... | 4 |
| **Amolar-se** ...... | Molestarse ...... | 7 |
| (pronominal) | | |
| **Amoldar** ........ | Amoldar.......... | 4 |
| **Amoldar-se**...... | Amoldarse ...... | 7 |
| (pronominal) | | |
| **Amolecer** ....... | Ablandar ......... | 25 |
| **Amontoar** ....... | Amontonar ....... | 20 |
| **Amordaçar** ..... | Amordazar ...... | 13 |
| **Amornar** ....... | Entibiar ........ | 4 |
| **Amortecer** ...... | Amortiguar ...... | 25 |
| **Amortizar**....... | Amortizar ........ | 4 |
| **Amotinar** ....... | Amotinar ........ | 4 |
| **Amparar** ....... | Amparar.......... | 4 |
| **Ampliar**........ | Ampliar ........ | 16 |
| **Amplificar** ...... | Amplificar ........ | 12 |
| **Amputar** ....... | Amputar.......... | 4 |
| **Analisar** ........ | Analizar ........ | 4 |
| **Anarquizar**...... | Anarquizar ........ | 4 |
| **Ancorar** ........ | Anclar .......... | 4 |
| **Andar**.......... | Andar.......... | 4 |
| **Anestesiar** ...... | Anestesiar ........ | 16 |
| **Anexar**........ | Anexionar/Anexar.. | 4 |
| **Angariar** ........ | Reunir .......... | 16 |
| **Angular**........ | Angular ........ | 4 |
| **Angustiar** ....... | Angustiar ........ | 16 |
| **Angustiar-se** .... | Angustiarse ...... | 7 |
| (pronominal) | | |
| **Animar** ........ | Animar. ......... | 4 |
| **Animar-se**....... | animarse ........ | 7 |
| (pronominal) | | |
| **Aninhar** ........ | Anidar ........ | 4 |
| **Aninhar-se** ...... | Anidarse ......... | 7 |
| (pronominal) | | |

Aniquilar ....... Aniquilar ......... 4
Anistiar ......... amnistiar ......... 16
Anoitecer ....... Anochecer ..... 47 (25)
  (defectivo impersonal)
Anotar .......... Anotar ........... 4
Ansiar .......... Ansiar ........... 17
  (irregular)
Anteceder ....... Anteceder ........ 5
Antecipar ....... Anticipar ......... 4
Antecipar-se .... Anticiparse ........ 7
  (pronominal)
Antepor ......... Anteponer ........ 45
  (irregular)
Antipatizar ...... Antipatizar ........ 4
Anular .......... Anular ........... 4
Anunciar ........ Anunciar ......... 16
Apadrinhar ..... Apadrinar ........ 4
Apagar.......... Apagar........... 14
Apagar-se ....... Apagarse ......... 7
  (pronominal)
Apaixonar....... Apasionar ........ 4
Apaixonar-se .... Apasionarse ....... 7
  (pronominal)
Apalpar......... Palpar........... 4
Apanhar ........ Tomar ......... 4
Aparafusar ...... Atornillar ........ 4
Aparamentar .... Aprovisionar ...... 4
Aparar .......... Cortar ........... 4
Aparecer ........ Aparecer ......... 25
Aparelhar ....... Equipar ......... 4
Aparentar ....... Aparentar ........ 4
Apartar ......... Apartar .......... 4
Apavorar........ Amedrentar ....... 4
Apaziguar....... Apaciguar ........ 21
Apedrejar ....... Apedrear ......... 4
Apegar.......... Apegar ........... 14
Apegar-se ....... Apegarse ......... 7
  (pronominal)
Apelar .......... Apelar ........... 4
Apelidar ........ Apodar .......... 4
Apenar.......... Apenar ........... 4
Aperfeiçoar ..... Perfeccionar....... 20
Apertar ......... Apretar .......... 4
Apetecer ........ Apetecer.......... 25
Apetitar......... Antojar.......... 4
Apimentar ...... Enchilar ......... 4
Apinhar......... Llenar ......... 4
Apitar .......... Pitar............ 4
Aplacar ......... Aplacar .......... 12
Aplainar ........ Aplanar ......... 4
Aplanar.......... Aterrizar ......... 4
Aplastar ........ Aplastar ......... 4
Aplastar-se...... Aplastarse ........ 7
  (pronominal)
Aplaudir ........ Aplaudir........... 6

Aplicar ......... Aplicar ........... 12
Aplicar-se ....... Aplicarse ......... 7
  (pronominal)
Apoderar ....... Apoderar ......... 4
Apoderar-se ..... Apoderarse ....... 7
  (pronominal)
Apodrecer....... Pudrir........... 25
Apoiar .......... Apoyar .......... 16
Apontar......... Apuntar ......... 4
Aporrinhar ...... Molestar.......... 4
Aportar ......... Aportar .......... 4
Aportuguesar .. Aportuguesar (utili-
    zar elementos de la
    cultura portuguesa .. 4
Aposentar....... Jubilar .......... 4
Apossar ......... Posesionar ........ 4
Apossar-se ...... Posesionarse ...... 7
  (pronominal)
Apostar ......... Apostar .......... 4
Apostolizar ..... Apostolizar....... 4
Apostrofar ...... Apostrofar ....... 4
Apreciar ........ Apreciar.......... 16
Apreender ...... Aprehender ....... 5
Aprender ....... Aprender ........ 5
Apresentar ...... Presentar ........ 4
Apressar ........ Apresurar ........ 4
Aprimorar ...... Perfeccionar....... 4
Aprimorar-se .... Perfeccionarse ..... 7
  (pronominal)
Aprisionar ...... Aprisionar ........ 4
Aprochegar-se ... Acercarse ....... 14 (7)
  (pronominal)
Aprofundar ..... Profundizar ....... 4
Aprontar ........ Aprontar ......... 4
Apropriar ....... Apropiar ......... 16
Apropriar-se .... Apropiarse ........ 7
  (pronominal)
Aprovar ......... Aprobar .......... 4
Aproveitar ...... Aprovechar ....... 4
Aproveitar-se.... Aprovecharse ...... 7
  (pronominal)
Aprovisionar .... Aprovisionar ...... 4
Aproximar ...... Aproximar ....... 4
Aprumar ........ Aplomar ......... 4
Apunhalar ...... Apuñalar ......... 4
Apurar.......... Apurar .......... 4
Aquecer......... Calentar .......... 25
Aquietar ........ Aquietar ......... 4
Arabizar ........ Arabizar ......... 4
Arar ............ Arar ........... 4
Arbitrar ........ Arbitrar ......... 4
Arborescer ...... Arborecer ........ 25
Arcar ........... Asumir .......... 12
Arder ........... Arder ............ 5
Arejar .......... Airear............ 4

| | | |
|---|---|---|
| **Argüir** .......... | Argüir ........... | 75 |
| (irregular) | | |
| **Argumentar** ..... | Argumentar ....... | 4 |
| **Aristocratizar** ... | Aristocratizar ...... | 4 |
| **Armar** .......... | Armar ......... | 4 |
| **Armar-se** ....... | Armarse ......... | 7 |
| (pronominal) | | |
| **Armazenar** ...... | Almacenar ...... | 4 |
| **Aromatizar** ..... | Aromatizar....... | 4 |
| **Arpoar** ......... | Arponar ....... | 20 |
| **Arquear** ........ | Arquear ....... | 15 |
| (irregular) | | |
| **Arquejar** ....... | Jadear ....... | 4 |
| **Arquivar** ...... | Archivar ...... | 4 |
| **Arraigar** ...... | Arraigar ...... | 14 |
| **Arrancar** ....... | Arrancar ....... | 12 |
| **Arranhar** ...... | Arañar ....... | 4 |
| **Arranjar** ...... | Arreglar ..... | 4 |
| **Arrastar** ...... | Arrastrar ...... | 4 |
| **Arrebatar** ...... | Arrebatar ...... | 4 |
| **Arrebentar** ...... | Reventar ...... | 4 |
| **Arrecadar** ....... | Recaudar ...... | 4 |
| **Arredondar** ..... | Redondear ...... | 4 |
| **Arregaçar** ....... | Arremangar ...... | 13 |
| **Arrematar**....... | Rematar ....... | 4 |
| **Arremedar** ..... | Imitar....... | 4 |
| **Arremessar** ..... | Arremeter ...... | 4 |
| **Arremeter**...... | Arremeter ...... | 5 |
| **Arrendar** ....... | Arrendar ...... | 4 |
| **Arrepiar** ...... | Erizar ....... | 16 |
| **Arrepiar-se**...... | Erizarse ......... | 7 |
| (pronominal) | | |
| **Arriscar**........ | Arriesgar ...... | 12 |
| **Arrojar** ....... | Arrojar ....... | 4 |
| **Arrolhar** ...... | Encorchar ...... | 4 |
| **Arrombar** ....... | Descerrajar ...... | 4 |
| **Arrotar** ....... | Eructar ....... | 4 |
| **Arruinar** ....... | Arruinar....... | 4 |
| **Arrumar** ....... | Arreglar ...... | 4 |
| **Articular** ....... | Articular ...... | 4 |
| **Ascender**....... | Ascender ...... | 5 |
| **Asfaltar** ........ | Asfaltar ...... | 4 |
| **Asfixiar** ........ | Asfixiar ...... | 16 |
| **Asilar**........... | Asilar ...... | 4 |
| **Aspirar** ........ | Aspirar ...... | 4 |
| **Assalariar**....... | Asalariar ...... | 16 |
| **Assaltar**........ | Asaltar ...... | 4 |
| **Assanhar**........ | Azuzar ...... | 4 |
| **Assar** .......... | Asar ...... | 4 |
| **Assassinar** ...... | Asesinar ...... | 4 |
| **Assear** ........ | Asear .......... | 15 |
| (irregular) | | |
| **Assediar** ....... | Asediar....... | 16 |
| **Assegurar** ....... | Asegurar ...... | 4 |
| **Assemelhar** ..... | Asemejar ...... | 4 |
| **Assentar** ....... | Asentar ......... | 4 |
| (particípio irregular) | | |
| **Assentir**......... | Asentir ......... | 56 |
| (irregular) | | |
| **Assessorar** ...... | Asesorar.......... | 4 |
| **Assimilar** ...... | Asimilar ...... | 4 |
| **Assinalar** ...... | Señalar ...... | 4 |
| **Assinar** ...... | Firmar ...... | 4 |
| **Assistir** ........ | Asistir....... | 6 |
| **Assobiar** ........ | Chiflar ...... | 16 |
| **Associar** ........ | Asociar ...... | 16 |
| **Assolar** ........ | Asolar ...... | 4 |
| **Assombrar** ...... | Asombrar ...... | 4 |
| **Assoprar** ...... | Soplar ...... | 4 |
| **Assossegar** ...... | Sosegar ...... | 14 |
| **Assoviar** ...... | Chiflar ...... | 16 |
| **Assumir**......... | Asumir ...... | 6 |
| **Assustar** ...... | Asustar ...... | 4 |
| **Atacar** ........ | Atacar ...... | 12 |
| **Atalhar** ........ | Atajar ...... | 4 |
| **Atapetar** ...... | Alfombrar ...... | 4 |
| **Atar** ......... | Atar ...... | 4 |
| **Atarantar** ...... | Atarantar...... | 4 |
| **Atarefar** ...... | Atarear ...... | 4 |
| **Atarraxar** ...... | Atornillar ...... | 4 |
| **Atazanar** ...... | Fastidiar ...... | 4 |
| **Atemorizar** ...... | Atemorizar....... | 4 |
| **Atender** ........ | Atender ...... | 5 |
| **Atentar** ....... | Atentar...... | 4 |
| **Atenuar** ...... | Atenuar ...... | 4 |
| **Aterrar** ........ | Aterrar ...... | 4 |
| **Aterrizar** ....... | Aterrizar ...... | 4 |
| **Aterrorizar** ...... | Aterrorizar...... | 4 |
| **Atestar** ...... | Atestar ...... | 4 |
| **Atiçar**......... | Atizar ...... | 13 |
| **Atinar** ...... | Atinar....... | 4 |
| **Atingir** ...... | Alcanzar ...... | 52 |
| **Atirar**......... | Lanzar ...... | 4 |
| **Atirar-se** ....... | Lanzarse ......... | 7 |
| (pronominal) | | |
| **Ativar**.......... | Activar ...... | 4 |
| **Atolar** ......... | Atollar ...... | 4 |
| **Atordoar** ........ | Atolondrar ...... | 20 |
| **Atormentar** ..... | Atormentar ...... | 4 |
| **Atormentar-se** ... | Atormentarse ...... | 7 |
| (pronominal) | | |
| **Atracar** ........ | Atracar....... | 12 |
| **Atraiçoar** ....... | Traicionar ...... | 20 |
| **Atrair** ........ | Atraer.......... | 68 |
| (irregular) | | |
| **Atrapalhar** ...... | Estorbar........... | 4 |
| **Atrasar** ........ | Atrasar ...... | 4 |
| **Atravancar** ...... | Estorbar ...... | 12 |
| **Atravessar** ...... | Atravesar ........ | 4 |
| **Atrelar**......... | Prender ......... | 4 |

**121**

| | | | | | | |
|---|---|---|---|---|---|---|
| **Chamar** | Llamar | 4 | **Cobiçar** | Codiciar | 13 |
| **Chamar-se** | Llamarse | 7 | **Cobrar** | Cobrar | 4 |
| (pronominal) | | | **Cobrir** | Cubrir | 59 |
| **Chamuscar** | Chamuscar | 12 | (participio irregular) | | |
| **Chantagear** | Chantajear | 15 | **Coçar** | Rascar | 13 |
| (irregular) | | | **Cochichar** | Cuchichear | 4 |
| **Chatear** | Molestar | 15 | **Cochilar** | Dormitar | 4 |
| (irregular) | | | **Codificar** | Codificar | 12 |
| **Chatear-se** | Molestarse | 7 | **Coexistir** | Coexistir | 6 |
| (pronominal / irregular) | | | **Cogitar** | Cogitar | 4 |
| **Checar** | Checar | 12 | **Coincidir** | Coincidir | 6 |
| **Chefiar** | Guiar, dirigir | 16 | **Colaborar** | Colaborar | 4 |
| **Chegar** | Llegar | 14 | **Colar** | Pegar | 4 |
| **Cheirar** | Oler | 4 | **Colecionar** | Coleccionar | 4 |
| **Chiar** | Chillar | 16 | **Coletar** | Colectar | 4 |
| **Chibatar** | Chicotear | 4 | **Colher** | Cosechar | 5 |
| **Chibatear** | Chicotear | 15 | **Colidir** | Chocar | 6 |
| (irregular) | | | **Coligar** | Coligar | 14 |
| **Chicotear** | Chicotear | 15 | **Coligar-se** | Coligarse | 7 |
| (irregular) | | | (pronominal) | | |
| **Chispar** | Chispear | 4 | **Colocar** | Poner | 12 |
| **Chocar** | Chocar | 12 | **Colonizar** | Colonizar | 4 |
| **Choramingar** | Lloriquear | 14 | **Colorir** | Colorear | 82 |
| **Chorar** | Llorar | 4 | (defectivo personal) | | |
| **Chover** | Llover | 47 | **Combater** | Combatir | 5 |
| (defectivo impersonal) | | | **Combinar** | Combinar | 4 |
| **Chupar** | Chupar | 4 | **Começar** | Comenzar | 13 |
| **Chutar** | Chutar | 4 | **Comedir** | Comedirse | 79 |
| **Chuviscar** | Lloviznar | 47 (12) | (defectivo personal) | | |
| (defectivo impersonal) | | | **Comemorar** | Conmemorar | 4 |
| **Cicatrizar** | Cicatrizar | 4 | **Comentar** | Comentar | 4 |
| **Cifrar** | Cifrar | 4 | **Comer** | Comer | 5 |
| **Cimentar** | Cimentar | 4 | **Comercializar** | Comercializar | 4 |
| **Cinematografar** | Cinematografiar | 4 | **Cometer** | Cometer | 5 |
| **Cintilar** | Cintilar | 4 | **Comover** | Conmover | 5 |
| **Circular** | Circular | 4 | **Compadecer** | Compadecer | 25 |
| **Circunavegar** | Circunnavegar | 14 | **Compadecer-se** | Compadecerse | 7 |
| **Circundar** | Circundar | 4 | (pronominal) | | |
| **Circunscrever** | Circunscribir | 5 | **Comparar** | Comparar | 4 |
| (participio irregular) | | | **Comparecer** | Comparecer | 25 |
| **Cismar** | Cavilar | 4 | **Compartilhar** | Compartir | 4 |
| **Citar** | Citar | 4 | **Compartimentar** | Compartimentar | 4 |
| **Civilizar** | Civilizar | 4 | **Compartir** | Compartir | 6 |
| **Clamar** | Clamorear | 4 | **Compenetrar** | Compenetrar | 4 |
| **Clarear** | Clarear | 15 | **Compensar** | Compensar | 4 |
| (irregular) | | | **Competir** | Competir | 57 |
| **Classificar** | Clasificar | 12 | (irregular) | | |
| **Climatizar** | Climatizar | 4 | **Compilar** | Compilar | 4 |
| **Clinicar** | Medicar | 12 | **Complementar** | Complementar | 4 |
| **Coabitar** | Cohabitar | 4 | **Completar** | Completar | 4 |
| **Coadjuvar** | Coadyuvar | 4 | **Complicar** | Complicar | 12 |
| **Coagir** | Coaccionar | 52 | **Compor** | Componer | 45 |
| **Coagular** | Coagular | 4 | (participio irregular) | | |
| **Coalhar** | Cuajar | 4 | **Comportar** | Comportar | 4 |
| **Coar** | Colar (filtrar) | 20 | **Comprar** | Comprar | 4 |

| | | |
|---|---|---|
| **Desdobrar** | Desdoblar | 4 |
| **Desdobrar-se** | Desdoblarse | 7 |
| (pronominal) | | |
| **Desejar** | Desear | 4 |
| **Desembalar** | Desembalar | 4 |
| **Desembaraçar** | Desembarazar | 13 |
| **Desembaraçar** | Desenredar | 13 |
| **Desembaraçar-se** | Desembarazarse | 7 |
| (pronominal) | | |
| **Desembarcar** | Desembarcar | 12 |
| **Desembocar** | Desembocar | 12 |
| **Desembolsar** | Desembolsar | 4 |
| **Desembriagar** | Desembriagar | 14 |
| **Desembrulhar** | Desembalar | 4 |
| **Desembuchar** | Desembuchar | 4 |
| **Desempacotar** | Desempacar | 4 |
| **Desempapelar** | Desempapelar | 4 |
| **Desempatar** | Desempatar | 4 |
| **Desempenhar** | Desempeñar | 4 |
| **Desencadear** | Desencadenar | 15 |
| (irregular) | | |
| **Desencaixar** | Desencajar | 4 |
| **Desencaixotar** | Desencajonar | 4 |
| **Desencalhar** | Desencallar | 4 |
| **Desencaminhar** | Desencaminar | 4 |
| **Desencantar** | Desencantar | 4 |
| **Desencrespar** | Alaciar | 4 |
| **Desenferrujar** | Desoxidar | 4 |
| **Desenfurecer** | Desenfurecer | 25 |
| **Desenganar** | Desengañar | 4 |
| **Desenganchar** | Desenganchar | 4 |
| **Desengrossar** | Desengrosar | 4 |
| **Desenhar** | Dibujar | 4 |
| **Desenlaçar** | Desenlazar | 13 |
| **Desenlutar** | Desenlutar | 4 |
| **Desenredar** | Desenredar | 4 |
| **Desenrolar** | Desenrollar | 4 |
| **Desenroscar** | Desenroscar | 12 |
| **Desenrugar** | Desarrugar | 14 |
| **Desensacar** | Desembolsar | 12 |
| **Desentender** | Desentender | 5 |
| **Desentender-se** | Desentenderse | 7 |
| (pronominal) | | |
| **Desenterrar** | Desenterrar | 4 |
| **Desentortar** | Enderezar | 4 |
| **Desentranhar** | Desentrañar | 4 |
| **Desentupir** | Destapar | 61 |
| **Desenvolver** | Desarrollar | 5 |
| **Desequilibrar** | Desequilibrar | 4 |
| **Deserdar** | Desheredar | 4 |
| **Desertar** | Desertar | 4 |
| **Desesperançar** | Desesperanzar | 13 |
| **Desesperar** | Desesperar | 4 |
| **Desestabilizar** | Desestabilizar | 4 |
| **Desfalcar** | Desfalcar | 12 |
| **Desfalecer** | Desfallecer | 25 |
| **Desfarelar** | Desmigajar | 4 |
| **Desfavorecer** | Desfavorecer | 25 |
| **Desfazer** | Deshacer | 31 |
| (irregular) | | |
| **Desfiar** | Deshebrar | 16 |
| **Desfigurar** | Desfigurar | 4 |
| **Desfilar** | Desfilar | 4 |
| **Desfrutar** | Disfrutar | 4 |
| **Desgastar** | Desgastar | 4 |
| **Desgastar-se** | Desgastarse | 7 |
| (pronominal) | | |
| **Desgostar** | Disgustar | 4 |
| **Desgostar-se** | Disgustarse | 7 |
| (pronominal) | | |
| **Desgovernar** | Desgobernar | 4 |
| **Desgrenhar** | Desgreñar | 4 |
| **Desgrudar** | Despegar | 4 |
| **Desguarnecer** | Desguarnecer | 25 |
| **Desidratar** | Deshidratar | 4 |
| **Designar** | Designar | 4 |
| **Desiludir** | Desilusionar | 6 |
| **Desinfeccionar** | Desinfectar | 4 |
| **Desinfetar** | Desinfectar | 4 |
| **Desinflamar** | Desinflamar | 4 |
| **Desinibir** | Desinhibir | 6 |
| **Desintegrar** | Desintegrar | 4 |
| **Desinteressar** | Desinteresar | 4 |
| **Desintoxicar** | Desintoxicar | 12 |
| **Desistir** | Desistir | 6 |
| **Desligar** | Apagar | 14 |
| **Deslindar** | Deslindar | 4 |
| **Deslizar** | Deslizar | 4 |
| **Deslocar** | Desplazar | 12 |
| **Deslumbrar** | Deslumbrar | 4 |
| **Desmagnetizar** | Desmagnetizar | 4 |
| **Desmaiar** | Desmayar | 16 |
| **Desmamar** | Destetar | 4 |
| **Desmanchar** | Deshacer | 4 |
| **Desmanchar-se** | Desmancharse | 7 |
| (pronominal) | | |
| **Desmantelar** | Desmantelar | 4 |
| **Desmembrar** | Desmembrar | 4 |
| **Desmentir** | Desmentir | 56 |
| **Desmerecer** | Desmerecer | 25 |
| **Desmistificar** | Desmitificar | 12 |
| **Desmitificar** | Desmitificar | 12 |
| **Desmontar** | Desmontar | 4 |
| **Desmoralizar** | Desmoralizar | 4 |
| **Desmoronar** | Desmoronar | 4 |
| **Desnatar** | Desnatar | 4 |
| **Desnaturalizar** | Desnaturalizar | 4 |
| **Desnivelar** | Desnivelar | 4 |
| **Desobedecer** | Desobedecer | 25 |
| **Desobstruir** | Desobstruir | 74 |

130

| | | | |
|---|---|---|---|
| **Embranquecer** .. | Blanquear ........ | 25 | |
| **Embravecer** ..... | Embravecer ....... | 25 | |
| **Embriagar** ...... | Embriagar ........ | 14 | |
| **Embriagar-se**.... | Embriagarse ....... | 7 | |
| (pronominal) | | | |
| **Embromar** ...... | Engañar ........ | 4 | |
| **Embrulhar** ...... | Empaquetar ....... | 4 | |
| **Embrutecer** ..... | Embrutecer ....... | 25 | |
| **Emburrar** ....... | Enojar ........... | 4 | |
| **Embutir**........ | Embutir .......... | 6 | |
| **Emendar** ....... | Enmendar ........ | 4 | |
| **Emendar-se** ..... | Enmendarse ...... | 7 | |
| (pronominal) | | | |
| **Emergir**........ | Emerger .......... | 78 | |
| (defectivo personal) | | | |
| **Emigrar**........ | Emigrar .......... | 4 | |
| **Emitir** ......... | Emitir........... | 6 | |
| **Emoldurar** ...... | Enmarcar ........ | 4 | |
| **Empacotar** ...... | Empaquetar ...... | 4 | |
| **Empalecer** ...... | Empalidecer ....... | 25 | |
| **Empalhar** ....... | Empañar ......... | 4 | |
| **Empalidecer** .... | Empalidecer ....... | 25 | |
| **Empanar**........ | Empanar ........ | 4 | |
| **Empanturrar** .... | Llenar (comida).... | 4 | |
| **Empapar**........ | Empapar ........ | 4 | |
| **Empapelar** ...... | Empapelar ....... | 4 | |
| **Emparedar**...... | Emparedar ....... | 4 | |
| **Empastar** ....... | Empastar ........ | 4 | |
| **Empatar** ....... | Empatar ......... | 4 | |
| **Empedrar** ...... | Empedrar ........ | 4 | |
| **Empenhar**....... | Empeñar ........ | 4 | |
| **Empenhar-se** .... | Empeñarse ....... | 7 | |
| (pronominal) | | | |
| **Empinar** ....... | Empinar ......... | 4 | |
| **Emplastrar**...... | Emplastar ........ | 4 | |
| **Empobrecer** ..... | Empobrecer ....... | 25 | |
| **Empoeirar** ...... | Empolvar ........ | 4 | |
| **Emporcalhar** .... | Emporcar ........ | 4 | |
| **Empreender**..... | Emprender....... | 5 | |
| **Empregar** ....... | Emplear ......... | 14 | |
| **Empregar-se** .... | Emplearse ....... | 7 | |
| (pronominal) | | | |
| **Emprestar** ...... | Prestar .......... | 4 | |
| **Empunhar** ...... | Empuñar ........ | 4 | |
| **Empurrar** ....... | Empujar ......... | 4 | |
| **Emudecer** ....... | Callar ........... | 25 | |
| **Enaltecer** ...... | Enaltecer ........ | 25 | |
| **Enamorar** ...... | Enamorar........ | 4 | |
| **Enamorar-se** .... | Apreciar.......... | 7 | |
| (pronominal) | | | |
| **Enamorar-se** .... | Enamorarse ...... | 7 | |
| (pronominal) | | | |
| **Encabeçar**....... | Encabezar ....... | 13 | |
| **Encadear** ....... | Encadenar ........ | 15 | |
| (irregular) | | | |
| **Encaixar** ........ | Encajar .......... | 4 | |
| **Encaixotar** ...... | Encajonar ........ | 4 | |
| **Encaminhar** ..... | Encaminar ....... | 4 | |
| **Encanar**......... | Encañar ......... | 4 | |
| **Encantar** ........ | Encantar ........ | 4 | |
| **Encapotar**....... | Encapotar ........ | 4 | |
| **Encarar** ......... | Encarar .......... | 4 | |
| **Encardir** ........ | Ensuciar ......... | 4 | |
| **Encarecer** ....... | Encarecer ........ | 25 | |
| **Encarnar**........ | Encarnar ......... | 4 | |
| **Encarregar** ...... | Encargar ......... | 14 | |
| (participio irregular) | | | |
| **Encerar** ......... | Encerar .......... | 4 | |
| **Encerrar** ........ | Encerrar ......... | 4 | |
| **Encestar** ........ | Encestar ......... | 4 | |
| **Encharcar**....... | Encharcar ........ | 12 | |
| **Encharcar-se** .... | Encharcarse ...... | 7 | |
| (pronominal) | | | |
| **Encher**.......... | Llenar ........... | 5 | |
| **Encher-se** ....... | Llenarse ......... | 7 | |
| (pronominal) | | | |
| **Enclausurar** ..... | Enclaustrar ....... | 4 | |
| **Encobrir** ........ | Encubrir......... | 59 | |
| (participio irregular) | | | |
| **Encolher** ........ | Encoger ......... | 5 | |
| **Encomendar** .... | Encomendar ...... | 4 | |
| **Encontrar** ....... | Encontrar........ | 4 | |
| **Encorajar** ....... | Dar ánimos ...... | 4 | |
| **Encostar** ........ | Apoyar .......... | 4 | |
| **Encrespar** ....... | Encrespar........ | 4 | |
| **Encrespar-se** .... | Encresparse ...... | 7 | |
| (pronominal) | | | |
| **Encrostar** ....... | Incrustar ......... | 4 | |
| **Encurtar** ........ | Disminuir......... | 4 | |
| **Encurvar** ........ | Encorvar ......... | 4 | |
| **Endentar** ........ | Endentar ......... | 4 | |
| **Endereçar** ....... | Enderezar ........ | 13 | |
| **Endeusar** ....... | Endiosar.......... | 4 | |
| **Endireitar** ....... | Enderezar ........ | 4 | |
| **Endividar** ....... | Endeudar ......... | 4 | |
| **Endividar-se** .... | Endeudarse ....... | 7 | |
| (pronominal) | | | |
| **Endoidar**........ | Enloquecer ....... | 4 | |
| **Endoidecer**...... | Enloquecer....... | 25 | |
| **Endossar**........ | Endosar.......... | 4 | |
| **Endurecer**....... | Endurecer ........ | 25 | |
| **Energizar** ....... | Energizar ........ | 4 | |
| **Enervar** ........ | Enervar .......... | 4 | |
| **Enfadar** ........ | Enfadar .......... | 4 | |
| **Enfartar** ........ | Infartar .......... | 4 | |
| **Enfatizar**........ | Enfatizar ......... | 4 | |
| **Enfeitar** ........ | Adornar .......... | 4 | |
| **Enfeitiçar** ....... | Hechizar ......... | 13 | |
| **Enferrujar** ...... | Oxidar ........... | 4 | |
| **Enfezar** ......... | Enojar ........... | 4 | |

| | | |
|---|---|---|
| **Erguer** .......... | Erguir ............ | 27 |
| **Eriçar** .......... | Erizar ........... | 13 |
| **Erigir** ........... | Erigir ........... | 52 |
| **Erradicar** ....... | Erradicar ......... | 12 |
| **Errar** ........... | Errar ............ | 4 |
| **Esbanjar** ........ | Despilfarrar ....... | 4 |
| **Esbarrar** ........ | Topar ............ | 4 |
| **Esboçar** ......... | Esbozar ......... | 13 |
| **Esbofetear** ...... | Abofetear ......... | 15 |
| (irregular) | | |
| **Esborrachar** ..... | Caer ............. | 4 |
| **Esbravejar** ...... | Vociferar ....... | 4 |
| **Esburacar** ....... | Agujerear ......... | 12 |
| **Escafeder-se** .... | Desaparecerse ... | 5 (7) |
| (pronominal) | | |
| **Escalar** ......... | Escalar .......... | 4 |
| **Escaldar** ........ | Escaldar ......... | 4 |
| **Escalonar** ....... | Escalonar ........ | 4 |
| **Escamar** ........ | Escamar .......... | 4 |
| **Escamotear** ..... | Escamotear ....... | 15 |
| (irregular) | | |
| **Escancarar** ...... | Abrir ............ | 4 |
| **Escandalizar** .... | Escandalizar ...... | 4 |
| **Escangalhar** ..... | Romper .......... | 4 |
| **Escapar** ......... | Escapar ......... | 4 |
| **Escapulir** ....... | Escabullir ........ | 6 |
| **Escarnecer** ...... | Escarnecer ....... | 25 |
| **Escarrar** ........ | Escupir........... | 4 |
| **Escassear** ....... | Escasear ......... | 15 |
| (irregular) | | |
| **Escavar** ......... | Excavar .......... | 4 |
| **Esclarecer** ...... | Esclarecer ....... | 25 |
| **Escoar** .......... | Escurrir ......... | 20 |
| **Escolarizar** ...... | Escolarizar ........ | 4 |
| **Escolher** ........ | Escoger .......... | 5 |
| **Escoltar** ......... | Escoltar .......... | 4 |
| **Esconder** ........ | Esconder ........ | 5 |
| **Escorar** ......... | Apoyar .......... | 4 |
| **Escorregar** ...... | Resbalar ........ | 14 |
| **Escorrer** ........ | Escurrir ......... | 5 |
| **Escovar** ......... | Cepillar .......... | 4 |
| **Escravizar** ...... | Esclavizar......... | 4 |
| **Escrever** ........ | Escribir ......... | 5 |
| (participio irregular) | | |
| **Escriturar** ....... | Escriturar.......... | 4 |
| **Escudar** ......... | Escudar .......... | 4 |
| **Esculpir** ........ | Esculpir .......... | 6 |
| **Escurecer** ....... | Oscurecer..... | 47 (25) |
| (defectivo impersonal) | | |
| **Escutar** ......... | Escuchar ......... | 4 |
| **Esfaquear** ....... | Acuchillar ........ | 15 |
| (irregular) | | |
| **Esfarelar** ........ | Migar ............ | 4 |
| **Esfolar** .......... | Lastimar........... | 4 |
| **Esforçar** ........ | Esforzar .......... | 13 |

| | | |
|---|---|---|
| **Esfregar** ........ | Estregar .......... | 14 |
| **Esfriar** .......... | Enfriar ........... | 16 |
| **Esfumaçar** ...... | Esfumar ......... | 13 |
| **Esgotar** ......... | Agotar ........... | 4 |
| **Esmagar** ........ | Aplastar ......... | 14 |
| **Esmaltar** ........ | Esmaltar ......... | 4 |
| **Esmigalhar**...... | Migar ........... | 4 |
| **Esmiuçar** ....... | Desmenuzar....... | 13 |
| **Esmolar** ........ | Limosnear ........ | 4 |
| **Esmorecer** ...... | Desfallecer ........ | 25 |
| **Esmurrar** ....... | Golpear .......... | 4 |
| **Espaçar** ........ | Espaciar ......... | 13 |
| **Espairecer** ...... | Distraer .......... | 25 |
| **Espalhar** ........ | Desparramar ..... | 4 |
| **Espalhar** ........ | Diseminar ......... | 4 |
| **Espancar** ........ | Golpear .......... | 12 |
| **Espantar** ........ | Espantar ......... | 4 |
| **Esparramar** ..... | Desparramar ..... | 4 |
| **Espatifar** ....... | Despedazar ...... | 4 |
| **Especializar** .... | Especializar ....... | 4 |
| **Especificar** ...... | Especificar ....... | 12 |
| **Especular** ....... | Especular ........ | 4 |
| **Esperançar** ...... | Esperanzar ....... | 13 |
| **Esperar** ......... | Esperar .......... | 4 |
| **Espernear** ....... | Pernear .......... | 15 |
| (irregular) | (berrinche) | |
| **Espetar** ......... | Espetar .......... | 4 |
| **Espiar** .......... | Espiar ........... | 16 |
| **Espichar** ........ | Estirar .......... | 4 |
| **Espigar** ......... | Espigar........... | 14 |
| **Espinafrar** ...... | Regañar ......... | 4 |
| **Espionar** ........ | Espiar ........... | 4 |
| **Espiritualizar** ... | Espiritualizar ....... | 4 |
| **Espirrar** ........ | Estornudar ....... | 4 |
| **Esplandecer** ..... | Esplender ......... | 25 |
| **Espoliar** ........ | Espolear ......... | 16 |
| **Esporrar** ........ | Eyacular.......... | 4 |
| **Esporrar** ........ | Regañar .......... | 4 |
| **Espreguiçar** ..... | Estirar | |
| | (desperezarse) ..... | 13 |
| **Espreguiçar-se** .. | Estirarse | |
| (pronominal) | (desperezarse) ..... | 7 |
| **Espreitar**........ | Espiar ........... | 4 |
| **Espremer** ....... | Exprimir.......... | 5 |
| **Espumar** ........ | Espumar.......... | 4 |
| **Esquartejar** ..... | Descuartizar ....... | 4 |
| **Esquecer** ........ | Olvidar........... | 25 |
| **Esquematizar** ... | Esquematizar ...... | 4 |
| **Esquentar** ....... | Calentar .......... | 4 |
| **Esquiar** ......... | Esquiar........... | 16 |
| **Esquivar** ........ | Esquivar .......... | 4 |
| **Estabelecer** ..... | Establecer ........ | 25 |
| **Estabilizar** ...... | Estabilizar ........ | 4 |
| **Estacar** ......... | Estacar........... | 12 |
| **Estacionar** ...... | Estacionar ........ | 4 |

| | | |
|---|---|---|
| **Estafar**.......... | Estafar ........... | 4 |
| **Estagiar** ........ | Practicar ......... | 16 |
| | (estudiante) | |
| **Estalar**.......... | Estallar........... | 4 |
| **Estampar** ....... | Estampar ........ | 4 |
| **Estancar** ........ | Estancar.......... | 12 |
| **Estar** ........... | Estar ............ | 10 |
| (irregular) | | |
| **Estatizar** ........ | Estatificar ....... | 4 |
| **Estender** ........ | Extender ......... | 5 |
| **Estenografar** .... | Estenografiar ..... | 4 |
| **Esterilizar** ...... | Esterilizar........ | 4 |
| **Esticar**.......... | Estirar .......... | 12 |
| **Estigmatizar** .... | Estigmatizar...... | 4 |
| **Estilhaçar**....... | Astillar (vidrio) .... | 13 |
| **Estimar** ......... | Estimar .......... | 4 |
| **Estimular** ....... | Estimular ........ | 4 |
| **Estipular**........ | Estipular ........ | 4 |
| **Estirar** ......... | Estirar .......... | 4 |
| **Estocar** ......... | Almacenar ........ | 12 |
| **Estofar** ......... | Estofar .......... | 4 |
| **Estorvar** ........ | Estorbar ......... | 4 |
| **Estourar** ........ | Detonar .......... | 4 |
| **Estragar** ........ | Estragar ......... | 14 |
| **Estrangular** ..... | Estrangular ...... | 4 |
| **Estranhar** ....... | Extrañar.......... | 4 |
| **Estreiar** ......... | Estrenar ......... | 15 |
| (irregular) | | |
| **Estreitar** ........ | Estrechar ........ | 4 |
| **Estrelar** ........ | Estrellar ......... | 4 |
| **Estremecer**...... | Estremecer ....... | 25 |
| **Estressar**........ | Estresar ......... | 4 |
| **Estriar** ......... | Estriar .......... | 16 |
| **Estropiar** ....... | Estropear ........ | 16 |
| **Estruturar** ...... | Estructurar ...... | 4 |
| **Estudar** ......... | Estudiar ......... | 4 |
| **Estufar** ......... | Calentar ......... | 4 |
| **Estuprar** ........ | Estuprar ......... | 4 |
| **Esturricar**....... | Quemar .......... | 12 |
| **Esvaziar** ........ | Vaciar............ | 16 |
| **Esvoaçar** ........ | Aletear .......... | 13 |
| **Eternizar** ....... | Eternizar ......... | 4 |
| **Etiquetar** ....... | Etiquetar ......... | 4 |
| **Europeizar** ...... | Europeizar ....... | 4 |
| **Evacuar**......... | Evacuar .......... | 4 |
| **Evadir** .......... | Evadir ........... | 6 |
| **Evangelizar** ..... | Evangelizar ....... | 4 |
| **Evaporar**........ | Evaporar ......... | 4 |
| **Evidenciar** ...... | Evidenciar ........ | 16 |
| **Evitar** .......... | Evitar ........... | 4 |
| **Evocar** .......... | Evocar ........... | 12 |
| **Evoluir** ......... | Evolucionar ...... | 74 |
| **Exacerbar**....... | Exacerbar ........ | 4 |
| **Exagerar** ........ | Exagerar ......... | 4 |
| **Exalar** .......... | Exhalar .......... | 4 |

| | | |
|---|---|---|
| **Exaltar** ......... | Exaltar ........... | 4 |
| **Examinar** ....... | Examinar ......... | 4 |
| **Exasperar**....... | Exasperar......... | 4 |
| **Exceder** ......... | Exceder .......... | 5 |
| **Excitar**.......... | Excitar ........... | 4 |
| **Exclamar** ....... | Exclamar ......... | 4 |
| **Excluir** ......... | Excluir .......... | 74 |
| **Excomungar** .... | Excomulgar ...... | 14 |
| **Execrar** ......... | Execrar .......... | 4 |
| **Executar** ........ | Ejecutar ......... | 4 |
| **Exemplar** ....... | Ejemplar ......... | 4 |
| **Exemplificar** .... | Ejemplificar ....... | 12 |
| **Exercer** ......... | Ejercer .......... | 25 |
| **Exercitar**........ | Ejercitar ......... | 4 |
| **Exibir**........... | Exhibir .......... | 6 |
| **Exigir**........... | Exigir ........... | 52 |
| **Exigir**........... | Requisitar ........ | 52 |
| **Exilar**........... | Exiliar ........... | 4 |
| **Eximir**.......... | Eximir ........... | 6 |
| **Existir** .......... | Existir .......... | 6 |
| **Exonerar** ........ | Exonerar ......... | 4 |
| **Exorbitar** ....... | Exorbitar ......... | 4 |
| **Exorcizar** ....... | Exorcizar ......... | 4 |
| **Expandir**........ | Expandir ......... | 6 |
| **Expectorar** ...... | Expectorar ....... | 4 |
| **Expedir** ........ | Expedir .......... | 70 |
| (irregular) | | |
| **Expelir** ......... | Expeler........... | 57 |
| **Experimentar** ... | Experimentar...... | 4 |
| **Expirar** ......... | Expirar .......... | 4 |
| **Explanar** ........ | Explanar ......... | 4 |
| **Explicar** ........ | Explicar .......... | 12 |
| **Explicitar** ....... | Explicitar ........ | 4 |
| **Explodir** ........ | Explotar.......... | 61 |
| (irregular) | | |
| **Explorar** ........ | Explorar .......... | 4 |
| **Expor**........... | Exponer .......... | 45 |
| (irregular) | | |
| **Exportar** ........ | Exportar ......... | 4 |
| **Expressar** ....... | Expresar.......... | 4 |
| (participio irregular) | | |
| **Exprimir**........ | Exprimir.......... | 6 |
| (participio irregular) | | |
| **Expropriar** ...... | Expropiar ........ | 16 |
| **Expugnar** ....... | Expugnar ......... | 4 |
| **Expulsar** ........ | Expulsar.......... | 4 |
| (participio irregular) | | |
| **Expurgar**........ | Expurgar ......... | 14 |
| **Extasiar** ........ | Extasiarse ........ | 16 |
| **Extenuar** ....... | Extenuar ......... | 4 |
| **Exteriorizar** ..... | Exteriorizar ....... | 4 |
| **Exterminar** ..... | Exterminar ....... | 4 |
| **Extinguir** ....... | Extinguir ........ | 53 |
| (participio irregular) | | |
| **Extirpar** ........ | Extirpar .......... | 4 |

| | | |
|---|---|---|
| **Franzir** ......... | Fruncir ........... | 6 |
| **Fraquejar** ....... | Flaquear ......... | 4 |
| **Fraternizar** ..... | Fraternizar ........ | 4 |
| **Fraturar** ........ | Fracturar ......... | 4 |
| **Fraudar** ........ | Defraudar ........ | 4 |
| **Frear** .......... | Frenar .......... | 15 |
| (irregular) | | |
| **Freqüentar** ..... | Frecuentar ........ | 4 |
| **Fretar** ......... | Fletar ........... | 4 |
| **Friccionar** ...... | Friccionar ....... | 4 |
| **Frigir** .......... | Freír ........... | 63 |
| (irregular) | | |
| **Frisar** .......... | Frisar ........... | 4 |
| **Fritar** .......... | Freír ........... | 4 |
| **Frustrar** ....... | Frustrar ......... | 4 |
| **Frutificar** ...... | Fructificar ..... | 46 (12) |
| (defectivo unipersonal) | | |
| **Fugir** .......... | Huir .......... | 62 |
| (irregular) | | |
| **Fulminar** ........ | Fulminar ....... | 4 |
| **Fumar** .......... | Fumar ........ | 4 |
| **Fumegar** ........ | Humear ......... | 14 |
| **Funcionar** ....... | Funcionar ....... | 4 |
| **Fundamentar** .... | Fundamentar ...... | 4 |
| **Fundar** ......... | Fundar ......... | 4 |
| **Fundir** .......... | fundir.......... | 6 |
| **Fundir-se** ....... | Fundirse......... | 7 |
| (pronominal) | | |
| **Furar** .......... | Agujerear........ | 4 |
| **Furtar** ......... | Hurtar ......... | 4 |
| **Fuzilar** ......... | Fusilar .......... | 4 |

## G

| | | |
|---|---|---|
| **Gabar** .......... | Presumir, jactarse .. | 4 |
| **Gaguejar** ........ | Tartamudear ....... | 4 |
| **Galantear** ....... | Galantear......... | 15 |
| (irregular) | | |
| **Galvanizar** ...... | Galvanizar ....... | 4 |
| **Gamar** .......... | Enamorar........ | 4 |
| **Ganhar** ......... | Ganar........... | 4 |
| (participio irregular) | | |
| **Garantir** ........ | Garantizar ....... | 6 |
| **Gargalhar** ....... | Carcajear ........ | 4 |
| **Gargarejar** ...... | Gárgaras ........ | 4 |
| **Gaseificar** ....... | Gasificar ........ | 12 |
| **Gastar** ......... | Gastar ........... | 4 |
| (participio irregular) | | |
| **Gatinhar** ........ | Gatear .......... | 4 |
| **Gelar** .......... | Helar ........... | 4 |
| **Gemer** .......... | Gemir.......... | 5 |
| **Generalizar** ..... | Generalizar ....... | 4 |
| **Gerar** .......... | Generar ......... | 4 |
| **Gerenciar** ....... | Administrar, dirigir . | 16 |

| | | |
|---|---|---|
| **Gerir** .......... | Administrar ....... | 57 |
| **Germanizar** ..... | Germanizar ....... | 4 |
| **Germinar** ....... | Germinar ........ | 4 |
| **Gesticular** ....... | Gesticular ....... | 4 |
| **Girar** .......... | Girar ........... | 4 |
| **Glorificar** ....... | Glorificar ........ | 12 |
| **Golpear** ......... | Golpear .......... | 15 |
| (irregular) | | |
| **Gorjear** ......... | Gorjear .......... | 15 |
| (irregular) | | |
| **Gostar** .......... | Gustar ......... | 4 |
| **Gotejar** ......... | Gotear .......... | 4 |
| **Governar** ........ | Gobernar ........ | 4 |
| **Gozar** ........... | Gozar ........... | 4 |
| **Graduar** ........ | Graduar ......... | 4 |
| **Grampear** ....... | Engrapar ......... | 15 |
| (irregular) | | |
| **Gratificar** ....... | Gratificar ........ | 12 |
| **Gravar** ......... | Grabar .......... | 4 |
| **Gravitar** ........ | Gravitar ......... | 4 |
| **Gritar** .......... | Gritar ........... | 4 |
| **Grudar** ......... | Pegar .......... | 4 |
| **Grunhir** ........ | Gruñir .......... | 6 |
| **Guardar** ........ | Guardar ......... | 4 |
| **Guerrear** ........ | Guerrear ........ | 15 |
| (irregular) | | |
| **Guiar** .......... | Guiar ........... | 16 |
| **Guinchar** ........ | Chillar .......... | 4 |
| **Guinchar** ........ | Arrastrar ......... | 4 |
| **Guisar** .......... | Guisar ......... | 4 |

## H

| | | |
|---|---|---|
| **Habilitar** ........ | Habilitar ......... | 4 |
| **Habilitar-se** ..... | Habilitarse ........ | 7 |
| (pronominal) | | |
| **Habitar** ......... | Habitar .......... | 4 |
| **Habituar** ........ | Habituar ......... | 4 |
| **Habituar-se** ..... | Habituarse........ | 7 |
| (pronominal) | | |
| **Harmonizar** ..... | Armonizar ........ | 4 |
| **Haver** .......... | Haber........... | 2 |
| (irregular) | | |
| **Herdar** .......... | Heredar ......... | 4 |
| **Hesitar** ......... | Hesitar .......... | 4 |
| **Hibernar** ........ | Hibernar ......... | 4 |
| **Hidratar** ........ | Hidratar ......... | 4 |
| **Hierarquizar** .... | Jerarquizar ....... | 4 |
| **Hilarizar** ........ | Hilarizar.......... | 4 |
| **Hipnotizar** ...... | Hipnotizar ........ | 4 |
| **Hipotecar** ....... | Hipotecar ........ | 12 |
| **Historiar** ........ | Historiar ......... | 16 |
| **Homenagear** .... | Homenajear........ | 15 |
| (irregular) | | |

| Jejuar | Ayunar | 4 |
|---|---|---|
| Jogar | Jugar | 14 |
| Jorrar | Chorrear | 4 |
| Julgar | Juzgar | 14 |
| Juntar | Juntar | 4 |
| (participio irregular) | | |
| Juramentar | Juramentar | 4 |
| Jurar | Jurar | 4 |
| Justapor | Yuxtaponer | 45 |
| (irregular) | | |
| Justificar | Justificar | 12 |
| Juvenescer | Rejuvenecer | 25 |

# L

| Laborar | Laborar | 4 |
|---|---|---|
| Labutar | Trabajar | 4 |
| Laçar | Lazar | 13 |
| Lacrar | Lacrar | 4 |
| Ladear | Ladear | 15 |
| (irregular) | | |
| Ladrar | Ladrar | 46 (4) |
| (defectivo unipersonal) | | |
| Ladrilhar | Enladrillar | 4 |
| Ladroar | Robar | 20 |
| Lajear | Enlosar | 15 |
| (irregular) | | |
| Lamber | Lamer | 5 |
| Lambiscar | Pellizcar | 12 |
| Lamentar | Lamentar | 4 |
| Laminar | Laminar | 4 |
| Lamuriar | Lamentar | 16 |
| Lançar | Lanzar | 13 |
| Lapidar | Lapidar | 4 |
| Largar | Soltar | 14 |
| Lascar | Rajar | 12 |
| Lastimar | Lastimar | 4 |
| Lastimar-se | Lastimarse | 7 |
| (pronominal) | | |
| Latir | Ladrar | 46 (6) |
| (defectivo unipersonal) | | |
| Lavar | Lavar | 4 |
| Lavrar | Labrar | 4 |
| Lecionar | Enseñar | 4 |
| Legalizar | Legalizar | 4 |
| Legar | Legar | 14 |
| Legendar | Subtitular | 4 |
| Legislar | Legislar | 4 |
| Legitimar | Legitimar | 4 |
| Leiloar | Subastar | 20 |
| Lembrar | Acordar | 4 |
| Ler | Leer | 42 |
| (irregular) | | |
| Lesar | Lesionar | 4 |

| Levantar | Levantar | 4 |
|---|---|---|
| Levar | Llevar | 4 |
| Levitar | Levitar | 4 |
| Liberalizar | Liberalizar | 4 |
| Liberar | Liberar | 4 |
| Libertar | Libertar | 4 |
| (participio irregular) | | |
| Licenciar | Licenciar | 16 |
| Licenciar-se | Licenciarse | 7 |
| (pronominal) | | |
| Lidar | Lidiar | 4 |
| Liderar | Liderar | 4 |
| Ligar | Telefonear | 14 |
| Limar | Limar | 4 |
| Limitar | Limitar | 4 |
| Limpar | Limpiar | 4 |
| (participio irregular) | | |
| Linchar | Linchar | 4 |
| Liquidar | Liquidar | 4 |
| Lisonjear | Lisonjear | 15 |
| (irregular) | | |
| Litigar | Litigar | 14 |
| Livrar | Librar | 4 |
| Lixar | Lijar | 4 |
| Localizar | Localizar | 4 |
| Localizar-se | Localizarse | 7 |
| (pronominal) | | |
| Locomover-se | Moverse | 5 (7) |
| (pronominal) | | |
| Lotar | Llenar | 4 |
| Louvar | Alabar | 4 |
| Lubrificar | Lubricar | 12 |
| Lucrar | Lucrar | 4 |
| Ludibriar | Engañar | 16 |
| Lustrar | Lustrar | 4 |
| Lutar | Luchar | 4 |

# M

| Macerar | Macerar | 4 |
|---|---|---|
| Machucar | Lastimar | 12 |
| Macular | Manchar | 4 |
| Madrugar | Madrugar | 14 |
| Madurar | Madurar | 4 |
| Magnetizar | Magnetizar | 4 |
| Magoar | Disgustar | 20 |
| Maldizer | Maldecir | 29 |
| (irregular) | | |
| Maliciar | Maliciar | 16 |
| Malquerer | Malquerer | 38 |
| Maltratar | Maltratar | 4 |
| Mamar | Mamar | 4 |
| Mancar | Cojear | 12 |
| Manchar | Manchar | 4 |

| | | |
|---|---|---|
| **Mancomunar** .... | Mancomunar ...... | 4 |
| **Mandar** ......... | Mandar .......... | 4 |
| **Manejar** ........ | Manejar .......... | 4 |
| **Manifestar** ...... | Manifestar ........ | 4 |
| **Manifestar-se** ... | Manifestarse ...... | 7 |
| (pronominal) | | |
| **Manipular** ...... | Manipular ......... | 4 |
| **Manobrar** ....... | Maniobrar ......... | 4 |
| **Manter**......... | Mantener ......... | 1 |
| (irregular) | | |
| **Manufaturar** .... | Manufacturar ...... | 4 |
| **Manuscrever** .... | Escribir a mano .... | 5 |
| (particípio irregular) | | |
| **Manusear** ....... | Manosear ......... | 15 |
| (irregular) | | |
| **Maquiar** ........ | Maquillar ......... | 16 |
| **Maquiar-se** ...... | Maquillarse ....... | 7 |
| (pronominal) | | |
| **Maquinar** ....... | Maquinar ......... | 4 |
| **Maravilhar** ...... | Maravillar ........ | 4 |
| **Marcar**......... | Marcar ........... | 12 |
| **Marchar** ........ | Marchar .......... | 4 |
| **Marear** ......... | Marear ........... | 15 |
| (irregular) | | |
| **Marginalizar** .... | Marginar ......... | 4 |
| **Martelar** ........ | Martillar ......... | 4 |
| **Martirizar**....... | Martirizar ........ | 4 |
| **Mascar** ......... | Mascar ........... | 12 |
| **Mascarar** ....... | Enmascarar ....... | 4 |
| **Massacrar**....... | Masacrar ......... | 4 |
| **Massificar** ...... | Masificar ......... | 12 |
| **Mastigar** ....... | Masticar .......... | 14 |
| **Masturbar-se** .... | Masturbarse ....... | 7 |
| (pronominal) | | |
| **Matar**.......... | Matar ........... | 4 |
| (particípio irregular) | | |
| **Materializar**..... | Materializar ....... | 4 |
| **Matizar** ........ | Matizar .......... | 4 |
| **Matraquear** ..... | Repetir | |
| (irregular) | monótonamente .... | 15 |
| **Matricular** ...... | Matricular ........ | 4 |
| **Maturar**........ | Madurar .......... | 4 |
| **Matutar** ........ | Pensar ........... | 4 |
| **Maximizar** ...... | Maximizar ........ | 4 |
| **Mecanizar** ...... | Mecanizar ........ | 4 |
| **Mediar**......... | Mediar ........... | 17 |
| (irregular) | | |
| **Medicar**........ | Medicar .......... | 12 |
| **Medir**.......... | Medir ............ | 70 |
| (irregular) | | |
| **Meditar** ........ | Meditar .......... | 4 |
| **Melancolizar** .... | Melancolizar ...... | 4 |
| **Melar** .......... | Melar ............ | 4 |
| **Melhorar**........ | Mejorar .......... | 4 |
| **Melindrar** ....... | Melindrear ........ | 4 |
| **Memorar**........ | Recordar ......... | 4 |
| **Memorizar** ...... | Memorizar ........ | 4 |
| **Mencionar** ...... | Mencionar ........ | 4 |
| **Mendigar** ....... | Mendigar ......... | 14 |
| **Menear** ......... | Menear ........... | 15 |
| (irregular) | | |
| **Menear-se** ...... | Menearse ......... | 7 |
| (pronominal) | | |
| **Menosprezar** .... | Menospreciar ...... | 4 |
| **Menstruar** ...... | Menstruar ........ | 4 |
| **Mentalizar** ...... | Mentalizar ........ | 4 |
| **Mentir** ......... | Mentir ........... | 56 |
| (irregular) | | |
| **Merecer**........ | Merecer .......... | 25 |
| **Merendar** ....... | Merendar ......... | 4 |
| **Mergulhar** ...... | Bucear ........... | 4 |
| **Mesquinhar** ..... | Mezquinar ........ | 4 |
| **Metaforizar** ..... | Metaforizar ....... | 4 |
| **Metamorfosear** .. | Metamorfosear .... | 15 |
| (irregular) | | |
| **Meter** .......... | Meter ............ | 5 |
| **Metralhar** ....... | Ametrallar ........ | 4 |
| **Mexer** .......... | Mover ........... | 5 |
| **Miar** ........... | Maullar .......... | 16 |
| **Microfilmar** ..... | Microfilmar ....... | 4 |
| **Migrar** ......... | Migrar ........... | 4 |
| **Mijar** .......... | Mear ............ | 4 |
| **Militarizar** ...... | Militarizar ........ | 4 |
| **Mimar** ......... | Mimar ........... | 4 |
| **Mimeografar** .... | Mimeografiar...... | 4 |
| **Minar** .......... | Minar ............ | 4 |
| **Mineralizar** ..... | Mineralizar ....... | 4 |
| **Minguar** ........ | Menguar .......... | 4 |
| **Minimizar** ...... | Minimizar ........ | 4 |
| **Ministrar** ....... | Suministrar ....... | 4 |
| **Minorar**........ | Aminorar ......... | 4 |
| **Minutar** ........ | Hacer una minuta .. | 4 |
| **Mistificar** ...... | Mistificar ........ | 12 |
| **Misturar** ....... | Mezclar .......... | 4 |
| **Mitificar** ....... | Mitificar ......... | 12 |
| **Mobiliar** ....... | Amueblar ......... | 16 |
| **Mobilizar** ....... | Movilizar ......... | 14 |
| **Modelar** ........ | Modelar .......... | 4 |
| **Moderar** ........ | Moderar .......... | 4 |
| **Modernizar** ..... | Modernizar ....... | 4 |
| **Modificar** ....... | Modificar ......... | 12 |
| **Modular** ........ | Modular .......... | 4 |
| **Moer** .......... | Moler ............ | 28 |
| (irregular) | | |
| **Moldar** ......... | Amoldar.......... | 4 |
| **Molestar** ....... | Molestar .......... | 4 |
| **Molhar** ......... | Mojar ............ | 4 |
| **Monopolizar** .... | Monopolizar ...... | 4 |
| **Montar** ........ | Montar ........... | 4 |
| **Moralizar** ....... | Moralizar ......... | 4 |

| | | |
|---|---|---|
| Organizar . . . . . . . | Organizar. . . . . . . . | 4 |
| Orgulhar . . . . . . . . | Enorgullecer . . . . . . | 4 |
| Orientar . . . . . . . . | Orientar. . . . . . . . . | 4 |
| Originar . . . . . . . . | Originar. . . . . . . . . | 4 |
| Ornamentar . . . . . | Ornamentar . . . . . . . | 4 |
| Orquestrar . . . . . . | Orquestar . . . . . . . . | 4 |
| Orvalhar . . . . . . . . | Rociar . . . . . . . . . . . | 24 |
| (defectivo impersonal) | | |
| Oscilar . . . . . . . . | Oscilar . . . . . . . . . . | 4 |
| Ostentar . . . . . . . | Ostentar . . . . . . . . . | 4 |
| Otimizar . . . . . . . | Optimizar. . . . . . . . | 4 |
| Ousar. . . . . . . . . . | Osar . . . . . . . . . . . . | 4 |
| Outorgar . . . . . . . | Otorgar . . . . . . . . . | 14 |
| Ouvir . . . . . . . . . . . | Oír . . . . . . . . . . . . . | 71 |
| (irregular) | | |
| Ovacionar. . . . . . . | Ovacionar . . . . . . . | 4 |
| Ovalar . . . . . . . . . | Ovalar . . . . . . . . . . | 4 |
| Oxidar . . . . . . . . . | Oxidar . . . . . . . . . . | 4 |
| Oxigenar. . . . . . . . | Oxigenar . . . . . . . . | 4 |
| Ozonizar . . . . . . . . | Ozonizar . . . . . . . . | 4 |

## P

| | | |
|---|---|---|
| Pacificar . . . . . . . . | Pacificar . . . . . . . . . | 12 |
| Pactuar . . . . . . . . | Pactar . . . . . . . . . . | 4 |
| Padecer . . . . . . . . | Padecer . . . . . . . . . | 25 |
| Pagar . . . . . . . . . . | Pagar . . . . . . . . . | 14 |
| (participio irregular) | | |
| Paginar . . . . . . . . | Paginar. . . . . . . . . | 4 |
| Pairar . . . . . . . . . | Flotar . . . . . . . . . . | 4 |
| Palestrar . . . . . . . . | Charlar, dar una | |
| | conferencia . . . . . . | 4 |
| Palpar . . . . . . . . . | Tantear . . . . . . . . . | 4 |
| (irregular) | | |
| Palpitar . . . . . . . . | Palpitar . . . . . . . . . | 4 |
| Paparicar . . . . . . . | Mimar . . . . . . . . . . | 12 |
| Papear . . . . . . . . . | Conversar . . . . . . . . | 15 |
| (irregular) | | |
| Paquerar . . . . . . . | Coquetear . . . . . . . | 4 |
| Parabenizar . . . . . | Felicitar . . . . . . . . | 4 |
| Parar . . . . . . . . . | Parar . . . . . . . . . . | 4 |
| Parafrasear . . . . . | Parafrasear . . . . . . | 15 |
| (irregular) | | |
| Parafusar . . . . . . . | Atornillar . . . . . . . . | 4 |
| Paramentar . . . . . | Paramentar . . . . . . | 4 |
| Parasitar . . . . . . . | Parasitar . . . . . . . . | 4 |
| Parcelar . . . . . . . | Parcelar . . . . . . . . | 4 |
| Parecer . . . . . . . . | Parecer . . . . . . . . . | 25 |
| Parir. . . . . . . . . . . | Parir . . . . . . . . . . . | 6 |
| Parlamentar . . . . . | Parlamentar . . . . . . . | 4 |
| Parodiar . . . . . . . . | Parodiar . . . . . . . . | 16 |
| Participar . . . . . . . | Participar . . . . . . . . | 4 |
| Particularizar . . . | Particularizar . . . . . . | 4 |
| Partilhar . . . . . . . . | Compartir . . . . . . . . | 4 |

| | | |
|---|---|---|
| Partir . . . . . . . . . . | Partir . . . . . . . . . . . | 6 |
| Pasmar . . . . . . . . . | Pasmar . . . . . . . . . | 4 |
| Passar . . . . . . . . . . | Pasar . . . . . . . . . . | 4 |
| Passear . . . . . . . . . | Pasear . . . . . . . . . | 15 |
| (irregular) | | |
| Pastar . . . . . . . . . | Pastar . . . . . . . . . . | 4 |
| Pasteurizar. . . . . . | Pasteurizar . . . . . . . . | 4 |
| Pastorear . . . . . . . | Pastorear . . . . . . . . | 15 |
| (irregular) | | |
| Patentear . . . . . . . | Patentar . . . . . . . . | 15 |
| (irregular) | | |
| Patinar . . . . . . . . . | Patinar . . . . . . . . . | 4 |
| Patrocinar . . . . . . | Patrocinar . . . . . . . | 4 |
| Patrulhar . . . . . . . | Patrullar . . . . . . . . | 4 |
| Pausar . . . . . . . . . | Interrumpir . . . . . . . | 4 |
| Pautar . . . . . . . . . | Pautar . . . . . . . . . . | 4 |
| Pavimentar . . . . . . | Pavimentar. . . . . . . . | 4 |
| Pecar . . . . . . . . . . | Pecar . . . . . . . . . . | 12 |
| Pechinchar . . . . . . | Regatear . . . . . . . . | 4 |
| Pedalar . . . . . . . . | Pedalear . . . . . . . . . | 4 |
| Pedir . . . . . . . . . . | Pedir . . . . . . . . . . . | 70 |
| (irregular) | | |
| Penalizar . . . . . . . | Penalizar . . . . . . . . | 4 |
| Penar . . . . . . . . . . | Penar . . . . . . . . . . | 4 |
| Pender. . . . . . . . . . | Pender . . . . . . . . . . | 5 |
| Pendurar. . . . . . . . | Colgar . . . . . . . . . . | 4 |
| Peneirar . . . . . . . . | Tamizar . . . . . . . . . | 4 |
| Penetrar . . . . . . . . | Penetrar . . . . . . . . . | 4 |
| Penhorar. . . . . . . . | Empeñar . . . . . . . . . | 4 |
| Pensar . . . . . . . . . | Pensar . . . . . . . . . . | 4 |
| Pentear . . . . . . . . | Peinar. . . . . . . . . . . | 15 |
| (irregular) | | |
| Perceber . . . . . . . . | Percibir . . . . . . . . . | 5 |
| Percorrer . . . . . . . | Recorrer . . . . . . . . . | 5 |
| Percutir. . . . . . . . . | Percutir . . . . . . . . . | 6 |
| Perder . . . . . . . . . | Perder . . . . . . . . . . | 44 |
| (irregular) | | |
| Perder-se . . . . . . . | Perderse . . . . . . . . | 7 |
| (pronominal) | | |
| Perdoar . . . . . . . . . | Perdonar . . . . . . . . | 20 |
| Perdurar . . . . . . . . | Perdurar. . . . . . . . . | 4 |
| Perecer . . . . . . . . . | Perecer . . . . . . . . . | 25 |
| Peregrinar . . . . . . | Peregrinar . . . . . . . | 4 |
| Perfilar . . . . . . . . | Perfilar . . . . . . . . . | 4 |
| Perfumar . . . . . . . | Perfumar . . . . . . . . | 4 |
| Perfurar . . . . . . . . | Perforar . . . . . . . . . | 4 |
| Perguntar . . . . . . . | Preguntar. . . . . . . . | 4 |
| Perigar . . . . . . . . | Peligrar . . . . . . . . . | 14 |
| Permanecer . . . . . | Permanecer . . . . . . . | 25 |
| Permitir . . . . . . . . | Permitir . . . . . . . . . | 6 |
| Permutar . . . . . . . | Permutar . . . . . . . . | 4 |
| Pernoitar . . . . . . . | Pernoctar . . . . . . . . | 4 |
| Perpetuar . . . . . . . | Perpetuar . . . . . . . . | 4 |
| Perseguir . . . . . . . | Perseguir . . . . . . . . | 55 |
| (irregular) | | |

| | | | | | | |
|---|---|---|---|---|---|---|
| Radiografar | Radiografiar | 4 | Recatar | Recatar | 4 |
| Raiar | Rayar | 16 | Recauchutar | Recauchutar | 4 |
| Ralar | Rallar | 4 | Recear | Recelar | 15 |
| Ralhar | Regañar | 4 | (irregular) | | |
| Ramificar | Ramificar | 12 | Receber | Recibir | 5 |
| Ranger | Crujir | 26 | Receitar | Recetar | 4 |
| Raptar | Raptar | 4 | Recensear | Censar | 15 |
| Rarefazer | Rarefacer | 31 | (irregular) | | |
| (irregular) | | | Recepcionar | Recibir | 4 |
| Rascunhar | Hacer un borrador | 4 | Rechear | Rellenar | 15 |
| Rasgar | Rascar | 14 | (irregular) | | |
| Raspar | Raspar, rapar | 4 | Reciclar | Reciclar | 4 |
| Raspar | Rapar | 4 | Recitar | Recitar | 4 |
| Rastejar | Arrastrar | 4 | Reclamar | Reclamar | 4 |
| Rastrear | Rastrear | 15 | Reclinar | Reclinar | 4 |
| (irregular) | | | Recobrar | Retomar | 4 |
| Rasurar | Tachar | 4 | Recobrar | Recobrar | 4 |
| Ratear | Distribuir | 15 | Recobrir | Recubrir | 59 |
| (irregular) | | | (participio irregular) | | |
| Ratificar | Ratificar | 12 | Recolher | Recoger, recolectar | 5 |
| Reabastecer | Repostar | 25 | Recolocar | Reponer | 12 |
| Reabilitar | Rehabilitar | 4 | Recomeçar | Recomenzar | 13 |
| Reabrir | Reabrir | 6 | Recomendar | Recomendar | 4 |
| (participio irregular) | | | Recompensar | Recompensar | 4 |
| Reabsorver | Reabsorber | 5 | Recompor | Recomponer | 45 |
| Reacender | Avivar | 5 | (irregular) | | |
| Readaptar | Readaptar | 4 | Reconciliar | Reconciliar | 16 |
| Readmitir | Readmitir | 6 | Reconduzir | Reconducir | 72 |
| Readquirir | Recuperar | 6 | (irregular) | | |
| Reafirmar | Reafirmar | 4 | Reconfortar | Reconfortar | 4 |
| Reagir | Reaccionar | 52 | Reconhecer | Reconocer | 25 |
| Reajustar | Reajustar | 4 | Reconquistar | Reconquistar | 4 |
| Realçar | Realzar | 13 | Reconsiderar | Reconsiderar | 4 |
| Realizar | Realizar | 4 | Reconstituir | Reconstituir | 74 |
| Reanimar | Reanimar | 4 | Recontar | Recontar | 4 |
| Reaparecer | Reaparecer | 25 | Recordar | Recordar | 4 |
| Reaquecer | Recalentar | 25 | Recorrer | Recurrir | 5 |
| Reassumir | Reasumir | 6 | Recortar | Recortar | 4 |
| Reatar | Reconciliar | 4 | Recostar | Recostar | 4 |
| Reativar | Reactivar | 4 | Recrear | Recrear | 15 |
| Reaver | Recuperar | 51 | (irregular) | | |
| (irregular / defectivo personal) | | | Recrear-se | Recrearse | 7 |
| Reavivar | Reavivar | 4 | (pronominal) | | |
| Rebaixar | Rebajar | 4 | Recriar | Recrear | 16 |
| Rebater | Rebatir | 5 | Recriminar | Recriminar | 4 |
| Rebelar | Rebelar | 4 | Recrudescer | Recrudecer | 25 |
| Rebentar | Reventar | 4 | Recrutar | Reclutar | 4 |
| Rebobinar | Rebobinar | 4 | Recuar | Retroceder | 4 |
| Rebocar | Arrastrar (coches) | 12 | Recuperar | Recuperar | 4 |
| Rebuliçar | Alborotar | 13 | Recusar | Recusar | 4 |
| Rebuscar | Rebuscar | 12 | Redigir | Redactar | 52 |
| Recair | Recaer | 68 | Redimir | Redimir | 6 |
| (irregular) | | | Redistribuir | Redistribuir | 74 |
| Recalcar | Recalcar | 12 | Redobrar | Redoblar | 4 |
| Recapitular | Recapitular | 4 | Redundar | Redundar | 4 |

| | | |
|---|---|---|
| **Repensar** ....... | Repensar ........ | 4 |
| **Repercutir** ..... | Repercutir ....... | 6 |
| **Repetir** ........ | Repetir .......... | 57 |
| (irregular) | | |
| **Repicar** ........ | Repicar ......... | 12 |
| **Repisar** ........ | Recalcar ......... | 4 |
| **Replantar** ....... | Replantar ........ | 4 |
| **Replicar** ....... | Replicar ......... | 12 |
| **Repor** .......... | Reponer ......... | 45 |
| (irregular) | | |
| **Repousar** ....... | Reposar ......... | 4 |
| **Repovoar** ...... | Repoblar ........ | 20 |
| **Repreender** ..... | Reprender ....... | 5 |
| **Represar** ........ | Represar ......... | 4 |
| **Representar** ..... | Representar ....... | 4 |
| **Reprimir** ........ | Reprimir ........ | 6 |
| **Reproduzir** ...... | Reproducir ........ | 72 |
| (irregular) | | |
| **Reprovar** ........ | Reprobar ........ | 4 |
| **Repudiar** ........ | Repudiar ........ | 16 |
| **Repugnar** ....... | Repugnar ........ | 4 |
| **Repulsar** ........ | Rechazar ........ | 4 |
| **Reputar** ........ | Reputar ......... | 4 |
| **Requentar** ...... | Recalentar ....... | 4 |
| **Requerer** ........ | Requerir ......... | 39 |
| (irregular) | | |
| **Rescindir** ....... | Rescindir ........ | 6 |
| **Rescrever** ....... | Reescribir ....... | 5 |
| (participio irregular) | | |
| **Reservar** ........ | Reservar .......... | 4 |
| **Resfriar** ......... | Resfriar ......... | 16 |
| **Resgatar** ........ | Rescatar ........ | 4 |
| **Resguardar** ..... | Resguardar ....... | 4 |
| **Residir** .......... | Residir ......... | 6 |
| **Resignar** ........ | Resignar ........ | 4 |
| **Resistir** ......... | Resistir ......... | 6 |
| **Resmungar** ...... | Rezongar ........ | 14 |
| **Resolver** ........ | Resolver ........ | 5 |
| **Respaldar** ....... | Respaldar ........ | 4 |
| **Respeitar** ....... | Respetar ........ | 4 |
| **Respingar** ....... | Salpicar .......... | 14 |
| **Respirar** ........ | Respirar ......... | 4 |
| **Resplandecer**.... | Resplandecer ..... | 25 |
| **Responder** ...... | Responder ....... | 5 |
| **Responsabilizar** . | Responsabilizar .... | 4 |
| **Ressabiar** ....... | Desconfiar ....... | 16 |
| **Ressaltar**........ | Resaltar ........ | 4 |
| **Ressarcir** ....... | Resarcir ........ | 79 |
| **Ressecar** ........ | Resecar ........ | 12 |
| **Ressentir** ....... | Resentir ........ | 56 |
| (irregular) | | |
| **Ressoar** ......... | Resonar ........ | 20 |
| **Ressurgir** ....... | Resurgir ......... | 52 |
| **Ressuscitar** ..... | Resucitar ........ | 4 |
| **Restabelecer** .... | Restablecer ....... | 25 |

| | | |
|---|---|---|
| **Restar** .......... | Restar........... | 4 |
| **Restaurar** ....... | Restaurar ........ | 4 |
| **Restituir** ........ | Restituir ......... | 74 |
| **Restringir** ....... | Restringir ........ | 52 |
| **Resultar** ........ | Resultar ......... | 4 |
| **Resumir** ........ | Resumir ......... | 6 |
| **Resvalar** ........ | Resbalar ........ | 4 |
| **Retalhar** ........ | Cortar, despedazar.. | 4 |
| **Retardar** ........ | Retardar ......... | 4 |
| **Reter** .......... | Retener ......... | 1 |
| (irregular) | | |
| **Retificar** ........ | Rectificar ........ | 12 |
| **Retirar**.......... | Retirar .......... | 4 |
| **Retocar** ........ | Retocar ......... | 12 |
| **Retorqüir** ....... | Replicar ......... | 6 |
| **Retrair**.......... | Retraer.......... | 68 |
| (irregular) | | |
| **Retransmitir** .... | Retransmitir....... | 6 |
| **Retratar** ........ | Retratar ......... | 4 |
| **Retribuir**........ | Retribuir ........ | 74 |
| **Retroceder** ...... | Retroceder ....... | 5 |
| **Retrucar** ........ | Retrucar ......... | 12 |
| **Retumbar** ....... | Retumbar ........ | 4 |
| **Reunificar** ...... | Reunificar ....... | 12 |
| **Reunir** ......... | Reunir .......... | 76 |
| **Revalorizar** ..... | Revalorizar ....... | 4 |
| **Revelar** ........ | Revelar.......... | 4 |
| **Revender** ....... | Reventar ........ | 5 |
| **Rever** .......... | Volver a ver ....... | 40 |
| (irregular) | | |
| **Reverberar** ...... | Reverberar ....... | 4 |
| **Reverdecer** ...... | Reverdecer ....... | 25 |
| **Reverenciar** ..... | Reverenciar ....... | 16 |
| **Reverter** ........ | Revertir ......... | 5 |
| **Revestir**......... | Revestir ......... | 54 |
| (irregular) | | |
| **Revirar** ........ | Voltear .......... | 4 |
| **Revisar** ........ | Revisar .......... | 4 |
| **Revistar**......... | Inspeccionar ...... | 4 |
| **Revitalizar** ...... | Revitalizar ........ | 4 |
| **Reviver** ........ | Revivir .......... | 5 |
| **Revocar** ........ | Revocar ......... | 12 |
| **Revogar**........ | Revocar ......... | 14 |
| **Revolucionar** .... | Revolucionar ...... | 4 |
| **Revolver** ....... | Revolver ......... | 5 |
| **Rezar** .......... | Rezar ........... | 4 |
| **Ridicularizar** .... | Ridiculizar ........ | 4 |
| **Rifar**............ | Rifar............ | 4 |
| **Rimar** .......... | Rimar ........... | 4 |
| **Rir** ............ | Reír ............ | 69 |
| (irregular) | | |
| **Riscar** .......... | Rayar ........... | 12 |
| **Rivalizar** ........ | Rivalizar.......... | 4 |
| **Robustecer** ...... | Robustecer ........ | 25 |
| **Roçar** .......... | Rozar ............ | 13 |

| | | |
|---|---|---|
| **Rodar** . . . . . . . . . . | Rolar . . . . . . . . . . | 4 |
| **Rodar** . . . . . . . . . . | Rodar . . . . . . . . . . . | 4 |
| **Rodear** . . . . . . . . . . | Rodear . . . . . . . . | 15 |
| (irregular) | | |
| **Rodopiar** . . . . . . . . | Rodar . . . . . . . . | 16 |
| **Roer** . . . . . . . . . . | Roer . . . . . . . . . | 28 |
| (irregular) | | |
| **Rogar** . . . . . . . . . | Rogar . . . . . . . . . | 14 |
| **Romancear** . . . . . | Romancear . . . . . . . | 15 |
| (irregular) | | |
| **Romper** . . . . . . . . | Romper . . . . . . . . . . | 5 |
| (particípio irregular) | | |
| **Roncar** . . . . . . . . . | Roncar . . . . . . . . | 12 |
| **Rondar** . . . . . . . . | Rondar . . . . . . . . | 4 |
| **Ronronar** . . . . . . . | Ronronear . . . . . . | 4 |
| **Roscar** . . . . . . . . . | Roscar . . . . . . . . | 12 |
| **Rosnar** . . . . . . . . . | Rebuznar . . . . . . | 4 |
| **Rotular** . . . . . . . . | Rotular . . . . . . . | 4 |
| **Roubar** . . . . . . . . | Robar . . . . . . . . | 4 |
| **Ruborecer** . . . . . . | Ruborizar . . . . . . | 25 |
| **Ruborizar** . . . . . . | Ruborizar . . . . . . | 4 |
| **Rubricar** . . . . . . . | Rubricar . . . . . . | 12 |
| **Rugir** . . . . . . . . . | Rugir . . . . . . . . | 52 |
| (defectivo unipersonal) | | |
| **Rumar** . . . . . . . . . | Ir . . . . . . . . . . . . | 4 |

## S

| | | |
|---|---|---|
| **Saber** . . . . . . . . . . | Saber . . . . . . . . . . | 35 |
| (irregular) | | |
| **Saborear** . . . . . . . | Saborear . . . . . . . | 15 |
| (irregular) | | |
| **Sabotar** . . . . . . . . | Sabotear . . . . . . | 4 |
| **Saciar** . . . . . . . . . | Saciar. . . . . . . . | 16 |
| **Sacramentar** . . . . | Sacramentar . . . . . | 4 |
| **Sacrificar** . . . . . . | Sacrificar . . . . . | 12 |
| **Sacudir** . . . . . . . . | Sacudir . . . . . . . . | 61 |
| (irregular) | | |
| **Sair** . . . . . . . . . . | Salir . . . . . . . . . . | 68 |
| (irregular) | | |
| **Saldar** . . . . . . . . | Saldar . . . . . . . | 4 |
| **Salgar** . . . . . . . . | Salar . . . . . . . . | 14 |
| **Salivar** . . . . . . . . | Salivar . . . . . . . | 4 |
| **Salpicar** . . . . . . . | Salpicar . . . . . . | 12 |
| **Saltar** . . . . . . . . . | Saltar . . . . . . . | 4 |
| **Salvaguardar** . . . . | Salvaguardar . . . . . | 4 |
| **Salvar** . . . . . . . . | Salvar. . . . . . . | 4 |
| (particípio irregular) | | |
| **Sambar** . . . . . . . . | Bailar samba . . . . . . | 4 |
| **Sanar** . . . . . . . . . . | Sanar . . . . . . . . | 4 |
| **Sancionar** . . . . . . | Sancionar . . . . . . | 4 |
| **Sanear** . . . . . . . . | Sanear . . . . . . . | 15 |
| (irregular) | | |
| **Sangrar** . . . . . . . . | Sangrar . . . . . . . | 4 |

| | | |
|---|---|---|
| **Santificar** . . . . . . | Santificar . . . . . . | 12 |
| **Sapatear** . . . . . . . | Zapatear . . . . . . . | 15 |
| (irregular) | | |
| **Saquear** . . . . . . . . | Saquear . . . . . . . | 15 |
| (irregular) | | |
| **Sarar** . . . . . . . . . | Sanar . . . . . . . . | 4 |
| **Satirizar** . . . . . . . | Satirizar . . . . . . | 4 |
| **Satisfazer** . . . . . . | Satisfacer . . . . . . | 31 |
| (irregular) | | |
| **Saturar** . . . . . . . . | Saturar. . . . . . . | 4 |
| **Saudar** . . . . . . . . | Saludar . . . . . . | 19 |
| **Secar** . . . . . . . . . | Secar . . . . . . . | 12 |
| **Secionar** . . . . . . . | Seccionar . . . . . . | 4 |
| **Secularizar** . . . . . | Secularizar . . . . . | 4 |
| **Secundar** . . . . . . . | Secundar . . . . . . | 4 |
| **Sedimentar** . . . . . | Sedimentar . . . . | 4 |
| **Seduzir** . . . . . . . . | Seducir . . . . . . | 72 |
| (irregular) | | |
| **Segmentar** . . . . . . | Segmentar . . . . . . | 4 |
| **Segredar** . . . . . . . | Secretear . . . . . | 4 |
| **Segregar** . . . . . . . | Segregar . . . . . . | 14 |
| **Seguir** . . . . . . . . . | Seguir . . . . . . | 55 |
| (irregular) | | |
| **Segurar** . . . . . . . . | Asegurar . . . . . . | 4 |
| **Selar** . . . . . . . . . | Sellar . . . . . . | 4 |
| **Selecionar** . . . . . . | Seleccionar . . . . . . | 4 |
| **Semear** . . . . . . . . | Sembrar. . . . . . . | 15 |
| (irregular) | | |
| **Semelhar** . . . . . . . | Semejar . . . . . . | 4 |
| **Sensibilizar** . . . . | Sensibilizar . . . . . | 4 |
| **Sentar** . . . . . . . . . | Sentar . . . . . . | 4 |
| **Sentenciar** . . . . . | Sentenciar . . . . . . | 18 |
| (irregular) | | |
| **Sentir**. . . . . . . . . | Sentir . . . . . . . . | 56 |
| (irregular) | | |
| **Separar** . . . . . . . . | Separar . . . . . . | 4 |
| **Sepultar** . . . . . . . | Sepultar . . . . . . | 4 |
| **Seqüestrar** . . . . . | Secuestrar . . . . . | 4 |
| **Ser** . . . . . . . . . . | Ser . . . . . . . . . . | 3 |
| (irregular) | | |
| **Ser elogiado** . . . . | Ser elogiado . . . . . | 9 |
| **Serenar** . . . . . . . . | Serenar . . . . . | 4 |
| **Serpentear** . . . . . | Serpentear . . . . . | 15 |
| (irregular) | | |
| **Serrar** . . . . . . . . . | Serrar . . . . . . . . | 4 |
| **Servir**. . . . . . . . . | Servir . . . . . . | 54 |
| (irregular) | | |
| **Setorizar**. . . . . . . | Tallar . . . . . | 4 |
| **Sigilar** . . . . . . . . | Actuar con sigilo . . . | 4 |
| **Significar** . . . . . . | Significar . . . . . | 12 |
| **Silenciar** . . . . . . . | Silenciar . . . . . | 16 |
| **Simbolizar** . . . . . | Simbolizar . . . . . | 4 |
| **Simpatizar** . . . . . | Simpatizar . . . . | 4 |
| **Simplificar** . . . . . | Simplificar . . . . | 12 |
| **Simular** . . . . . . . . | Simular . . . . . | 4 |

| | | |
|---|---|---|
| **Surrar (golpear)** . | Pegar | 4 |
| **Surtir** | Surtir | 6 |
| **Suscitar** | Suscitar | 4 |
| **Suspeitar** | Sospechar | 4 |
| **Suspender** | Suspender | 5 |
| **Sussurrar** | Susurrar | 4 |
| **Sustentar** | Sustentar | 4 |
| **Suturar** | Suturar | 4 |

## T

| | | |
|---|---|---|
| **Tabelar** | Tabular | 4 |
| **Tabular** | Tabular | 4 |
| **Tagarelar** | Hablar como | 4 |
| | tarabilla | |
| **Talhar** | Tallar | 4 |
| **Tamborilar** | Tamborilear | 4 |
| **Tampar** | Tapar | 4 |
| **Tapar** | Tapar | 4 |
| **Tapear** | Engañar | 15 |
| (irregular) | | |
| **Taquigrafar** | Taquigrafiar | 4 |
| **Tarar** | Tarar | 4 |
| **Tardar** | Tardar | 4 |
| **Tarifar** | Tarifar | 4 |
| **Tarjar** | Tarjar | 4 |
| **Tatuar** | Tatuar | 4 |
| **Taxar** | Tasar | 4 |
| **Teatralizar** | Teatralizar | 4 |
| **Tecer** | Tejer | 25 |
| **Teclar** | Teclear | 4 |
| **Telefonar** | Telefonear | 4 |
| **Telegrafar** | Telegrafiar | 4 |
| **Televisar** | Televisar | 4 |
| **Telhar** | Tejar | 4 |
| **Temer** | Temer | 5 |
| **Temperar** | Sazonar | 4 |
| **Temporalizar** | Temporalizar | 4 |
| **Teorizar** | Teorizar | 4 |
| **Ter** | Tener | 1 |
| (irregular) | | |
| **Terminar** | Terminar | 4 |
| **Testar** | Testar | 4 |
| **Testemunhar** | Testimoniar | 4 |
| **Timbrar** | Timbrar | 4 |
| **Tingir** | Teñir | 52 |
| **Tipificar** | Tipificar | 12 |
| **Tiranizar** | Tiranizar | 4 |
| **Tirar** | Sacar | 4 |
| **Titubear** | Titubear | 15 |
| (irregular) | | |
| **Titular** | Titular | 4 |
| **Tocar** | Tocar | 12 |
| **Tolerar** | Tolerar | 4 |

| | | |
|---|---|---|
| **Tomar** | Tomar | 4 |
| **Tonificar** | Tonificar | 12 |
| **Torcer** | Torcer | 25 |
| **Tornar** | Tornar | 4 |
| **Tornear** | Tornear | 15 |
| (irregular) | | |
| **Torpedear** | Torpedear | 15 |
| (irregular) | | |
| **Torrar** | Tostar | 4 |
| **Torturar** | Torturar | 4 |
| **Tossir** | Toser | 59 |
| (irregular) | | |
| **Tostar** | Tostar | 4 |
| **Totalizar** | Totalizar | 4 |
| **Trabalhar** | Trabajar | 4 |
| **Traçar** | Trazar | 13 |
| **Traduzir** | Traducir | 72 |
| (irregular) | | |
| **Traficar** | Traficar | 12 |
| **Tragar** | Tragar | 14 |
| **Trair** | Traicionar | 68 |
| (irregular) | | |
| **Trajar** | Trajear | 4 |
| **Tramar** | Tramar | 4 |
| **Trambicar** | Trampear | 12 |
| **Tramitar** | Tramitar | 4 |
| **Tramear** | Cerrar | 4 |
| **Trancafiar** | Aherrojar | 16 |
| **Trancar** | Cerrar | 4 |
| **Trançar** | Trenzar | 13 |
| **Tranqüilizar** | Tranquilizar | 4 |
| **Transar** | Fornicar | 4 |
| **Transcorrer** | Transcurrir | 5 |
| **Transcrever** | Transcribir | 5 |
| (participio irregular) | | |
| **Transferir** | Transferir | 57 |
| (irregular) | | |
| **Transformar** | Transformar | 4 |
| **Transgredir** | Transgredir | 57 |
| (irregular) | | |
| **Transigir** | Transigir | 52 |
| **Transitar** | Transitar | 4 |
| **Transmitir** | Transmitir | 6 |
| **Transparecer** | Transparentar | 25 |
| **Transpirar** | Transpirar | 4 |
| **Transplantar** | Trasplantar | 4 |
| **Transpor** | Trasponer | 45 |
| · (irregular) | | |
| **Transtornar** | Trastornar | 4 |
| **Trapacear** | Trampear | 15 |
| (irregular) | | |
| **Trasladar** | Trasladar | 4 |
| **Tratar** | Tratar | 4 |
| **Trazer** | Traer | 30 |
| (irregular) | | |

## U

## V

# ESPAÑOL – PORTUGUÉS

## A

| | | |
|---|---|---|
| Abandonar | **Abandonar** | 4 |
| Abanicar | **Abanar** | 4 |
| Abarcar | **Abarcar** | 12 |
| Abarcar | **Abranger** | 26 |
| Abarrotar | **Abarrotar** | 4 |
| Abastecer | **Abastecer** | 25 |
| Abatir | **Abater** | 5 |
| Abdicar | **Abdicar** | 12 |
| Abismar | **Abismar** | 4 |
| Ablandar | **Amolecer** | 25 |
| Ablandar | **Abrandar** | 4 |
| Ablandar | **Afofar** | 4 |
| Abofetear | **Esbofetear** | 15 |
| | (irregular) | |
| Abogar | **Advogar** | 14 |
| Abolir | **Abolir** | 81 |
| | (irregular) | |
| Abominar | **Abominar** | 4 |
| Abonar | **Abonar** | 4 |
| Abordar | **Abordar** | 4 |
| Abortar | **Abortar** | 4 |
| Abotonar | **Abotoar** | 20 |
| Abrasar | **Abrasar** | 4 |
| Abrasileñar | **Abrasileirar** | 4 |
| (utilizar elementos de la cultura brasileña) | | |
| Abrazar | **Abraçar** | 13 |
| Abreviar | **Abreviar** | 16 |
| Abrigar | **Abrigar** | 14 |
| Abrigar | **Agasalhar** | 4 |
| Abrillantar | **Abrilhantar** | 4 |
| Abrir | **Escancarar** | 4 |
| Abrir | **Abrir** | 6 |
| | (participio irregular) | |
| Abrochar | **Abrochar** | 4 |
| Absolver | **Absolver** | 5 |
| Absorber | **Absorver** | 5 |
| Abstenerse | **Abster** (irregular) | 1 |
| Abstraer | **Abstrair** | 68 |
| Abundar | **Abundar** | 4 |
| Aburguesarse | **Aburguesar** | 4 |
| Abusar | **Abusar** | 4 |
| Acabar | **Acabar** | 4 |

| | | |
|---|---|---|
| Acalorar | **Acalorar** | 4 |
| Acampar | **Acampar** | 4 |
| Acariciar | **Afagar** | 14 |
| Acariciar | **Acariciar** | 16 |
| Acatar | **Acatar** | 4 |
| Acceder | **Aceder** | 5 |
| | (participio irregular) | |
| Accidentar | **Acidentar** | 4 |
| Accionar | **Acionar** | 4 |
| Aceitar | **Azeitar** | 4 |
| Acelerar | **Acelerar** | 4 |
| Acentuar | **Acentuar** | 4 |
| Aceptar | **Aceitar** | 4 |
| Acercarse | **Aprochegar-se** | 14 (7) |
| | (pronominal) | |
| Acertar | **Acertar** | 4 |
| Aclamar | **Aclamar** | 4 |
| Aclarar | **Aclarar** | 4 |
| Aclimatar | **Aclimatar** | 4 |
| Acoger | **Aconchegar** | 14 |
| Acoger | **Acolher** | 5 |
| Acolchar | **Acolchoar** | 20 |
| Acometer | **Acometer** | 5 |
| Acomodar | **Acomodar** | 4 |
| Acomodarse | **Acomodar-se** | 7 |
| | (pronominal) | |
| Acompañar | **Acompanhar** | 4 |
| Acondicionar | **Acondicionar** | 4 |
| Aconsejar | **Aconselhar** | 4 |
| Acontecer | **Acontecer** | 46 |
| | (defectivo unipersonal) | |
| Acoplar | **Acoplar** | 4 |
| Acordar | **Lembrar** | 4 |
| Acostar | **Deitar** | 4 |
| Acostarse | **Deitar-se** | 7 |
| | (pronominal) | |
| Acostumbrar | **Acostumar** | 4 |
| Acrecentar | **Acrescentar** | 4 |
| Acreditar | **Acreditar** | 4 |
| Activar | **Ativar** | 4 |
| Actualizar | **Atualizar** | 4 |
| Actuar | **Atuar** | 4 |
| Actuar | **Agir** | 52 |

| | | |
|---|---|---|
| Actuar | Contracenar | 4 |
| Actuar con sigilo | Sigilar | 4 |
| Acuchillar | Esfaquear | 15 |
| | (irregular) | |
| Acudir | Acudir | 61 |
| | (irregular) | |
| Acumular | Acumular | 4 |
| Acusar | Acusar | 4 |
| Achatar | Achatar | 4 |
| Adaptar | Adaptar | 4 |
| Adaptarse | Adaptar-se | 7 |
| | (pronominal) | |
| Adecuar | Adequar | 23 |
| Adelantar | Adiantar | 4 |
| Adelantarse | Adiantar-se | 7 |
| | (pronominal) | |
| Adelgazar | Emagrecer | 25 |
| Adentrar | Adentrar | 4 |
| Adherir | Aderir (irregular) | 57 |
| Adicionar | Adicionar | 4 |
| Adiestrar | Adestrar | 4 |
| Adivinar | Adivinhar | 4 |
| Adjetivar | Adjetivar | 4 |
| Administrar | Gerenciar | 16 |
| Administrar | Administrar | 4 |
| Administrar | Gerir | 57 |
| | (irregular) | |
| Admirar | Admirar | 4 |
| Admirarse | Admirar-se | 7 |
| | (pronominal) | |
| Adoptar | Adotar | 4 |
| Adorar | Adorar | 4 |
| Adormecer | Adormecer | 25 |
| Adornar | Adereçar | 13 |
| Adornar | Adornar | 4 |
| Adornar | Enfeitar | 4 |
| Adquirir | Adquirir | 6 |
| Adular | Bajular | 4 |
| Adulterar | Adulterar | 4 |
| Advertir | Advertir | 54 |
| Afamar | Afamar | 4 |
| Afectar | Afetar | 4 |
| Afeminar | Afeminar | 4 |
| Afianzar | Afiançar | 13 |
| Aficionar | Afeiçoar | 20 |
| Afilar | Afiar | 16 |
| Afilar | Afilar | 4 |
| Afiliar | Afiliar | 16 |
| Afiliarse | Afiliar-se | 7 |
| | (pronominal) | |
| Afinar | Afinar | 4 |
| Afirmar | Afirmar | 4 |
| Afirmarse | Afirmar-se | 7 |
| | (pronominal) | |
| Afligir | Afligir | 52 |

| | | |
|---|---|---|
| Aflojar | Afrouxar | 4 |
| Aflorar | Aflorar | 4 |
| Afluir | Afluir | 74 |
| Afrancesar | Afrancesar | 4 |
| Africanizar | Africanizar | 4 |
| Afrontar | Afrontar | 4 |
| Agachar | Agachar | 4 |
| Agacharse | Agachar-se | 7 |
| | (pronominal) | |
| Agarrar | Agarrar | 4 |
| Agenciar | Agenciar | 16 |
| Agigantar | Agigantar | 4 |
| Agilizar | Agilizar | 4 |
| Agitar | Agitar | 4 |
| Agitarse | Agitar-se | 7 |
| | (pronominal) | |
| Aglomerar | Aglomerar | 4 |
| Aglutinar | Aglutinar | 4 |
| Agonizar | Agonizar | 4 |
| Agotar | Esgotar | 4 |
| Agraciar | Agraciar | 16 |
| Agradar | Agradar | 4 |
| Agradecer | Agradecer | 25 |
| Agravar | Agravar | 4 |
| Agredir | Agredir (irregular) | 58 |
| Agregar | Agregar | 14 |
| Agremiar | Agremiar | 16 |
| Agrisar | Acinzentar | 4 |
| Agrupar | Agrupar | 4 |
| Aguantar | Aguentar | 4 |
| Aguar | Aguar | 22 |
| Aguardar | Aguardar | 4 |
| Agujerar | Agulhar | 4 |
| Agujerar | Esburacar | 12 |
| Agujerar | Furar | 4 |
| Aguzar | Aguçar | 13 |
| Aherrojar | Trancafiar | 16 |
| Ahogar | Afogar | 14 |
| Ahorcar | Enforcar | 12 |
| Ahorrar | Poupar | 4 |
| Ahuyentar | Afugentar | 4 |
| Airear | Arejar | 4 |
| Aislar | Ilhar | 4 |
| Aislar | Isolar | 4 |
| Ajustar | Ajustar | 4 |
| Alabar | Louvar | 4 |
| Alaciar | Desencrespar | 4 |
| Alardear | Alardear | 15 |
| | (irregular) | |
| Alarmar | Alarmar | 4 |
| Albear | Alvejar | 4 |
| Albergar | Albergar | 14 |
| Alborotar | Rebuliçar | 13 |
| Alborozar | Alvoroçar | 13 |
| Alcanzar | Alcançar | 13 |

| | | |
|---|---|---|
| Arremeter ....... | **Arremeter** ...... | 5 |
| Arrendar ........ | **Arrendar** ....... | 4 |
| Arriesgar ....... | **Arriscar** ........ | 12 |
| Arrodillar ...... | **Ajoelhar** ....... | 4 |
| Arrojar ......... | **Arrojar** ....... | 4 |
| Arrugar ......... | **Amassar** ....... | 4 |
| Arrugar ......... | **Enrugar** ....... | 14 |
| Arruinar ........ | **Arruinar** ....... | 4 |
| Arruinar ........ | **Falir** ........... | 79 |
| (quebrar) | (defectivo personal) | |
| Arrullar ........ | **Acalentar** ....... | 4 |
| Articular ........ | **Articular** ....... | 4 |
| Asalariar ........ | **Assalariar** ...... | 16 |
| Asaltar.......... | **Assaltar** ........ | 4 |
| Asar ........... | **Assar** .......... | 4 |
| Ascender ....... | **Ascender** ....... | 5 |
| Asear .......... | **Assear** ......... | 15 |
| | (irregular) | |
| Asediar ......... | **Assediar** ...... | 16 |
| Asegurar ....... | **Segurar** ...... | 4 |
| Asegurar ....... | **Assegurar** ...... | 4 |
| Asemejar ....... | **Assemelhar** ..... | 4 |
| Asentar ......... | **Assentar** ...... | 4 |
| | (participio irregular) | |
| Asentir.......... | **Assentir** ........ | 56 |
| | (irregular) | |
| Asesinar......... | **Assassinar** ...... | 4 |
| Asesorar ........ | **Assessorar** ...... | 4 |
| Asfaltar ......... | **Asfaltar** ....... | 4 |
| Asfixiar ......... | **Asfixiar** ....... | 16 |
| Asilar............ | **Asilar** .......... | 4 |
| Asimilar.......... | **Assimilar**....... | 4 |
| Asistir .......... | **Assistir** ....... | 6 |
| Asociar ......... | **Associar**........ | 16 |
| Asolar .......... | **Assolar**........ | 4 |
| Asombrar ....... | **Assombrar** ...... | 4 |
| Aspirar ......... | **Aspirar**........ | 4 |
| Astillar (vidrio) .... | **Estilhaçar** ...... | 13 |
| Asumir.......... | **Arcar** ....... | 12 |
| Asumir.......... | **Assumir** ........ | 6 |
| Asustar ......... | **Assustar** ...... | 4 |
| Atacar .......... | **Atacar** ........ | 12 |
| Atajar .......... | **Atalhar**....... | 4 |
| Atar ........... | **Atar**....... | 4 |
| Atarantar........ | **Atarantar**...... | 4 |
| Atarear ........ | **Atarefar** ....... | 4 |
| Atascar ........ | **Entalar**....... | 4 |
| Atemorizar ...... | **Atemorizar** ...... | 4 |
| Atender ........ | **Atender** ....... | 5 |
| Atentar ........ | **Atentar**....... | 4 |
| Atenuar ......... | **Atenuar** ....... | 4 |
| Aterrar.......... | **Aterrar** ....... | 4 |
| Aterrizar ........ | **Aplanar** ....... | 4 |
| Aterrizar ........ | **Aterrizar** ....... | 4 |
| Aterrorizar ...... | **Aterrorizar** ...... | 4 |

| | | |
|---|---|---|
| Atestar.......... | **Atestar** ......... | 4 |
| Atinar........... | **Atinar** ......... | 4 |
| Atizar........... | **Atiçar** ......... | 13 |
| Atolondrar........ | **Atordoar** ........ | 20 |
| Atollar .......... | **Atolar** ......... | 4 |
| Atormentar ...... | **Atormentar** ...... | 4 |
| Atormentarse ..... | **Atormentar-se** ... | 7 |
| | (pronominal) | |
| Atornillar........ | **Parafusar** ....... | 4 |
| Atornillar........ | **Aparafusar** ...... | 4 |
| Atornillar........ | **Atarraxar** ....... | 4 |
| Atracar .......... | **Atracar**........ | 12 |
| Atraer .......... | **Atrair** .......... | 68 |
| | (irregular) | |
| Atragantar........ | **Engasgar** ........ | 14 |
| Atragantarse ...... | **Engasgar-se** ..... | 7 |
| | (pronominal) | |
| Atrasar ......... | **Atrasar**......... | 4 |
| Atravesar........ | **Atravessar**....... | 4 |
| Atribuir ......... | **Atribuir** ........ | 74 |
| | (irregular) | |
| Atribular ........ | **Atribular** ........ | 4 |
| Atrofiar ......... | **Atrofiar** ....... | 16 |
| Atropellar ....... | **Atropelar**........ | 4 |
| Aturdir .......... | **Aturdir**......... | 6 |
| Aturdirse ........ | **Aturdir-se** ...... | 7 |
| | (pronominal) | |
| Auditar .......... | **Auditar** ......... | 4 |
| Augurar.......... | **Augurar** ......... | 4 |
| Aullar .......... | **Uivar** ........ 46 (4) | |
| | (defectivo unipersonal) | |
| Aumentar ........ | **Aumentar** ....... | 4 |
| Aureolar ......... | **Aureolar** ........ | 4 |
| Ausentarse ....... | **Ausentar-se** ..... | 7 |
| | (pronominal) | |
| Autentificar....... | **Autenticar** ....... | 12 |
| Autoanalizarse .... | **Autoanalizar-se** .. | 7 |
| | (pronominal) | |
| Automatizar ...... | **Automatizar** ..... | 4 |
| Autorizar......... | **Autorizar**........ | 4 |
| Auxiliar .......... | **Auxiliar** ......... | 16 |
| Avanzar.......... | **Avançar** ......... | 13 |
| Avasallar ........ | **Avassalar** ....... | 4 |
| Aventajar ........ | **Avantajar** ....... | 4 |
| Aventurar ........ | **Aventurar** ....... | 4 |
| Aventurarse....... | **Aventurar-se**..... | 7 |
| | (pronominal) | |
| Avergonzar ....... | **Envergonhar** .... | 4 |
| Averiar .......... | **Avariar**......... | 16 |
| Averiarse ........ | **Avariar-se** ....... | 7 |
| | (pronominal) | |
| Averiguar ........ | **Averiguar** ....... | 21 |
| Aviar ........... | **Aviar**............ | 16 |
| Avisar .......... | **Avisar**........... | 4 |
| Avistar .......... | **Avistar** .......... | 4 |

| | | |
|---|---|---|
| Avivar | **Reacender** | 5 |
| Avivar | **Avivar** | 4 |
| Ayudar | **Ajudar** | 4 |
| Ayunar | **Jejuar** | 4 |
| Azotar | **Açoitar** | 4 |
| Azucarar | **Açucarar** | 4 |
| Azular | **Azular** | 4 |
| Azulejar | **Azulejar** | 4 |
| Azuzar | **Assanhar** | 4 |

## B

| | | |
|---|---|---|
| Babear | **Babar** | 4 |
| Babearse | **Babar-se** (pronominal) | 7 |
| Bailar samba | **Sambar** | 4 |
| Bajar | **Abaixar** | 4 |
| Bajar | **Baixar** | 4 |
| Bajar | **Descer** | 25 |
| Balancear | **Balancear** (irregular) | 15 |
| Balbucir | **Balbuciar** | 16 |
| Bambolear | **Bambolear** | 15 |
| Bañar | **Banhar** | 4 |
| Bañarse | **Banhar-se** (pronominal) | 7 |
| Baratear | **Baratear** (irregular) | 15 |
| Barbarizar | **Barbarizar** | 4 |
| Barbear | **Barbear** (irregular) | 15 |
| Barnizar | **Envernizar** | 4 |
| Barrer | **Varrer** | 5 |
| Basar | **Basear** (irregular) | 15 |
| Bastar | **Bastar** | 4 |
| Batallar | **Batalhar** | 4 |
| Batir | **Bater** | 5 |
| Bautizar | **Batizar** | 4 |
| Beber | **Beber** | 5 |
| Bendecir | **Abençoar** | 20 |
| Bendecir | **Bendizer** (irregular) | 29 |
| Bendecir | **Benzer** | 32 |
| Beneficiar | **Beneficiar** | 16 |
| Bermejear | **Avermelhar** | 4 |
| Berrear | **Berrar** | 4 |
| Besar | **Beijar** | 4 |
| Besuquear | **Beijocar** | 12 |
| Bifurcar | **Bifurcar** | 12 |
| Biografiar | **Biografar** | 4 |
| Blanquear | **Embranquecer** | 25 |
| Blanquear | **Branquear** (irregular) | 15 |

| | | |
|---|---|---|
| Blasfemar | **Blasfemar** | 4 |
| Bloquear | **Bloquear** (irregular) | 15 |
| Bobear | **Bobear** (irregular) | 15 |
| Boicotear | **Boicotar** | 4 |
| Bombardear | **Bombardear** (irregular) | 15 |
| Bombear | **Bombear** (irregular) | 15 |
| Bonificar | **Bonificar** | 12 |
| Borbollar | **Borbulhar** | 4 |
| Bordar | **Bordar** | 4 |
| Bostezar | **Bocejar** | 4 |
| Brillar | **Brilhar** | 4 |
| Brindar | **Brindar** | 4 |
| Bromear | **Caçoar** | 20 |
| Broncear | **Bronzear** (irregular) | 15 |
| Brotar | **Brotar** (defectivo unipersonal) | 46 (4) |
| Bucear | **Mergulhar** | 4 |
| Burlar | **Zombar** | 4 |
| Burlar | **Burlar** | 4 |
| Burocratizar | **Burocratizar** | 4 |
| Buscar | **Buscar** | 12 |

## C

| | | |
|---|---|---|
| Cabalgar | **Cavalgar** | 14 |
| Cabecear | **Cabecear** (irregular) | 15 |
| Caber | **Caber** (irregular) | 34 |
| Cacarear | **Cacarejar** (defectivo unipersonal) | 46 (4) |
| Caducar (envejecer para personas) | **Caducar** | 12 |
| Caer | **Esborrachar** | 4 |
| Caer | **Cair** (irregular) | 68 |
| Cagar | **Cagar** | 14 |
| Calafatear | **Calafetar** | 4 |
| Calcar | **Calcar** | 12 |
| Calcificar | **Calcificar** | 12 |
| Calcular | **Calcular** | 4 |
| Calcular kilómetros | **Quilometrar** | 4 |
| Calentar | **Aquecer** | 25 |
| Calentar | **Esquentar** | 4 |
| Calentar | **Estufar** | 4 |
| Calificar | **Qualificar** | 12 |
| Calibrar | **Calibrar** | 4 |
| Caligrafiar | **Caligrafar** | 4 |
| Calmar | **Acalmar** | 4 |

| Español | Português | |
|---|---|---|
| Calzar | Calçar | 13 |
| Calzarse | Calçar-se (pronominal) | 7 |
| Callar | Calar | 4 |
| Callar | Emudecer | 25 |
| Callarse | Calar-se (pronominal) | 7 |
| Cambiar | Mudar | 4 |
| Cambiar | Destrocar | 12 |
| Cambiar (dinero) | Cambiar | 16 |
| Caminar | Caminhar | 4 |
| Camuflar | Camuflar | 4 |
| Canalizar | Canalizar | 4 |
| Cancelar | Cancelar | 4 |
| Cancerar | Cancerar | 4 |
| Canonizar | Canonizar | 4 |
| Cansar | Cansar | 4 |
| Cantar | Cantar | 4 |
| Capacitar | Capacitar | 4 |
| Capacitarse | Capacitar-se (pronominal) | 7 |
| Capitalizar | Capitalizar | 4 |
| Capitanear | Capitanear (irregular) | 15 |
| Capotar | Capotar | 4 |
| Captar | Captar | 4 |
| Capturar | Capturar | 4 |
| Caracterizar | Caracterizar | 4 |
| Carbonizar | Carbonizar | 4 |
| Carburar | Carburar | 4 |
| Carcajear | Gargalhar | 4 |
| Carear | Cariar (defectivo unipersonal) | 46 (16) |
| Cargar | Carregar | 14 |
| Caricaturizar | Caricaturar | 4 |
| Carraspear | Pigarrear (irregular) | 15 |
| Casar | Casar | 4 |
| Casarse | Casar-se (pronominal) | 7 |
| Castigar | Castigar | 14 |
| Castrar | Capar | 4 |
| Castrar | Castrar | 4 |
| Catalogar | Catalogar | 14 |
| Categorizar | Categorizar | 4 |
| Catequizar | Catequizar | 4 |
| Catolizar | Catolizar | 4 |
| Causar | Causar | 4 |
| Cautelar | Cautelar | 4 |
| Cauterizar | Cauterizar | 4 |
| Cautivar | Cativar | 4 |
| Cavar | Cavar | 4 |
| Cavilar | Cismar | 4 |
| Cazar | Caçar | 13 |
| Cebar | Cevar | 4 |
| Ceder | Ceder | 5 |
| Cegar | Cegar | 14 |
| Celebrar | Celebrar | 4 |
| Cenar | Jantar | 4 |
| Cenar (noches de festividades "Navidad"...) | Cear (irregular) | 15 |
| Censar | Recensear (irregular) | 15 |
| Censurar | Censurar | 4 |
| Centellear | Faiscar | 12 |
| Centralizar | Centralizar | 4 |
| Centrar | Centrar | 4 |
| Centrifugar | Centrifugar | 14 |
| Cepillar | Escovar | 4 |
| Cercar | Cercar | 12 |
| Cercenar | Cercear (irregular) | 15 |
| Cerrar | Fechar | 4 |
| Certificar | Certificar | 12 |
| Cesar | Cessar | 4 |
| Chamuscar | Chamuscar | 12 |
| Chantajear | Chantagear (irregular) | 15 |
| Charlar | Palestrar | 4 |
| Charlar | Tagarelar | 4 |
| Chicotear | Chicotear (irregular) | 15 |
| Chicotear | Chibatear (irregular) | 15 |
| Chicotear | Chibatar | 4 |
| Chiflar | Assobiar | 16 |
| Chiflar | Assoviar | 16 |
| Chillar | Guinchar | 4 |
| Chillar | Chiar | 16 |
| Chismear | Fofocar | 12 |
| Chismear | Bisbilhotar | 4 |
| Chismorrear | Xeretar | 4 |
| Chispear | Chispar | 4 |
| Chocar | Chocar | 12 |
| Chocar | Colidir | 6 |
| Chorrear | Jorrar | 4 |
| Chupar | Chupar | 4 |
| Chutar | Chutar | 4 |
| Cicatrizar | Cicatrizar | 4 |
| Cifrar | Cifrar | 4 |
| Cimentar | Cimentar | 4 |
| Cinematografiar | Cinematografar | 4 |
| Cintilar | Cintilar | 4 |
| Circular | Circular | 4 |
| Circundar | Circundar | 4 |
| Circunnavegar | Circunavegar | 14 |
| Circunscribir | Circunscrever (participio irregular) | 5 |
| Citar | Citar | 4 |

| | | | | | | |
|---|---|---|---|---|---|---|
| Civilizar | **Civilizar** | 4 | Compartir | **Compartir** | 6 |
| Clamorear | **Clamar** | 4 | Compenetrar | **Compenetrar** | 4 |
| Clarear | **Clarear** | 15 | Compensar | **Compensar** | 4 |
| | (irregular) | | Competir | **Competir** | 57 |
| Clasificar | **Classificar** | 12 | | (irregular) | |
| Clavar | **Cravar** | 4 | Compilar | **Compilar** | 4 |
| Climatizar | **Climatizar** | 4 | Complacer | **Prazer** | 49 |
| Coaccionar | **Coagir** | 52 | | (defectivo unipersonal) | |
| Coadyuvar | **Coadjuvar** | 4 | Complacer | **Comprazer** | 33 |
| Coagular | **Coagular** | 4 | | (irregular) | |
| Cobrar | **Cobrar** | 4 | Complementar | **Complementar** | 4 |
| Cocer | **Cozer** | 5 | Completar | **Inteirar** | 4 |
| Cocinar | **Cozinhar** | 4 | Completar | **Completar** | 4 |
| Codear | **Catucar** | 12 | Complicar | **Complicar** | 12 |
| Codear | **Acotovelar** | 4 | Componer | **Compor** | 45 |
| Codiciar | **Cobiçar** | 13 | | (participio irregular) | |
| Codificar | **Codificar** | 12 | Comportar | **Comportar** | 4 |
| Coexistir | **Coexistir** | 6 | Comprar | **Comprar** | 4 |
| Cogitar | **Cogitar** | 4 | Comprender | **Compreender** | 5 |
| Cohabitar | **Coabitar** | 4 | Comprimir | **Comprimir** | 6 |
| Coincidir | **Calhar** | 4 | Comprobar | **Comprovar** | 4 |
| Coincidir | **Coincidir** | 6 | Comprometer | **Comprometer** | 5 |
| Cojear | **Mancar** | 12 | Computar | **Computar** | 4 |
| Cojear | **Capengar** | 14 | Computarizar | **Computadorizar** | 4 |
| Colaborar | **Colaborar** | 4 | Comulgar | **Comungar** | 14 |
| Colar (filtrar) | **Coar** | 20 | Comunicar | **Comunicar** | 12 |
| Coleccionar | **Colecionar** | 4 | Concatenar | **Concatenar** | 4 |
| Colectar | **Coletar** | 4 | Concebir | **Conceber** | 5 |
| Colgar | **Pendurar** | 4 | Conceder | **Conceder** | 5 |
| Colgar | **Dependurar** | 4 | Concentrar | **Concentrar** | 4 |
| Coligar | **Coligar** | 14 | Conceptuar | **Conceituar** | 4 |
| Coligarse | **Coligar-se** | 7 | Concernir | **Concernir** | 54 |
| | (pronominal) | | Conciliar | **Conciliar** | 16 |
| Colocar | **Posicionar** | 4 | Concluir | **Concluir** | 74 |
| Colonizar | **Colonizar** | 4 | Concordar | **Concordar** | 4 |
| Colorear | **Corar** | 4 | Concretar | **Concretizar** | 4 |
| Colorear | **Colorir** | 82 | Concurrir | **Concorrer** | 5 |
| | (defectivo personal) | | Condecorar | **Condecorar** | 4 |
| Combatir | **Combater** | 5 | Condenar | **Condenar** | 4 |
| Combinar | **Combinar** | 4 | Condensar | **Condensar** | 4 |
| Comedir | **Comedir** | 79 | Condescender | **Condescender** | 5 |
| | (defectivo impersonal) | | Condicionar | **Condicionar** | 4 |
| Comentar | **Comentar** | 4 | Condimentar | **Condimentar** | 4 |
| Comenzar | **Começar** | 13 | Condoler | **Condoer** | 28 |
| Comer | **Comer** | 5 | Conducir | **Conduzir** | 72 |
| Comercializar | **Comercializar** | 4 | | (irregular) | |
| Cometer | **Cometer** | 5 | Conectar | **Conectar** | 4 |
| Compadecer | **Compadecer** | 25 | Confabular | **Confabular** | 4 |
| Compadecerse | **Compadecer-se** | 7 | Confeccionar | **Confeccionar** | 4 |
| | (pronominal) | | Confederar | **Confederar** | 4 |
| Comparar | **Comparar** | 4 | Conferenciar | **Conferenciar** | 16 |
| Comparecer | **Comparecer** | 25 | Conferir | **Conferir** | 57 |
| Compartimentar | **Compartimentar** | 4 | | (irregular) | |
| Compartir | **Compartilhar** | 4 | Confesar | **Confessar** | 4 |
| Compartir | **Partilhar** | 4 | Confiar | **Confiar** | 16 |

**161**

| | | | | | |
|---|---|---|---|---|---|
| Deshacer | **Desfazer** | 31 | Desorientarse | **Desorientar-se** | 7 |
| | (irregular) | | | (pronominal) | |
| Deshacer | **Desmanchar** | 4 | Desovar | **Desovar** | 4 |
| Deshebrar | **Desfiar** | 16 | Desoxidar | **Decapar** | 4 |
| Desheredar | **Deserdar** | 4 | Desoxidar | **Desenferrujar** | 4 |
| Deshidratar | **Desidratar** | 4 | Despachar | **Despachar** | 4 |
| Deshonrar | **Desonrar** | 4 | Desparramar | **Espalhar** | 4 |
| Deshuesar | **Descaroçar** | 13 | Desparramar | **Esparramar** | 4 |
| Deshuesar | **Desossar** | 4 | Despedazar | **Retalhar** | 4 |
| Designar | **Designar** | 4 | Despedazar | **Despedaçar** | 13 |
| Desilusionar | **Desiludir** | 6 | Despedazar | **Espatifar** | 4 |
| Desilusionarse | **Desapontar-se** | 7 | Despedir | **Despedir** | 70 |
| | (pronominal) | | | (irregular) | |
| Desinfectar | **Desinfeccionar** | 4 | Despegar | **Decolar** | 4 |
| Desinfectar | **Desinfetar** | 4 | Despegar | **Desgrudar** | 4 |
| Desinflamar | **Desinflamar** | 4 | Despegar | **Descolar** | 4 |
| Desinhibir | **Desinibir** | 6 | Despegar | **Desapegar** | 14 |
| Desintegrar | **Desintegrar** | 4 | Despeinar | **Despentear** | 15 |
| Desinteresarse | **Desinteressar** | 4 | | (irregular) | |
| Desintoxicar | **Desintoxicar** | 12 | Despejar | **Despejar** | 4 |
| Desistir | **Desistir** | 6 | Despeñar | **Despencar** | 12 |
| Deslindar | **Deslindar** | 4 | Desperdiciar | **Desperdiçar** | 13 |
| Deslizar | **Deslizar** | 4 | Despersonalizar | **Despersonalizar** | 4 |
| Deslumbrar | **Deslumbrar** | 4 | Despertar | **Acordar** | 4 |
| Desmagnetizar | **Desmagnetizar** | 4 | | (participio irregular) | |
| Desmancharse | **Desmanchar-se** | 7 | Despertar | **Despertar** | 4 |
| | (pronominal) | | Despilfarrar | **Esbanjar** | 4 |
| Desmantelar | **Desmantelar** | 4 | Despintar | **Despintar** | 4 |
| Desmayar | **Desmaiar** | 16 | Despistar | **Despistar** | 4 |
| Desmembrar | **Desmembrar** | 4 | Desplacer | **Desprazer** | 49 |
| Desmentir | **Desmentir** | 56 | | (defectivounipersonal) | |
| Desmenuzar | **Esmiuçar** | 13 | Desplantar | **Desplantar** | 4 |
| Desmerecer | **Desmerecer** | 25 | Desplazar | **Deslocar** | 12 |
| Desmigajar | **Desfarelar** | 4 | Desplumar | **Depenar** | 4 |
| Desmistificar | **Desmistificar** | 12 | Despoblar | **Depovoar** | 20 |
| Desmitificar | **Desmitificar** | 12 | Despojar | **Despojar** | 4 |
| Desmontar | **Desmontar** | 4 | Despreciar | **Desprezar** | 4 |
| Desmoralizar | **Desmoralizar** | 4 | Desprender | **Desprender** | 5 |
| Desmoronar | **Desabar** | 4 | Despreocupar | **Despreocupar** | 4 |
| Desmoronar | **Desmoronar** | 4 | Desprestigiar | **Desprestigiar** | 16 |
| Desnatar | **Desnatar** | 4 | Desproveer | **Desprover** | 41 |
| Desnaturalizar | **Desnaturalizar** | 4 | | (irregular) | |
| Desnivelar | **Desnivelar** | 4 | Despuntar | **Despontar** | 4 |
| Desnudar | **Despir** | 57 | Destacar | **Destacar** | 12 |
| | (irregular) | | Destapar | **Destampar** | 4 |
| Desobedecer | **Desobedecer** | 25 | Destapar | **Desentupir** | 61 |
| Desobstruir | **Desobstruir** | 74 | Desteñir | **Desbotar** | 4 |
| Desocupar | **Desocupar** | 4 | Desterrar | **Degredar** | 4 |
| Desodorizar | **Desodorizar** | 4 | Desterrar | **Desterrar** | 4 |
| Desolar | **Desolar** | 4 | Destetar | **Desmamar** | 4 |
| Desopilar | **Desopilar** | 4 | Destilar | **Destilar** | 4 |
| Desordenar | **Desarrumar** | 4 | Destinar | **Destinar** | 4 |
| Desordenar | **Desordenar** | 4 | Destituir | **Destituir** | 74 |
| Desordenar | **Bagunçar** | 13 | Destorcer | **Destorcer** | 25 |
| Desorientar | **Desorientar** | 4 | Destornillar | **Desatarraxar** | 4 |

**166**

| | | | |
|---|---|---|---|
| Empobrecer ....... | **Empobrecer** ..... | 25 | Endeudar ........ **Endividar** ....... 4 |
| Empolvar......... | **Empoeirar**....... | 4 | Endeudarse ....... **Endividar-se** .... 7 |
| Emporcar ....... | **Emporcalhar** .... | 4 | (pronominal) |
| Emprender ...... | **Empreender** ..... | 5 | Endiosar ........ **Endeusar**........ 4 |
| Empujar ........ | **Empurrar** ....... | 4 | Endosar ........ **Endossar** ....... 4 |
| Empuñar ........ | **Empunhar**....... | 4 | Endulzar ........ **Adoçar** .......... 13 |
| Enaltecer........ | **Enaltecer**........ | 25 | Endurecer ....... **Endurecer** ....... 25 |
| Enamorar ....... | **Enamorar** ....... | 4 | Energizar........ **Energizar** ....... 4 |
| Enamorar ....... | **Namorar** ........ | 4 | Enervar ........ **Enervar** ........ 4 |
| Enamorar ....... | **Gamar** .......... | 4 | Enfadar ........ **Enfadar** ........ 4 |
| Enamorarse ...... | **Enamorar-se**..... | 7 | Enfadar ........ **Zangar** .......... 14 |
| | (pronominal) | | Enfatizar ........ **Enfatizar** ....... 4 |
| Encabezar ....... | **Encabeçar** ....... | 13 | Enfermar ....... **Adoecer** ........ 25 |
| Encadenar........ | **Acorrentar** ..... | 4 | Enfilar ......... **Enfileirar** ....... 4 |
| Encadenar........ | **Encadear** ........ | 15 | Enflaquecer ...... **Enfraquecer** ..... 25 |
| | (irregular) | | Enfocar ........ **Enfocar** ........ 12 |
| Encajar ......... | **Encaixar** ........ | 4 | Enfrentar........ **Enfrentar** ....... 4 |
| Encajonar ....... | **Encaixotar** ...... | 4 | Enfriar........... **Esfriar** ......... 16 |
| Encajonar ....... | **Engavetar** ....... | 4 | Enganchar ....... **Enganchar** ...... 4 |
| Encaminar....... | **Encaminhar** ..... | 4 | Engañar.......... **Tapear** ......... 15 |
| Encaminar....... | **Enveredar** ....... | 4 | (irregular) |
| Encantar ........ | **Encantar** ....... | 4 | Engañar......... **Ludibriar** ....... 16 |
| Encañar ........ | **Encanar** ........ | 4 | Engañar......... **Embromar** ...... 4 |
| Encapotar ....... | **Encapotar** ...... | 4 | Engañar......... **Enganar** ........ 4 |
| Encarar ........ | **Encarar** ........ | 4 | Engañar......... **Calotear** ......... 15 |
| Encarecer ....... | **Encarecer** ....... | 25 | (financieramente) (irregular) |
| Encargar ........ | **Encarregar** ...... | 14 | Engatillar ........ **Engatilhar**....... 4 |
| Encarnar ....... | **Encarnar** ....... | 4 | Engendrar ....... **Engendrar**....... 4 |
| Encender........ | **Acender** ........ | 5 | Englobar ........ **Englobar** ....... 4 |
| Encerar ........ | **Encerar** ........ | 4 | Engordar......... **Engordar**....... 4 |
| Encerrar ........ | **Encerrar** ....... | 4 | Engranar ........ **Engrenar** ....... 4 |
| Encestar ........ | **Encestar** ....... | 4 | Engrandecer ...... **Engrandecer** ..... 25 |
| Enclaustrar ...... | **Enclausurar** ..... | 4 | Engrapar ........ **Grampear** ....... 15 |
| Encoger......... | **Encolher** ....... | 5 | (irregular) |
| Encomendar ...... | **Encomendar** ..... | 4 | Engrasar ........ **Engordurar**...... 4 |
| Encontrar ....... | **Achar** .......... | 4 | Engrasar (zapatos) . **Engraxar** ........ 4 |
| Encontrar ....... | **Encontrar** ...... | 4 | Engrosar ........ **Engrossar** ...... 4 |
| Encorchar ....... | **Arrolhar** ....... | 4 | Engullir .......... **Engolir**.......... 81 |
| Encorvar ........ | **Encurvar** ....... | 4 | (irregular) |
| Encrespar ....... | **Encrespar** ...... | 4 | Enjabonar ........ **Ensaboar** ....... 20 |
| Encresparse ...... | **Encrespar-se** .... | 7 | Enjaular ........ **Enjaular** ........ 4 |
| | (pronominal) | | Enjaular (animal) .. **Engaiolar** ....... 4 |
| Encuadrar ....... | **Enquadrar** ...... | 4 | Enjuagar ........ **Enxaguar**........ 22 |
| Encubrir ........ | **Sonegar** ........ | 14 | Enjuagar ........ **Bochechar** ...... 4 |
| Encubrir ........ | **Encobrir** ....... | 59 | Enladrillar....... **Ladrilhar**........ 4 |
| | (participio irregular) | | Enlatar ......... **Enlatar**......... 4 |
| Encharcar ....... | **Encharcar** ....... | 12 | Enlazar .......... **Enlaçar** ........ 13 |
| Encharcarse ..... | **Encharcar-se** .... | 7 | Enlodar .......... **Enlamear** ....... 15 |
| | (pronominal) | | (irregular) |
| Enchilar.......... | **Apimentar**....... | 4 | Enloquecer ....... **Enlouquecer**..... 25 |
| Enchuecar ....... | **Entortar**........ | 4 | Enloquecer ....... **Endoidar** ....... 4 |
| Endentar ........ | **Endentar** ........ | 4 | Enloquecer ....... **Endoidecer** ...... 25 |
| Enderezar ....... | **Endireitar** ....... | 4 | Enlosar .......... **Lajear**........... 15 |
| Enderezar ....... | **Endereçar** ....... | 13 | (irregular) |
| Enderezar ....... | **Desentortar** ..... | 4 | Enmarañar ....... **Emaranhar** ...... 4 |

| | | |
|---|---|---|
| Flotar .......... | **Pairar** .......... | 4 |
| Flotar .......... | **Boiar** .......... | 16 |
| Flotar .......... | **Flutuar** ......... | 4 |
| Fluir............ | **Fluir** .......... | 74 |
| Focalizar ........ | **Focalizar** ....... | 4 |
| Foliar ........... | **Folhear** ........ | 15 |
| | (irregular) | |
| Fomentar......... | **Fomentar** ........ | 4 |
| Forcejar ......... | **Forcejar** ........ | 4 |
| Forjar........... | **Forjar** ......... | 4 |
| Formalizar........ | **Formalizar** ...... | 4 |
| Formar ......... | **Formar** ......... | 4 |
| Formar tumulto.... | **Tumultuar** ....... | 4 |
| Formular ......... | **Formular** ........ | 4 |
| Fornicar......... | **Fornicar**........ | 12 |
| Forrar ......... | **Forrar** ........ | 4 |
| Forrarse ......... | **Forrar-se** ....... | 7 |
| | (pronominal) | |
| Fortalecer ........ | **Fortalecer** ....... | 25 |
| Fortificar ......... | **Fortificar** ....... | 12 |
| Forzar ......... | **Forçar**......... | 13 |
| Fosforecer ........ | **Fosforescer** ...... | 25 |
| Fotocopiar ........ | **Xerocar**........ | 12 |
| Fotocopiar ........ | **Fotocopiar** ...... | 16 |
| Fotograbar........ | **Fotogravar** ...... | 4 |
| Fotografiar ....... | **Fotografar** ...... | 4 |
| Fracasar ......... | **Fracassar** ....... | 4 |
| Fraccionar........ | **Fracionar** ....... | 4 |
| Fracturar......... | **Fraturar**........ | 4 |
| Fragmentar ....... | **Fragmentar**...... | 4 |
| Franquear ........ | **Franquear** ....... | 15 |
| | (irregular) | |
| Fraternizar ....... | **Fraternizar** ...... | 4 |
| Frecuentar........ | **Freqüentar** ...... | 4 |
| Freír ......... | **Fritar** ......... | 4 |
| Freír .......... | **Frigir** .......... | 63 |
| | (irregular) | |
| Frenar .......... | **Frear** ......... | 15 |
| | (irregular) | |
| Friccionar ........ | **Friccionar** ....... | 4 |
| Frisar........... | **Frisar** ......... | 4 |
| Fructificar ....... | **Frutificar** .... 46 (12) | |
| | (defectivo unipersonal) | |
| Fruncir .......... | **Franzir** ........ | 6 |
| Frustrar.......... | **Frustrar** ........ | 4 |
| Fulminar ......... | **Fulminar** ........ | 4 |
| Fumar .......... | **Fumar** ......... | 4 |
| Fumigar.......... | **Dedetizar** ....... | 4 |
| Funcionar ........ | **Funcionar** ....... | 4 |
| Fundamentar ..... | **Fundamentar** .... | 4 |
| Fundar ......... | **Fundar**......... | 4 |
| fundir .......... | **Fundir** .......... | 6 |
| Fundirse ......... | **Fundir-se**....... | 7 |
| | (pronominal) | |
| Fusilar .......... | **Fuzilar** .......... | 4 |

## G

| | | |
|---|---|---|
| Galantear ........ | **Galantear** ....... | 15 |
| | (irregular) | |
| Galvanizar........ | **Galvanizar** ...... | 4 |
| Ganar .......... | **Ganhar**......... | 4 |
| | (participio irregular) | |
| Ganar .......... | **Faturar** ......... | 4 |
| Garabatear ....... | **Rabiscar** ....... | 12 |
| Garantizar........ | **Garantir** ........ | 6 |
| Gargarizar........ | **Gargarejar** ...... | 4 |
| Gasificar ......... | **Gaseificar** ...... | 12 |
| Gastar .......... | **Gastar** ......... | 4 |
| | (participio irregular) | |
| Gastar .......... | **Despender** ...... | 5 |
| Gatear .......... | **Gatinhar** ....... | 4 |
| Gatear .......... | **Engatinhar** ...... | 4 |
| Gemir .......... | **Gemer** ......... | 5 |
| Generalizar ....... | **Generalizar** ...... | 4 |
| Generar .......... | **Gerar** ......... | 4 |
| Germanizar ....... | **Germanizar** ...... | 4 |
| Germinar......... | **Germinar** ....... | 4 |
| Gesticular ........ | **Gesticular** ...... | 4 |
| Girar .......... | **Girar** ......... | 4 |
| Glorificar......... | **Glorificar** ...... | 12 |
| Gobernar ......... | **Governar** ....... | 4 |
| Golpear .......... | **Golpear** ........ | 15 |
| | (irregular) | |
| Golpear .......... | **Espancar** ....... | 12 |
| Golpear .......... | **Esmurrar** ....... | 4 |
| Gorjear .......... | **Gorjear** ........ | 15 |
| | (irregular) | |
| Gotear .......... | **Pingar** ......... | 14 |
| Gotear .......... | **Gotejar** ........ | 4 |
| Gozar .......... | **Gozar** ......... | 4 |
| Grabar .......... | **Gravar** ......... | 4 |
| Graduar.......... | **Graduar** ........ | 4 |
| Grapar .......... | **Grampear** ....... | 15 |
| | (irregular) | |
| Gratificar......... | **Gratificar** ...... | 12 |
| Gravitar.......... | **Gravitar** ........ | 4 |
| Gritar .......... | **Gritar** ......... | 4 |
| Gruñir .......... | **Grunhir** ........ | 6 |
| Guardar.......... | **Guardar** ........ | 4 |
| Guerrear ......... | **Guerrear** ........ | 15 |
| | (irregular) | |
| Guiar .......... | **Chefiar** ........ | 16 |
| Guiar .......... | **Guiar** ......... | 16 |
| Guiñar .......... | **Piscar** ........ | 12 |
| Guisar .......... | **Refogar** ........ | 14 |
| Guisar .......... | **Guisar** ......... | 4 |
| Gustar .......... | **Gostar** ......... | 4 |

## H

| | | |
|---|---|---|
| Haber .......... | **Haver** .......... | 2 |
| | (irregular) | |

| | | | | | | |
|---|---|---|---|---|---|---|
| Incrementar | **Incrementar** | 4 | Inquietar | **Inquietar** | 4 |
| Incriminar | **Incriminar** | 4 | Inquirir | **Inquirir** | 6 |
| Incrustar | **Encrostar** | 4 | Inscribir | **Inscrever** | 5 |
| Incrustar | **Incrustar** | 4 | | (participio irregular) | |
| Incubar | **Incubar** | 4 | Inseminar | **Inseminar** | 4 |
| Inculcar | **Inculcar** | 12 | Insensibilizar | **Insensibilizar** | 4 |
| Incumbir | **Incumbir** | 6 | Insertar | **Inserir** | 57 |
| Incurrir | **Incorrer** | 5 | | (participio irregular) | |
| Indagar | **Indagar** | 14 | Insinuar | **Insinuar** | 4 |
| Indemnizar | **Indenizar** | 4 | Insistir | **Insistir** | 6 |
| Indexar | **Indexar** | 4 | Inspeccionar | **Inspecionar** | 4 |
| Indicar | **Indicar** | 12 | Inspeccionar | **Revistar** | 4 |
| Indignar | **Indignar** | 4 | Inspeccionar | **Vistoriar** | 16 |
| Indisponer | **Indispor** | 45 | Inspirar | **Inspirar** | 4 |
| | (irregular) | | Instalar | **Instalar** | 4 |
| Individualizar | **Individualizar** | 4 | Instaurar | **Instaurar** | 4 |
| Inducir | **Induzir** | 72 | Instigar | **Instigar** | 14 |
| | (irregular) | | Institucionalizar | **Institucionalizar** | 4 |
| Indultar | **Indultar** | 4 | Instituir | **Instituir** | 74 |
| Industrializar | **Industrializar** | 4 | Instruir | **Instruir** | 74 |
| Industriar | **Industriar** | 16 | Insubordinar | **Insubordinar** | 4 |
| Infartar | **Infartar** | 4 | Insultar | **Xingar** | 14 |
| Infartar | **Enfartar** | 4 | Insultar | **Insultar** | 4 |
| Infectar | **Infeccionar** | 4 | Integrar | **Integrar** | 4 |
| Infectar | **Infectar** | 4 | Intelectualizar | **Intelectualizar** | 4 |
| Inferir | **Inferir** | 57 | Intensificar | **Intensificar** | 12 |
| | (irregular) | | Intercalar | **Intercalar** | 4 |
| Infestar | **Infestar** | 4 | Interceder | **Interceder** | 5 |
| Infiltrar | **Infiltrar** | 4 | Interceptar | **Interceptar** | 4 |
| Inflamar | **Inflamar** | 4 | Interconectar | **Interligar** | 14 |
| Inflar | **Inflar** | 4 | Interesar | **Interessar** | 4 |
| Infligir | **Infligir** | 52 | Interferir | **Interferir** | 57 |
| Influenciar | **Influenciar** | 16 | Interiorizar | **Interiorizar** | 4 |
| Influir | **Influir** | 74 | Intermediar | **Intermediar** | 17 |
| Informar | **Informar** | 4 | | (irregular) | |
| Informatizar | **Informatizar** | 4 | Internacionalizar | **Internacionalizar** | 4 |
| Infringir | **Infringir** | 52 | Internar | **Internar** | 4 |
| Infundir | **Infundir** | 6 | Interpelar | **Interpelar** | 4 |
| Ingerir | **Ingerir** | 57 | Interponer | **Interpor** | 45 |
| | (irregular) | | | (irregular) | |
| Ingresar | **Ingressar** | 4 | Interpretar | **Interpretar** | 4 |
| Inhabilitar | **Inabilitar** | 4 | Interrogar | **Interrogar** | 14 |
| Inhalar | **Inalar** | 4 | Interrumpir | **Interromper** | 5 |
| Inhibir | **Inibir** | 6 | Interrumpir | **Pausar** | 4 |
| Iniciar | **Iniciar** | 16 | Intervenir | **Intervir** | 67 |
| Iniciarse | **Iniciar-se** | 7 | | (irregular) | |
| | (pronominal) | | Intimar | **Intimar** | 4 |
| Injertar | **Enxertar** | 4 | Intimidar | **Intimidar** | 4 |
| Injuriar | **Injuriar** | 16 | Intitular | **Intitular** | 4 |
| Inmigrar | **Imigrar** | 4 | Intoxicar | **Intoxicar** | 12 |
| Inmortalizar | **Imortalizar** | 4 | Intranquilizar | **Intranquilizar** | 4 |
| Inmovilizar | **Imobilizar** | 4 | Intrigar | **Intrigar** | 14 |
| Inmunizar | **Imunizar** | 4 | Introducir | **Introduzir** | 72 |
| Innovar | **Inovar** | 4 | | (irregular) | |
| Inocular | **Inocular** | 4 | Intuir | **Intuir** | 74 |

Llenar .......... **Apinhar** ........ 4
Llenar .......... **Lotar** ........... 4
Llenar .......... **Encher** ......... 5
Llenar (comida) ... **Empanturrar** .... 4
Llenarse ......... **Encher-se** ....... 7
(pronominal)
Llevar .......... **Levar** ........... 4
Llorar .......... **Chorar** ......... 4
Lloriquear ........ **Choramingar** .... 14
Llover .......... **Chover** ......... 47
(defectivo impersonal)
Lloviznar ......... **Chuviscar** .... 47 (12)
(defectivo impersonal)
Localizar ........ **Localizar** ........ 4
Localizarse ...... **Localizar-se** ..... 7
(pronominal)
Lubricar.......... **Lubrificar** ....... 12
Lucrar .......... **Lucrar** .......... 4
Luchar.......... **Lutar**........... 4
Lustrar.......... **Lustrar**.......... 4

## M

Macerar.......... **Macerar** ......... 4
Madrugar ........ **Madrugar** ....... 14
Madurar ......... **Amadurecer** ..... 25
Madurar ......... **Madurar** ........ 4
Madurar ......... **Maturar** ........ 4
Magnetizar ....... **Magnetizar** ...... 4
Maldecir ......... **Amaldiçoar** ...... 20
Maldecir ......... **Maldizer** ........ 29
(irregular)
Maliciar.......... **Maliciar** ......... 16
Malquerer ........ **Malquerer** ....... 38
Maltratar......... **Maltratar**........ 4
Mamar.......... **Mamar** .......... 4
Mancomunar...... **Mancomunar** .... 4
Manchar ......... **Macular** ........ 4
Manchar ......... **Manchar** ........ 4
Mandar ......... **Mandar** ........ 4
Manejar.......... **Manejar** ........ 4
Manifestar........ **Manifestar** ...... 4
Manifestarse ...... **Manifestar-se** .... 7
(pronominal)
Maniobrar........ **Manobrar** ....... 4
Manipular ........ **Manipular** ....... 4
Manosear ........ **Manusear** ....... 15
(irregular)
Manotearse ...... **Debater-se**....... 7
(pronominal)
Mantener........ **Manter** ........ 1
(irregular)
Manufacturar ..... **Manufaturar**..... 4
Maquillar ........ **Maquiar**......... 16

Maquillarse ....... **Maquiar-se** ...... 7
(pronominal)
Maquinar ........ **Maquinar** ....... 4
Maravillar ........ **Maravilhar** ...... 4
Marcar.......... **Marcar** ......... 12
Marchar ......... **Marchar** ........ 4
Marchitar ........ **Murchar** ..... 46 (4)
(defectivo unipersonal cuando se
refiere a flores)
Marear .......... **Marear** .......... 15
(irregular)
Marear .......... **Enjoar** .......... 20
Marginar ......... **Marginalizar** .... 4
Martillar ......... **Martelar** ........ 4
Martirizar ........ **Martirizar** ....... 4
Masacrar ......... **Chacinar** ........ 4
Masacrar ......... **Massacrar** ....... 4
Mascar.......... **Mascar** ......... 12
Masificar ......... **Massificar** ....... 12
Masticar ......... **Mastigar** ........ 14
Masturbarse ...... **Masturbar-se** .... 7
(pronominal)
Matar .......... **Matar** ........... 4
(participio irregular)
materializar....... **Materializar** ..... 4
Matizar .......... **Matizar** ......... 4
Matricular........ **Matricular** ....... 4
Maximizar........ **Maximizar** ....... 4
Mear .......... **Mijar** .......... 4
Mecanizar ........ **Mecanizar** ....... 4
Mecanografiar..... **Datilografar** ..... 4
Mediar.......... **Mediar** .......... 17
(irregular)
Medicar ......... **Medicar** ........ 12
Medicar ......... **Clinicar** ........ 12
Medir............ **Dimensionar** .... 4
Medir............ **Medir** .......... 70
(irregular)
Meditar ......... **Meditar** ........ 4
Mejorar ......... **Melhorar** ........ 4
Melancolizar ...... **Melancolizar** .... 4
Melar........... **Melar** .......... 4
Melindrear ....... **Melindrar** ....... 4
Memorizar........ **Memorizar** ....... 4
Mencionar ........ **Mencionar** ....... 4
Mendigar........ **Mendigar**........ 14
Menear .......... **Menear** ......... 15
(irregular)
Menearse......... **Menear-se** ....... 7
(pronominal)
Menguar ........ **Minguar** ........ 4
Menospreciar ..... **Menosprezar** .... 4
Menstruar ........ **Menstruar** ....... 4
Mentalizar........ **Mentalizar** ...... 4
Mentir .......... **Mentir** .......... 56
(irregular)

| | | |
|---|---|---|
| Merecer . . . . . . . . . | **Merecer** . . . . . . . . | 25 |
| Merendar . . . . . . . | **Merendar** . . . . . . . | 4 |
| Metaforizar . . . . . . . | **Metaforizar** . . . . . | 4 |
| Metamorfosear . . . . | **Metamorfosear** . . | 15 |
| | (irregular) | |
| Meter . . . . . . . . . . . | **Enfiar** . . . . . . . . . . . | 16 |
| Meter . . . . . . . . . . . | **Meter** . . . . . . . . . . . | 5 |
| Mezclar . . . . . . . . . | **Misturar** . . . . . . . . | 4 |
| Mezquinar . . . . . . . | **Mesquinhar** . . . . . | 4 |
| Miar . . . . . . . . . . . . . | **Miar** . . . . . . . . . . . . | 16 |
| Microfilmar . . . . . . . | **Microfilmar** . . . . . | 4 |
| Migar . . . . . . . . . . . | **Esfarelar** . . . . . . . | 4 |
| Migar . . . . . . . . . . . | **Esmigalhar** . . . . . . | 4 |
| Migrar . . . . . . . . . . | **Migrar** . . . . . . . . . | 4 |
| Militarizar . . . . . . . | **Militarizar** . . . . . . | 4 |
| Mimar . . . . . . . . . . | **Paparicar** . . . . . . . | 12 |
| Mimar . . . . . . . . . . | **Mimar** . . . . . . . . . | 4 |
| Mimeografiar . . . . . | **Mimeografar** . . . . | 4 |
| Minar . . . . . . . . . . | **Minar** . . . . . . . . . . | 4 |
| Mineralizar . . . . . . . | **Mineralizar** . . . . . | 4 |
| Minimizar . . . . . . . . | **Minimizar** . . . . . . . | 4 |
| Minorar . . . . . . . . . | **Minorar** . . . . . . . . | 4 |
| Mirar . . . . . . . . . . . | **Olhar** . . . . . . . . . . | 4 |
| Mistificar . . . . . . . . | **Mistificar** . . . . . . . | 12 |
| Mitificar . . . . . . . . | **Mitificar** . . . . . . . . | 12 |
| Modelar . . . . . . . . . | **Modelar** . . . . . . . . | 4 |
| Moderar . . . . . . . . . | **Moderar** . . . . . . . . | 4 |
| Modernizar . . . . . . . | **Modernizar** . . . . . . | 4 |
| Modificar . . . . . . . | **Modificar** . . . . . . . | 12 |
| Modular . . . . . . . . | **Modular** . . . . . . . . | 4 |
| Mojar . . . . . . . . . . . | **Molhar** . . . . . . . . . | 4 |
| Moler . . . . . . . . . . . | **Moer** . . . . . . . . . . . | 28 |
| | (irregular) | |
| Molestar . . . . . . . . . | **Aborrecer** . . . . . . . | 25 |
| Molestar . . . . . . . . . | **Aporrinhar** . . . . . . | 4 |
| Molestar . . . . . . . . . | **Chatear** . . . . . . . . . | 15 |
| | (irregular) | |
| Molestar . . . . . . . . . | **Molestar** . . . . . . . . | 4 |
| Molestarse . . . . . . . . | **Amolar-se** . . . . . . . | 7 |
| | (pronominal) | |
| Molestarse . . . . . . . . | **Chatear-se** . . . . . . . | 7 |
| | (pronominal/irregular) | |
| Monopolizar . . . . . . | **Monopilizar** . . . . . | 4 |
| Montar . . . . . . . . . . | **Montar** . . . . . . . . . | 4 |
| Moralizar . . . . . . . . | **Moralizar** . . . . . . . | 4 |
| Morar . . . . . . . . . . . | **Morar** . . . . . . . . . . | 4 |
| Morder . . . . . . . . . | **Morder** . . . . . . . . . | 5 |
| Morir . . . . . . . . . . . | **Morrer** . . . . . . . . . | 5 |
| | (particípio irregular) | |
| Mortificar . . . . . . . | **Mortificar** . . . . . . | 12 |
| Mosquear . . . . . . . | **Mosquear** . . . . . . . | 15 |
| | (irregular) | |
| Motivar . . . . . . . . . | **Motivar** . . . . . . . . | 4 |
| Motorizar . . . . . . . | **Motorizar** . . . . . . . | 4 |
| Mover . . . . . . . . . . | **Movimentar** . . . . . | 4 |

| | | |
|---|---|---|
| Mover . . . . . . . . . . | **Mexer** . . . . . . . . . . | 5 |
| Mover . . . . . . . . . . | **Mover** . . . . . . . . . . | 5 |
| Moverse . . . . . . . . . | **Locomover-se** . . . . | 7 |
| | (pronominal) | |
| Movilizar . . . . . . . . | **Mobilizar** . . . . . . . | 14 |
| Mugir . . . . . . . . . . | **Mugir** . . . . . . . | 46 (52) |
| | (defectivo unipessoal) | |
| Multar . . . . . . . . . . | **Multar** . . . . . . . . . | 4 |
| Multiplicar . . . . . . . | **Multiplicar** . . . . . . | 12 |
| Murmurar . . . . . . . . | **Murmurar** . . . . . . . | 4 |
| Mutilar . . . . . . . . . | **Decepar** . . . . . . . . | 4 |
| Mutilar . . . . . . . . . | **Mutilar** . . . . . . . . . | 4 |

## N

| | | |
|---|---|---|
| Nacer . . . . . . . . . . . | **Nascer** . . . . . . . . . | 25 |
| Nacionalizar . . . . . . | **Nacionalizar** . . . . | 4 |
| Nadar . . . . . . . . . . | **Nadar** . . . . . . . . . . | 4 |
| Narrar . . . . . . . . . . | **Narrar** . . . . . . . . . | 4 |
| Nasalizar . . . . . . . . | **Nasalizar** . . . . . . . | 4 |
| Naturalizar . . . . . . . | **Naturalizar** . . . . . . | 4 |
| Naufragar . . . . . . . . | **Naufragar** . . . . . . . | 14 |
| Navajear . . . . . . . . | **Navalhar** . . . . . . . | 4 |
| Navegar . . . . . . . . . | **Navegar** . . . . . . . . | 14 |
| Necesitar . . . . . . . . | **Necessitar** . . . . . . . | 4 |
| Negar . . . . . . . . . . | **Negar** . . . . . . . . . . | 14 |
| Negociar . . . . . . . . | **Negociar** . . . . . . . . | 18 |
| | (irregular) | |
| Neutralizar . . . . . . . | **Neutralizar** . . . . . . | 4 |
| Nevar . . . . . . . . . . | **Nevar** . . . . . . . . . . | 24 |
| | (defectivo impessoal) | |
| Nivelar . . . . . . . . . | **Nivelar** . . . . . . . . . | 4 |
| Nombrar . . . . . . . . | **Nomear** . . . . . . . . | 15 |
| | (irregular) | |
| Noquear . . . . . . . . | **Nocautear** . . . . . . . | 15 |
| | (irregular) | |
| Normalizar . . . . . . . | **Normalizar** . . . . . . | 4 |
| Nortear . . . . . . . . . | **Nortear** . . . . . . . . | 15 |
| | (irregular) | |
| Notificar . . . . . . . . | **Notificar** . . . . . . . . | 12 |
| Nublar . . . . . . . . . . | **Nublar** . . . . . . . . . | 4 |
| Nuclear . . . . . . . . . | **Nuclear** . . . . . . . . | 15 |
| | (irregular) | |
| Numerar . . . . . . . . | **Numerar** . . . . . . . . | 4 |
| Nutrir . . . . . . . . . . | **Nutrir** . . . . . . . . . . | 6 |

## O

| | | |
|---|---|---|
| Obcecar . . . . . . . . . | **Obcecar** . . . . . . . . | 12 |
| Obedecer . . . . . . . . | **Obedecer** . . . . . . . . | 25 |
| Objetar . . . . . . . . . | **Objetar** . . . . . . . . . | 4 |
| Objetivar . . . . . . . . | **Objetivar** . . . . . . . . | 4 |
| Obligar . . . . . . . . . | **Obrigar** . . . . . . . . . | 14 |

| | | |
|---|---|---|
| Obrar............. | **Obrar** ........... | 4 |
| Obscurecer ....... | **Obscurecer** ...... | 25 |
| Obsequiar ........ | **Obsequiar** ....... | 16 |
| Observar ......... | **Fitar** .......... | 4 |
| Observar ......... | **Observar** ....... | 4 |
| Obstinar ......... | **Obstinar** ....... | 4 |
| Obstruir......... | **Obstruir**........ | 74 |
| Obtener.......... | **Obter** .......... | 1 |
| | (irregular) | |
| Obturar.......... | **Obturar** ....... | 4 |
| Ocasionar ........ | **Ocasionar** ....... | 4 |
| Occidentalizar..... | **Ocidentalizar** ... | 4 |
| Ocultar .......... | **Ocultar** ........ | 4 |
| Ocupar .......... | **Ocupar**......... | 4 |
| Ocurrir .......... | **Ocorrer** ........ | 5 |
| Odiar............ | **Odiar** .......... | 17 |
| | (irregular) | |
| Ofender.......... | **Ofender** ........ | 5 |
| Ofertar .......... | **Ofertar** ........ | 4 |
| Oficializar ........ | **Oficializar**...... | 4 |
| Oficiar .......... | **Oficiar** ........ | 16 |
| Ofrecer .......... | **Oferecer** ....... | 25 |
| Ofuscar .......... | **Ofuscar** ........ | 12 |
| Oír.............. | **Ouvir** ......... | 71 |
| | (irregular) | |
| Oler............. | **Cheirar** ........ | 4 |
| Oler............. | **Farejar** ........ | 4 |
| (para animales) | | |
| Olvidar .......... | **Esquecer** ........ | 25 |
| Omitir ........... | **Omitir** ......... | 6 |
| Operar........... | **Operar** ......... | 4 |
| Opinar........... | **Opinar** ......... | 4 |
| Oponer .......... | **Opor** .......... | 45 |
| | (irregular) | |
| Oprimir ......... | **Oprimir** ........ | 6 |
| | (participio irregular) | |
| Optar............ | **Optar** .......... | 4 |
| Optimizar ........ | **Otimizar** ....... | 4 |
| Orar............. | **Orar** ........... | 4 |
| Ordenar.......... | **Ordenar** ........ | 4 |
| Ordeñar.......... | **Ordenhar** ....... | 4 |
| Organizar ........ | **Organizar** ...... | 4 |
| Orientar ......... | **Orientar** ....... | 4 |
| Originar.......... | **Originar** ....... | 4 |
| Orillar .......... | **Beirar**......... | 4 |
| Orinar .......... | **Urinar** ........ | 4 |
| Orinar-se ........ | **Urinar-se** ....... | 7 |
| | (pronominal) | |
| Ornamentar ...... | **Ornamentar** ..... | 4 |
| Orquestar ........ | **Orquestrar** ...... | 4 |
| Osar.....:....... | **Ousar** ......... | 4 |
| Oscilar .......... | **Oscilar** ........ | 4 |
| Oscurecer ....... | **Escurecer** ... 47 (25) | |
| | (defectivo impersonal) | |
| Ostentar ........ | **Ostentar** ........ | 4 |

| | | |
|---|---|---|
| Otorgar ......... | **Outorgar** ........ | 14 |
| Ovacionar ........ | **Ovacionar** ....... | 4 |
| Ovalar .......... | **Ovalar** ......... | 4 |
| Oxidar .......... | **Oxidar** ......... | 4 |
| Oxidar .......... | **Enferrujar** ...... | 4 |
| Oxigenar ......... | **Oxigenar** ....... | 4 |
| Ozonizar ......... | **Ozonizar** ........ | 4 |

## P

| | | |
|---|---|---|
| Pacificar ......... | **Pacificar** ........ | 12 |
| Pactar ........... | **Pactuar** ......... | 4 |
| Padecer .......... | **Padecer** ......... | 25 |
| Pagar ............ | **Pagar** .......... | 14 |
| | (participio irregular) | |
| Paginar .......... | **Paginar** ........ | 4 |
| Palpar ........... | **Apalpar** ........ | 4 |
| Palpitar .......... | **Palpitar** ........ | 4 |
| Parafrasear ....... | **Parafrasear** ...... | 15 |
| | (irregular) | |
| Paramentar ....... | **Paramentar**...... | 4 |
| Parar ............ | **Parar** .......... | 4 |
| Parasitar ......... | **Parasitar** ....... | 4 |
| Parcelar ......... | **Parcelar**........ | 4 |
| Parecer .......... | **Parecer** ........ | 25 |
| Parir ............ | **Parir** .......... | 6 |
| Parlamentar ...... | **Parlamentar** ..... | 4 |
| Parodiar ......... | **Parodiar** ....... | 16 |
| Participar......... | **Participar** ....... | 4 |
| Particularizar...... | **Particularizar** ... | 4 |
| Partir ............ | **Partir** .......... | 6 |
| Pasar ............ | **Passar** ......... | 4 |
| Pasear .......... | **Passear** ........ | 15 |
| | (irregular) | |
| Pasmar........... | **Pasmar**......... | 4 |
| Pastar ........... | **Pastar** ......... | 4 |
| Pasteurizar ....... | **Pasteurizar** ..... | 4 |
| Pastorear ........ | **Pastorear**....... | 15 |
| | (irregular) | |
| Patalear.......... | **Espernear** ....... | 15 |
| (berrinche) | (irregular) | |
| Patentar.......... | **Patentear**........ | 15 |
| | (irregular) | |
| Patinar.......... | **Patinar**......... | 4 |
| Patrocinar ........ | **Patrocinar** ...... | 4 |
| Patrullar ......... | **Patrulhar** ....... | 4 |
| Pautar .......... | **Pautar** ......... | 4 |
| Pavimentar ....... | **Pavimentar** ..... | 4 |
| Pecar ........... | **Pecar** ......... | 12 |
| Pedalear ......... | **Pedalar** ........ | 4 |
| Pedir ........... | **Pedir**........... | 70 |
| | (irregular) | |
| Pegar ............ | **Agarrar** ......... | 4 |
| Pegar ............ | **Surrar** .......... | 4 |

**179**

| | | |
|---|---|---|
| Postular | **Postular** | 4 |
| Practicar | **Estagiar** (estudiante) | 16 |
| Practicar | **Praticar** (irregular) | 12 |
| Precalentar | **Preaquecer** | 25 |
| Precaver | **Precaver** (defectivo unipersonal) | 50 |
| Preceder | **Preceder** | 5 |
| Preceptuar | **Preceituar** | 4 |
| Precipitar | **Precipitar** | 4 |
| Precisar | **Precisar** | 4 |
| Preconcebir | **Preconceber** | 5 |
| Preconizar | **Preconizar** | 4 |
| Predecir | **Predizer** (irregular) | 29 |
| Predestinar | **Predestinar** | 4 |
| Predeterminar | **Predeterminar** | 4 |
| Predisponer | **Predispor** (irregular) | 45 |
| Predominar | **Predominar** | 4 |
| Predominar | **Primar** | 4 |
| Preestablecer | **Preestabelecer** | 25 |
| Preexistir | **Preexistir** | 6 |
| Preferir | **Preferir** (irregular) | 57 |
| Prefijar | **Prefixar** | 4 |
| Preguntar | **Perguntar** | 4 |
| Perjudicar | **Perjudicar** | 12 |
| Prejuzgar | **Prejulgar** | 14 |
| Premeditar | **Premeditar** | 4 |
| Premiar | **Premiar** (irregular) | 18 |
| Prender | **Prender** (participio irregular) | 5 |
| Prender | **Atrelar** | 4 |
| Prensar | **Prensar** | 4 |
| Prensar | **Imprensar** | 4 |
| Preocupar | **Preocupar** | 4 |
| Preparar | **Preparar** | 4 |
| Prescindir | **Prescindir** | 6 |
| Prescribir | **Prescrever** (participio irregular) | 5 |
| Presenciar | **Presenciar** | 16 |
| Presentar | **Apresentar** | 4 |
| Presentir | **Pressentir** (irregular) | 56 |
| Preservar | **Preservar** | 4 |
| Presidir | **Presidir** | 6 |
| Presionar | **Pressionar** | 4 |
| Prestar | **Prestar** | 4 |
| Prestar | **Emprestar** | 4 |
| Prestigiar | **Prestigiar** | 16 |
| Presumir | **Gabar** | 4 |
| Presuponer | **Pressupor** (irregular) | 45 |

| | | |
|---|---|---|
| Presuponer | **Orçar** | 13 |
| Presupuestar | **Orçamentar** | 4 |
| Pretender | **Pretender** | 5 |
| Pretender | **Preterir** (irregular) | 57 |
| Prevalecer | **Prevalecer** | 25 |
| Prevenir | **Prevenir** (irregular) | 58 |
| Prever | **Prever** (irregular) | 40 |
| Principiar | **Principiar** | 16 |
| Privar | **Privar** | 4 |
| Privatizar | **Privatizar** | 4 |
| Privilegiar | **Privilegiar** | 16 |
| Probar | **Provar** | 4 |
| Problematizar | **Problematizar** | 4 |
| Proceder | **Proceder** | 5 |
| Procesar | **Processar** | 4 |
| Proclamar | **Proclamar** | 4 |
| Procrear | **Procriar** | 16 |
| Procurar | **Procurar** | 4 |
| Producir | **Produzir** (irregular) | 72 |
| Profanar | **Profanar** | 4 |
| Proferir | **Proferir** (irregular) | 57 |
| Profesar | **Professar** | 4 |
| Profesionalizar | **Profissionalizar** | 4 |
| Profetizar | **Profetizar** | 4 |
| Profundizar | **Aprofundar** | 4 |
| Programar | **Programar** | 4 |
| Progresar | **Progredir** (irregular) | 58 |
| Prohibir | **proibir** | 77 |
| Proliferar | **Proliferar** | 4 |
| Prolongar | **Prolongar** | 14 |
| Prolongar | **Delongar** | 14 |
| Prometer | **Prometer** | 5 |
| Promover | **Promover** | 5 |
| Promulgar | **Promulgar** | 14 |
| Pronunciar | **Pronunciar** | 16 |
| Pronunciarse | **Pronunciar-se** (pronominal) | 7 |
| Propagar | **Propagar** | 14 |
| Propiciar | **Propiciar** | 16 |
| Proponer | **Propor** (irregular) | 45 |
| Proporcionar | **Proporcionar** | 4 |
| Propulsar | **Propulsar** | 4 |
| Prorrogar | **Prorrogar** | 14 |
| Proscribir | **Proscrever** (participio irregular) | 5 |
| Proseguir | **Prosseguir** (irregular) | 55 |
| Prosperar | **Prosperar** | 4 |

| | | | | | | |
|---|---|---|---|---|---|---|
| Reimprimir | Reimprimir | 6 | Reparar | Reparar | 4 |
| | (participio irregular) | | Repartir | Repartir | 6 |
| Reinar | Reinar | 4 | Repasar | Repassar | 4 |
| Reincidir | Reincidir | 6 | Repatriar | Repatriar | 16 |
| Reincorporar | Reincorporar | 4 | Repeler | Repelir | 57 |
| Reintegrar | Reintegrar | 4 | | (irregular) | |
| Reír | Rir | 69 | Repensar | Repensar | 4 |
| | (irregular) | | Repercutir | Repercutir | 6 |
| Reiterar | Reiterar | 4 | Repetir | Redundar | 4 |
| Reivindicar | Reivindicar | 12 | Repetir | Repetir | 57 |
| Rejuvenecer | Rejuvenescer | 25 | | (irregular) | |
| Relacionar | Relacionar | 4 | Repetir | Matraquear | 15 |
| Relajar | Relaxar | 4 | monótonamente | (irregular) | |
| Relajar | Descontrair | 68 | Repicar | Repicar | 12 |
| Relajarse | Descontrair-se | 7 | Replantar | Replantar | 4 |
| | (pronominal) | | Replicar | Replicar | 12 |
| Relampaguear | Relampejar | 24 | Replicar | Retorqüir | 6 |
| | (defectivo impersonal) | | Repoblar | Repovoar | 20 |
| Relampaguear | Relampear | 24 (15) | Reponer | Recolocar | 12 |
| | (defectivo impersonal/irregular) | | Reponer | Repor | 45 |
| Relatar | Relatar | 4 | | (irregular) | |
| Releer | Reler | 42 | Reposar | Repousar | 4 |
| | (irregular) | | Repostar | Reabastecer | 25 |
| Relegar | Relegar | 14 | Reprender | Repreender | 5 |
| Relevar | Relevar | 4 | Represar | Represar | 4 |
| Relinchar | Relinchar | 46 (4) | Representar | Representar | 4 |
| | (defectivo unipersonal) | | Reprimir | Reprimir | 6 |
| Relucir | Reluzir | 46 (72) | Reprobar | Reprovar | 4 |
| | (defectivo impersonal/irregular) | | Reproducir | Reproduzir | 72 |
| Rellenar | Rechear | 15 | | (irregular) | |
| | (irregular) | | Repudiar | Repudiar | 16 |
| Remar | Remar | 4 | Repugnar | Repugnar | 4 |
| Remarcar | Remarcar | 12 | Reputar | Reputar | 4 |
| Rematar | Rematar | 4 | Requerir | Requerer | 39 |
| Rematar | Arrematar | 4 | | (irregular) | |
| Remediar | Remediar | 17 | Requisitar | Exigir | 52 |
| | (irregular) | | Resaltar | Ressaltar | 4 |
| Rememorar | Rememorar | 4 | Resarcir | Ressarcir | 79 |
| Remendar | Remendar | 4 | Resbalar | Resvalar | 4 |
| Remitir | Remeter | 5 | Resbalar | Escorregar | 14 |
| Remontar | Remontar | 4 | Rescatar | Resgatar | 4 |
| Remorder | Remoer | 28 | Rescindir | Rescindir | 6 |
| | (irregular) | | Resecar | Ressecar | 12 |
| Remover | Remover | 5 | Resentir | Ressentir | 56 |
| Remozar | Remoçar | 13 | | (irregular) | |
| Remunerar | Remunerar | 4 | Reservar | Reservar | 4 |
| Renacer | Renascer | 25 | Resfriar | Resfriar | 16 |
| Rendir | Render | 5 | Resguardar | Resguardar | 4 |
| Rendirse | Render-se | 7 | Residir | Residir | 6 |
| | (pronominal) | | Resignar | Resignar | 4 |
| Renegar | Renegar | 14 | Resistir | Resistir | 6 |
| Renovar | Renovar | 4 | Resolver | Resolver | 5 |
| Rentar/alquilar | Alugar | 14 | Resolver | Solver | 5 |
| Renunciar | Renunciar | 16 | Resonar | Ressoar | 20 |
| Reorganizar | Reorganizar | 4 | Respaldar | Respaldar | 4 |

| | | |
|---|---|---|
| Respetar | **Respeitar** | 4 |
| Respirar | **Respirar** | 4 |
| Resplandecer | **Resplandecer** | 25 |
| Responder | **Responder** | 5 |
| Responsabilizar | **Responsabilizar** | 4 |
| Restablecer | **Restabelecer** | 25 |
| Restar | **Restar** | 4 |
| Restaurar | **Restaurar** | 4 |
| Restituir | **Restituir** | 74 |
| Restringir | **Restringir** | 52 |
| Resucitar | **Ressuscitar** | 4 |
| Resultar | **Resultar** | 4 |
| Resumir | **Resumir** | 6 |
| Resurgir | **Ressurgir** | 52 |
| Retardar | **Retardar** | 4 |
| Retener | **Reter** | 1 |
| | (irregular) | |
| Retirar | **Retirar** | 4 |
| Retirar el apoyo | **Desapoiar** | 16 |
| Retocar | **Retocar** | 12 |
| Retomar | **Recobrar** | 4 |
| Retraer | **Retrair** | 68 |
| | (irregular) | |
| Retransmitir | **Retransmitir** | 6 |
| Retratar | **Retratar** | 4 |
| Retribuir | **Retribuir** | 74 |
| Retroceder | **Recuar** | 4 |
| Retroceder | **Retroceder** | 5 |
| Retroceder | **Regredir** | 57 |
| | (irregular) | |
| Retrucar | **Retrucar** | 12 |
| Retumbar | **Retumbar** | 4 |
| Reunificar | **Reunificar** | 12 |
| Reunir | **Reunir** | 76 |
| Reunir | **Angariar** | 16 |
| Revalorizar | **Revalorizar** | 4 |
| Revelar | **Revelar** | 4 |
| Reventar | **Rebentar** | 4 |
| Reventar | **Revender** | 5 |
| Reventar | **Arrebentar** | 4 |
| Reverberar | **Reverberar** | 4 |
| Reverdecer | **Reverdecer** | 25 |
| Reverenciar | **Reverenciar** | 16 |
| Revertir | **Reverter** | 5 |
| Revestir | **Revestir** | 54 |
| | (irregular) | |
| Revigorar | **Animar** | 4 |
| Revisar | **Reexaminar** | 4 |
| Revisar | **Revisar** | 4 |
| Revitalizar | **Revitalizar** | 4 |
| Revivir | **Reviver** | 5 |
| Revocar | **Revocar** | 12 |
| Revocar | **Revogar** | 14 |
| Revolucionar | **Revolucionar** | 4 |
| Revolver | **Remexer** | 5 |

| | | |
|---|---|---|
| Revolver | **Revolver** | 5 |
| Rezar | **Rezar** | 4 |
| Rezongar | **Resmungar** | 14 |
| Ridiculizar | **Ridicularizar** | 4 |
| Rifar | **Rifar** | 4 |
| Rimar | **Rimar** | 4 |
| Rivalizar | **Rivalizar** | 4 |
| Robar | **Roubar** | 4 |
| Robar | **Afanar** | 4 |
| Robar | **Ladroar** | 20 |
| Robustecer | **Robustecer** | 25 |
| Rociar | **Orvalhar** | 24 |
| | (defectivo impersonal) | |
| Rodar | **Rodar** | 4 |
| Rodar | **Rodopiar** | 16 |
| Rodear | **Rodear** | 15 |
| | (irregular) | |
| Roer | **Roer** | 28 |
| | (irregular) | |
| Rogar | **Rogar** | 14 |
| Rolar | **Rodar** | 4 |
| Romancear | **Romancear** | 15 |
| | (irregular) | |
| Romper | **Romper** | 5 |
| | (participio irregular) | |
| Romper | **Escangalhar** | 4 |
| Roncar | **Roncar** | 12 |
| Rondar | **Rondar** | 4 |
| Ronronear | **Ronronar** | 4 |
| Roscar | **Roscar** | 12 |
| Rotular | **Rotular** | 4 |
| Rozar | **Roçar** | 13 |
| Ruborizar | **Ruborizar** | 4 |
| Ruborizar | **Ruborescer** | 25 |
| | (defectivo unipersonal) | |
| Rubricar | **Rubricar** | 12 |
| Rugir | **Urrar** | 4 |
| Rugir | **Rugir** | 52 |
| | (defectivo unipersonal) | |

## S

| | | |
|---|---|---|
| Saber | **Saber** | 35 |
| | (irregular) | |
| Saborear | **Saborear** | 15 |
| | (irregular) | |
| Sabotear | **Sabotar** | 4 |
| Sacar | **Tirar** | 4 |
| Saciar | **Saciar** | 16 |
| Sacramentar | **Sacramentar** | 4 |
| Sacrificar | **Sacrificar** | 12 |
| Sacudir | **Sacudir** | 61 |
| | (irregular) | |
| Sahumar | **Defumar** | 4 |

| | | |
|---|---|---|
| Solemnizar | **Solenizar** | 4 |
| Solfear | **Solfejar** | 4 |
| Solicitar | **Solicitar** | 4 |
| Solidarizar | **Solidarizar** | 4 |
| Solidificar | **Solidificar** | 12 |
| Soltar | **Soltar** (participio irregular) | 4 |
| Soltar | **Largar** | 14 |
| Solucionar | **Solucionar** | 4 |
| Somatizar | **Somatizar** | 4 |
| Sombrear | **Sombrear** (irregular) | 15 |
| Someter | **Submeter** | 5 |
| Sonar | **Soar** | 20 |
| Sondar | **Sondar** | 4 |
| Sondear | **Sondar** | 4 |
| Sonorizar | **Sonorizar** | 4 |
| Sonreír | **Sorrir** (irregular) | 69 |
| Soñar | **Sonhar** | 4 |
| Sopapear | **Sopapear** (irregular) | 15 |
| Soplar | **Soprar** | 4 |
| Soplar | **Assoprar** | 4 |
| Soportar | **Suportar** | 4 |
| Soportar | **Aturar** | 4 |
| Sorber | **Sorver** | 5 |
| Sorprender | **Surpreender** | 5 |
| Sortear | **Sortear** (irregular) | 15 |
| Sosegar | **Sossegar** | 14 |
| Sosegar | **Assossegar** | 14 |
| Sospechar | **Suspeitar** | 4 |
| Soterrar | **Soterrar** | 4 |
| Suavizar | **Suavizar** | 4 |
| Suavizar | **Amaciar** | 16 |
| Subastar | **Leiloar** | 20 |
| Subdividir | **Subdividir** | 6 |
| Subestimar | **Subestimar** | 4 |
| Subir | **Subir** (irregular) | 61 |
| Sublevar | **Sublevar** | 4 |
| Sublimar | **Sublimar** | 4 |
| Subordinar | **Subordinar** | 4 |
| Subrayar | **Sublinhar** | 4 |
| Subscribir | **Subscrever** (participio irregular) | 5 |
| Subsidiar | **Subsidiar** | 16 |
| Subsistir | **Subsistir** | 6 |
| Subtitular | **Legendar** | 4 |
| Subvencionar | **Subvencionar** | 4 |
| Subvertir | **Subverter** | 5 |
| Subyugar | **Subjugar** | 14 |
| Succionar | **Sugar** | 14 |
| Suceder | **Suceder** (defectivo unipersonal) | 46 (5) |
| Sucumbir | **Sucumbir** | 6 |
| Sudar | **Suar** | 4 |
| Sufrir | **Sofrer** | 5 |
| Sugerir | **Sugerir** (irregular) | 57 |
| Sugestionar | **Sugestionar** | 4 |
| Suicidarse | **Suicidar-se** (pronominal) | 7 |
| Sujetar | **Sujeitar** | 4 |
| Sumar | **Somar** | 4 |
| Sumergir | **Afundar** | 4 |
| Suministrar | **Ministrar** | 4 |
| Sumir | **Sumir** (irregular) | 61 |
| Superar | **Superar** | 4 |
| Superponer | **Superpor** (irregular) | 45 |
| Supervisar | **Supervisar** | 4 |
| Suplicar | **Suplicar** | 12 |
| Suponer | **Supor** (irregular) | 45 |
| Suprimir | **Suprimir** | 6 |
| Supurar | **Supurar** | 4 |
| Surgir | **Surgir** (participio irregular) | 52 |
| Surtir | **Surtir** | 6 |
| Suscitar | **Suscitar** | 4 |
| Suspender | **Suspender** | 5 |
| Sustentar | **Sustentar** | 4 |
| Sustituir | **Substituir** (irregular) | 74 |
| Sustraer | **Subtrair** (irregular) | 68 |
| Susurrar | **Sussurrar** | 4 |
| Suturar | **Suturar** | 4 |

## T

| | | |
|---|---|---|
| Tabular | **Tabular** | 4 |
| Tabular | **Tabelar** | 4 |
| Tachar | **Rasurar** | 4 |
| Tallar | **Setorizar** | 4 |
| Tallar | **Talhar** | 4 |
| Tambalear | **Cambalear** (irregular) | 15 |
| Tamborilear | **Tamborilar** | 4 |
| Tamizar | **Peneirar** | 4 |
| Tantear | **Palpar** | 4 |
| Tapar | **Tampar** | 4 |
| Tapar | **Tapar** | 4 |
| Tapar | **Entupir** | 61 |
| Taquigrafiar | **Taquigrafar** | 4 |
| Tarar | **Tarar** | 4 |
| Tardar | **Tardar** | 4 |

| | | | | | | |
|---|---|---|---|---|---|---|
| Tarifar | **Tarifar** | 4 | Tostar | **Tostar** | 4 | |
| Tarjar | **Tarjar** | 4 | Totalizar | **Totalizar** | 4 | |
| Tartamudear | **Flertar** | 4 | Trabajar | **Trabalhar** | 4 | |
| Tartamudear | **Gaguejar** | 4 | Trabajar | **Labutar** | 4 | |
| Tasar | **Taxar** | 4 | Traducir | **Traduzir** | 72 | |
| Tatuar | **Tatuar** | 4 | | (irregular) | | |
| Teatralizar | **Teatralizar** | 4 | Traer | **Trazer** | 30 | |
| Teclear | **Teclar** | 4 | | (irregular) | | |
| Tejar | **Telhar** | 4 | Traficar | **Traficar** | 12 | |
| Tejer | **Tecer** | 25 | Tragar | **Tragar** | 14 | |
| | (irregular) | | Traicionar | **Atraiçoar** | 20 | |
| Tejer | **Tricotar** | 4 | Traicionar | **Trair** | 68 | |
| Telefonear | **Telefonar** | 4 | | (irregular) | | |
| Telefonear | **Ligar** | 14 | Traicionar | **Cagüetar** | 4 | |
| Telegrafiar | **Telegrafar** | 4 | Traicionar | **Dedurar** | 4 | |
| Televisar | **Televisar** | 4 | Trajear | **Trajar** | 4 | |
| Temblar | **Tremer** | 5 | Tramar | **Tramar** | 4 | |
| Temer | **Temer** | 5 | Tramitar | **Tramitar** | 4 | |
| Temporalizar | **Temporalizar** | 4 | Trampear | **Trambicar** | 12 | |
| Tener | **Ter** | 1 | Trampear | **Trapacear** | 15 | |
| | (irregular) | | | (irregular) | | |
| Tener o producir | **Nausear** | 15 | Trancar | **Cerrar** | 4 | |
| náuseas | (irregular) | | Tranquilizar | **Tranqüilizar** | 4 | |
| Tener visibilidad | **Visibilizar** | 4 | Transar | **Fornicar** | 12 | |
| Tener visiones | **Visionar** | 4 | Transcribir | **Transcrever** | 5 | |
| Tentar | **Intentar** | 4 | | (participio irregular) | | |
| Teñir | **Tingir** | 52 | Transcurrir | **Transcorrer** | 5 | |
| Teorizar | **Teorizar** | 4 | Transcurrir | **Decorrer** | 5 | |
| Terminar | **Terminar** | 4 | | (defectivo unipersonal en el | | |
| Terminar | **Cerrar** | 4 | | sentido de "passar o tempo") | | |
| Testar | **Testar** | 4 | Transferir | **Transferir** | 57 | |
| Testimoniar | **Testemunhar** | 4 | | (irregular) | | |
| Timbrar | **Timbrar** | 4 | Transformar | **Transformar** | 4 | |
| Tipificar | **Tipificar** | 12 | Transgredir | **Transgredir** | 57 | |
| Tiranizar | **Tiranizar** | 4 | | (irregular) | | |
| Titubear | **Titubear** | 15 | Transigir | **Transigir** | 52 | |
| | (irregular) | | Transitar | **Transitar** | 4 | |
| Titular | **Titular** | 4 | Transmitir | **Transmitir** | 6 | |
| Tocar | **Tocar** | 12 | Transmitir por | **Veicular** | 4 | |
| Tolerar | **Tolerar** | 4 | algún medio | | | |
| Tomar | **Tomar** | 4 | Transparentar | **Transparecer** | 25 | |
| Tomar | **Apanhar** | 4 | Transpirar | **Transpirar** | 4 | |
| Tomar | **Beber** | 5 | Trasladar | **Trasladar** | 4 | |
| Tonificar | **Tonificar** | 12 | Trasnochar | **Tresnoitar** | 4 | |
| Topar | **Esbarrar** | 4 | Trasplantar | **Transplantar** | 4 | |
| Torcer | **Torcer** | 25 | Trasponer | **Transpor** | 45 | |
| Tornar | **Tornar** | 4 | | (irregular) | | |
| Tornear | **Tornear** | 15 | Trastornar | **Transtornar** | 4 | |
| | (irregular) | | Tratar | **Tratar** | 4 | |
| Torpedear | **Torpedear** | 15 | Trazar | **Traçar** | 13 | |
| | (irregular) | | Trenzar | **Trançar** | 13 | |
| Torturar | **Torturar** | 4 | Trepar | **Trepar** | 4 | |
| Toser | **Tossir** | 59 | Trepidar | **Trepidar** | 4 | |
| | (irregular) | | Triangular | **Triangular** | 4 | |
| Tostar | **Torrar** | 4 | Tributar | **Tributar** | 4 | |

| | | |
|---|---|---|
| Trincar . . . . . . . . . . | **Trincar** . . . . . . . . . | 12 |
| Triplicar . . . . . . . . . | **Triplicar** . . . . . . . | 12 |
| Tripular . . . . . . . . . | **Tripular** . . . . . . . . | 4 |
| Triturar . . . . . . . . . | **Triturar** . . . . . . . . | 4 |
| Triunfar . . . . . . . . . | **Triunfar** . . . . . . . . | 4 |
| Tronar . . . . . . . . . . | **Trovejar** . . . . . . . . | 24 |
| | (defectivo impessoal) | |
| Tropezar . . . . . . . . | **Tropeçar** . . . . . . . . | 13 |
| Trotar . . . . . . . . . . | **Trotar** . . . . . . . . . | 4 |
| Trovar . . . . . . . . . . | **Trovar** . . . . . . . . . | 4 |
| Truncar . . . . . . . . . | **Truncar** . . . . . . . . | 12 |
| Tutelar . . . . . . . . . | **Tutelar** . . . . . . . . | 4 |

# U

| | | |
|---|---|---|
| Ufanar . . . . . . . . . . | **Ufanar** . . . . . . . . . | 4 |
| Ulcerar . . . . . . . . . | **Ulcerar** . . . . . . . . | 4 |
| Ultimar . . . . . . . . . | **Ultimar** . . . . . . . . | 4 |
| Ultrajar . . . . . . . . . | **Ultrajar** . . . . . . . | 4 |
| Ulular . . . . . . . . . . | **Ulular** . . . . . . . . . | 4 |
| Ungir . . . . . . . . . . . | **Ungir** . . . . . . . . . | 78 |
| | (defectivo personal) | |
| Unificar . . . . . . . . . | **Unificar** . . . . . . . . | 12 |
| Uniformar . . . . . . . . | **Fardar** . . . . . . . . . | 4 |
| Uniformizar . . . . . . . | **Uniformizar** . . . . . | 4 |
| Unir . . . . . . . . . . . . | **Unir** . . . . . . . . . . | 6 |
| Universalizar . . . . . . | **Universalizar** . . . . | 4 |
| Untar . . . . . . . . . . . | **Untar** . . . . . . . . . | 4 |
| Urbanizar . . . . . . . . | **Urbanizar** . . . . . . . | 4 |
| Urbanizarse . . . . . . . | **Urbanizar-se** . . . . | 7 |
| | (pronominal) | |
| Urdir . . . . . . . . . . . | **Urdir** . . . . . . . . . | 6 |
| Urgir . . . . . . . . . . . | **Urgir** . . . . . . . . 46 (52) | |
| | (defectivo unipessoal) | |
| Usar . . . . . . . . . . . . | **Usar** . . . . . . . . . . | 4 |
| Usufructuar . . . . . . . | **Usufruir** . . . . . . . | 74 |
| Usurpar . . . . . . . . . | **Usurpar** . . . . . . . . | 4 |
| Utilizar . . . . . . . . . | **Utilizar** . . . . . . . . | 4 |
| Utilizarse . . . . . . . . | **Utilizar-se** . . . . . . | 7 |
| | (pronominal) | |

# V

| | | |
|---|---|---|
| Vaciar . . . . . . . . . . | **Esvaziar** . . . . . . . . | 16 |
| Vacilar . . . . . . . . . . | **Vacilar** . . . . . . . . . | 4 |
| Vacunar . . . . . . . . . | **Vacinar** . . . . . . . . | 4 |
| Vagabundear . . . . . . | **Vagabundar** . . . . . | 4 |
| Vaguear . . . . . . . . . | **Vadiar** . . . . . . . . . | 16 |
| Vaguear . . . . . . . . . | **Vaguear** . . . . . . . . | 15 |
| | (irregular) | |
| Vaguear . . . . . . . . . | **Zanzar** . . . . . . . . . | 4 |

| | | |
|---|---|---|
| Valer . . . . . . . . . . . | **Valer** . . . . . . . . . . | 43 |
| | (irregular) | |
| Validar . . . . . . . . . . | **Validar** . . . . . . . . . | 4 |
| Valorizar (valorar) . | **Valorizar** . . . . . . . | 4 |
| Vanagloriar . . . . . . . | **Vangloriar** . . . . . . | 16 |
| Vaporizar . . . . . . . . | **Vaporizar** . . . . . . . | 4 |
| Variar . . . . . . . . . . . | **Variar** . . . . . . . . . . | 16 |
| Vedar . . . . . . . . . . . | **Vedar** . . . . . . . . . . | 4 |
| Vegetar . . . . . . . . . | **Vegetar** . . . . . . . . | 4 |
| Velar . . . . . . . . . . . | **Velar** . . . . . . . . . . | 4 |
| Vencer . . . . . . . . . . | **Vencer** . . . . . . . . . | 25 |
| Vendar . . . . . . . . . . | **Vendar** . . . . . . . . . | 4 |
| Vender . . . . . . . . . . | **Vender** . . . . . . . . . | 5 |
| Venerar . . . . . . . . . | **Venerar** . . . . . . . . | 4 |
| Vengar . . . . . . . . . . | **Vingar** . . . . . . . . . | 14 |
| Venir . . . . . . . . . . . | **Vir** . . . . . . . . . . . . | 67 |
| | (irregular) | |
| Ventilar . . . . . . . . . | **Ventilar** . . . . . . . . | 4 |
| Ver (divisar) . . . . . . | **Enxergar** . . . . . . . | 14 |
| Ver . . . . . . . . . . . . . | **Ver** . . . . . . . . . . . . | 40 |
| | (irregular) | |
| Veranear . . . . . . . . | **Veranear** . . . . . . . | 15 |
| | (irregular) | |
| Verbalizar . . . . . . . . | **Verbalizar** . . . . . . | 4 |
| Verdear . . . . . . . . . | **Verdejar** . . . . . . 46 (4) | |
| | (defectivo unipessoal) | |
| Verificar . . . . . . . . . | **Verificar** . . . . . . . . | 12 |
| Verificar . . . . . . . . . | **Checar** . . . . . . . . . | 12 |
| Versar . . . . . . . . . . | **Versar** . . . . . . . . . | 4 |
| Versificar . . . . . . . . | **Versejar** . . . . . . . . | 4 |
| Verter . . . . . . . . . . | **Verter** . . . . . . . . . | 5 |
| Vestir . . . . . . . . . . . | **Vestir** . . . . . . . . . | 54 |
| | (irregular) | |
| Vetar . . . . . . . . . . . | **Vetar** . . . . . . . . . . | 4 |
| Viajar . . . . . . . . . . . | **Viajar** . . . . . . . . . | 4 |
| Vibrar . . . . . . . . . . | **Vibrar** . . . . . . . . . | 4 |
| Viciar . . . . . . . . . . . | **Viciar** . . . . . . . . . | 16 |
| Vidriar . . . . . . . . . . | **Vidrar** . . . . . . . . . | 4 |
| Vigilar . . . . . . . . . . | **Vigiar** . . . . . . . . . | 16 |
| Vigilar . . . . . . . . . . | **Zelar** . . . . . . . . . . | 4 |
| Vigorizar . . . . . . . . | **Vigorar** . . . . . . . . | 4 |
| Vilipendiar . . . . . . . . | **Vilipendiar** . . . . . . | 16 |
| Vincular . . . . . . . . . | **Vincular** . . . . . . . . | 4 |
| Violar . . . . . . . . . . . | **Violar** . . . . . . . . . | 4 |
| Violentar . . . . . . . . | **Violentar** . . . . . . . | 4 |
| Visitar . . . . . . . . . . | **Visitar** . . . . . . . . . | 4 |
| Vislumbrar . . . . . . . . | **Vislumbrar** . . . . . . | 4 |
| Visualizar . . . . . . . . | **Visualizar** . . . . . . . | 4 |
| Vitalizar . . . . . . . . . | **Vitalizar** . . . . . . . . | 4 |
| Vitrificar . . . . . . . . . | **Vitrificar** . . . . . . . | 12 |
| Vivir . . . . . . . . . . . . | **Viver** . . . . . . . . . . | 5 |
| Vocalizar . . . . . . . . | **Vocalizar** . . . . . . . | 4 |
| Vociferar . . . . . . . . | **Vociferar** . . . . . . . | 4 |
| Vociferar . . . . . . . . | **Esbravejar** . . . . . . | 4 |

Esta obra se terminó de
imprimir Enero del 2008 en
Programas Educativos S.A. de C.V.
Calz. Chabacano No. 65-A
Col. Asturias C.P. 06850 Méx. D.F.
Empresa certificada por el Instituto Mexicano
de Normalización y Certificación A.C. Bajo la
Norma ISO-9002:1994/NMX-CC-004 1995 con
el num. de registro RSC-048 y bajo la norma
ISO-14001:1996/SAA-1998, con el num.
de Registro RSGA-003